Galen
Three Treatises:

On My Own Books,
On the Order of My Own Books, &
That the Best Physician is also a Philosopher

An Intermediate Greek Reader

Greek text with running vocabulary and commentary

Evan Hayes
and
Stephen Nimis

Galen, Three Treatises: An Intermediate Greek Reader: Greek text with Running Vocabulary and Commentary

First Edition

© 2014 by Evan Hayes and Stephen Nimis

All rights reserved. Subject to the exception immediately following, this book may not be reproduced, in whole or in part, in any form (beyond copying permitted by Sections 107 and 108 of the U.S. Copyright Law and except by reviewers for the public press), without written permission from the publisher. The authors have made a version of this work available (via email) under a Creative Commons Attribution-Noncommercial-Share Alike 3.0 License. The terms of the license can be accessed at www.creativecommons.org.

Accordingly, you are free to copy, alter and distribute this work under the following conditions:

> 1. You must attribute the work to the author (but not in a way that suggests that the author endorses your alterations to the work).

> 2. You may not use this work for commercial purposes.

> 3. If you alter, transform or build up this work, you may distribute the resulting work only under the same or similar license as this one.

ISBN-10: 194099702X

ISBN-13: 9781940997025

Published by Faenum Publishing, Ltd.

Cover Design: Evan Hayes

Fonts: Garamond
         GFS Porson

editor@faenumpublishing.com

Table of Contents

Acknowledgements v

Introduction ix

Abbreviations xiii

Text and Commentary
   On My Own Books 1-79
   On the Order of My Own Books 81-109
   That the Best Physician is also a Philosopher 111-133

Grammatical Topics
   Common Vocabulary 5
   The Different Meanings of αὐτός 26
   Defective Verbs 27
   Participles: General Principles 39
   Indirect Statement 84
   General Conditions and General Clauses 86
   Future Conditions 88
   Circumstantial Participles 106
   Result Clauses 115
   Genitive Absolutes 121

Special Topics
   Map: The Libraries of Ancient Rome 2
   The Antonine Emperors 24
   The Fire of 192 AD 28

List of Verbs 135-145

Proper Names 147-151

Glossary 153-165

Acknowledgments

The idea for this project grew out of work that we, the authors, did with support from Miami University's Undergraduate Summer Scholars Program, for which we thank Martha Weber and the Office of Advanced Research and Scholarship. The Miami University College of Arts and Science's Dean's Scholar Program allowed us to continue work on the project and for this we are grateful to the Office of the Dean, particularly to Phyllis Callahan and Nancy Arthur for their continued interest and words of encouragement.

Work on the series, of which this volume is a part, was generously funded by the Joanna Jackson Goldman Memorial Prize through the Honors Program at Miami University. We owe a great deal to Carolyn Haynes, and the 2010 Honors & Scholars Program Advisory Committee for their interest and confidence in the project.

The technical aspects of the project were made possible through the invaluable advice and support of Bill Hayes, Christopher Kuo, and Daniel Meyers. The equipment and staff of Miami University's Interactive Language Resource Center were a great help along the way. We are also indebted to the Perseus Project, especially Gregory Crane and Bridget Almas, for their technical help and resources.

We owe a great deal of thanks to Cynthia Klestinec, who first sparked our interest in the history of medicine. We also thank Susan Stephens and Julia Nelson-Hawkins for introducing us to the larger field of medical humanities.

We also profited greatly from advice and help on the POD process from Geoffrey Steadman. All responsibility for errors, however, rests with the authors themselves.

Mary Beth Butcher, M.D.
optimae medicae

Introduction

The aim of this book is to make three of Galen's shorter works (*On My Own Books, On the Order of My Own Books, That the Best Physician is also a Philosopher*) accessible to intermediate students of Ancient Greek. The running vocabulary and grammatical commentary are meant to provide everything necessary to read each page. Although Galen can be a little difficult at times, he gets easier and more predictable in time, and these three works are a great introduction to this fascinating figure. They are not strictly speaking medical works, but reflections on his own work and thought that throw extraordinary light on the relationship of the medical profession in antiquity to wider currents of thought in the brilliant period of Greek literature known as the "second sophistic."

Galen's work is not well-known today, a stark contrast to his enormous importance in the medical world and wide circulation all the way up to the beginning of the modern period. Galen's thought and its permutations over the centuries after his death constituted a largely unquestioned canon of medical practice in the Greek-speaking eastern Mediterranean; many of his works were later translated into Arabic and became a powerful stimulus to medical practice in the Islamic world; Arabic versions of Galen's own work, along with medical texts inspired by him, such as Ibn Sina's *Canon of Medicine*, were systematically translated into Latin beginning in the 11th century and became the basis for medical study in western Europe, where Galen's ideas quickly took on enormous authority. Although eventually sidelined by the modern study of medicine based on wholly new principles, Galen's importance for the history of medicine is singular.

Notorious as one of the great cranks of Greek literature, Galen participated vigorously in the scientific and philosophical discussions of his time, engaged with many of the most prominent contemporary intellectual figures in writing and in public debates, while mingling with the rich and the powerful, who valued his keen skills. He writes Greek in the literary dialect of Plato and other Attic writers of the classical period, as is the case with most prominent writers of the imperial period, and he himself contributed to debates about proper usage and good education. He consistently emphasized the importance of knowing the full range of Greek: not just Attic, but also the Ionic dialect of the Hippocratic corpus. However, he repudiated the "purist" tendencies of some contemporaries who insisted on using only words attested in canonical authors, privileging accuracy and clarity over such concerns.

In *On My Own Books*, Galen explains how many of his works circulated beyond his control, or circulated among those for whom it was not meant, and how he attempted to produce official versions of his many works. He distinguishes works meant as introductions to subjects for beginners, from more scientific and philosophical treatises meant to be definitive statements on a medical topic, from other miscellaneous works that represent his interventions in the literary and intellectual culture of his times. He also gives an account of competitive displays of medical and rhetorical skills in which he participated, boasts of his successes, and laments works lost for good in the great fire in Rome in the year 192 CE. This is the most-cited work of Galen and is a great introduction to his intellectual world.

In *On the Order of My Own Books*, Galen suggests a course of study though his works for aspiring doctors, beginning with introductory works and philosophical texts, progressing through works on more specific medical subjects. Together with *On My Own Books*, this text gives an overview of his prodigious output and the rationale for their production. It is rare that an author, ancient or modern, provides so much context for understanding his work.

Lastly, in *That the Best Physician is also a Philosopher* Galen emphasizes the strong connection between good philosophical training and being an effective doctor, between restoring people to good health and knowing what the greatest good is, between being a good scientist and being a good human being. Highly rhetorical and philosophical itself, it is significant statement about the unity of learning.

The Greek text is based on the edition of I. Mueller which is in the public domain: *Claudii Galeni scripta minora* Volume II (1891), pp. 1-8, 80-124. Some minor changes have been made based on more recent editions for the sake of readability. This is not a scholarly edition; for that the reader is referred to the new Budé edition by Veronique Boudon-Millot (2007), which is superior in every way to all earlier editions. Of particular interest is the new information provided by her use of new witnesses to the texts of *On My Own Books* and *On the Order of My Own Books*. First there was an Arabic translation discovered in Iran, which filled in a number of gaps; then a new and more complete Greek manuscript was discovered in Thessaloniki. Thus, this new edition is by far more complete and correct than any prior version. Since the new Greek passages are not in the public domain, we have only summarized in English the content of the lacunae they fill.

Select Bibliography

Editions:

Mueller, I., ed. *Claudii Galeni scripta minora*. Teubner: Leipzig, 1891.

Wenkebach, E., ed. "Der hippokratische Arzt als das Ideal Galens," *Quellen und Studien zur Geschichte dew Naturswissenschaften und Medizin* 3.4 (1933), 170-75.

Boudon-Millot, Véronique. *Galien: Introduction générale; Sur l'ordre de ses propres livres; Sur ses propres livres; Que l'excellent médecin est aussi philosophe*. Paris: Les Belles Lettres, 2007.

English Translation:

Singer, P. N., tr. *Galen: Selected Works*. Oxford University Press: Oxford, 1997.

Critical Discussions:

Hankinson, R. J. ed. Cambridge Companion to Galen. Cambridge University Press, Cambridge, 2008.

Mattern, Susan. *The Prince of Medicine: Galen in the Roman Empire*. Oxford University Press: Oxford, 2013.

Nutton, Vivian. *Ancient Medicine*. 2nd edn. Routledge: New York, 2013,

Tucci, Pier Luigi. "Galen's Storeroom, Rome's Libraries, and the Fire of a.d. 192." *JRA* 21 (2008): 133–49.

White, Peter. "Bookshops in the Literary Culture of Rome," In Johnson, William A., and Holt Parker, eds., *Ancient Literacies: The Culture of Reading in Greece and Rome* (Oxford University Press: Oxford, 2009), 268–87.

How to use this book

The page by page vocabularies gloss all but the most common words. We have endeavored to make these glossaries as useful as possible without becoming fulsome. Certain medical and literary terms (p. 5) are unusually common in these texts of Galen, and are not glossed each times they occur. Readers should strive to commit this list to memory, but we have also included the terms on a removable bookmark on the last page for quick reference. A glossary of frequently occurring vocabulary can be found as an appendix in the back, but it is our hope that most readers will not need to use this appendix often. There is also a list of verbs used by Galen that have unusual forms in an appendix; the principal parts of those verbs are given there rather than in the glossaries.

The commentary is almost exclusively grammatical, explaining subordinate clauses, unusual verb forms, and idioms. Brief summaries of a number of grammatical and morphological topics, listed in the table of contents, are interspersed through the text as well. A good reading strategy is to read a passage in Greek, check the glossary for unusual words and consult the commentary as a last resort.

An Important Disclaimer:

This volume is a self-published "Print on Demand" (POD) book, and it has not been vetted or edited in the usual way by publishing professionals. There are sure to be some factual and typographical errors in the text, for which we apologize in advance. The volume is also available only through online distributors, since each book is printed when ordered online. However, this publishing channel and format also account for the low price of the book; and it is a simple matter to make changes when they come to our attention. For this reason, any corrections or suggestions for improvement are welcome and will be addressed as quickly as possible in future versions of the text.

Please e-mail corrections or suggestions to editor@faenumpublishing.com.

About the Authors:

Evan Hayes is a recent graduate in Classics and Philosophy at Miami University and the 2011 Joanna Jackson Goldman Scholar.

Stephen Nimis is a Professor of Classics at Miami University.

Abbreviations

abs.	absolute	mid.	middle
acc.	accusative	n.	neuter
act.	active	nom.	nominative
adj.	adjective	obj.	object, objective
adv.	adverb, adverbial	opt.	optative
ao.	aorist	part.	participle, partitive
art.	article, articular	pas.	passive
attrib.	attributive	perf.	perfect
circum.	circumstantial	pl.	plural
cl.	clause	plupf.	pluperfect
comp.	comparison, comparative	pot.	potential
compl.	complementary	pr.	present
cond.	condition, conditional	pred.	predicate
dat.	dative	pron.	pronoun
dir.	direct	purp.	purpose
epex.	epexegetic	quest.	question
f.	feminine	rel.	relative
fut.	future	res.	result
gen.	genitive	resp.	respect
imper.	imperative	s.	singular
impers.	impersonal	sec.	secondary
impf.	imperfect	seq.	sequence
ind.	indicative	st.	statement
inf.	infinitive	subj.	subject, subjunctive
instr.	instrumental	temp.	temporal
m.	masculine		

ΓΑΛΗΝΟΥ
ΠΕΡΙ ΤΩΝ ΙΔΙΩΝ ΒΙΒΛΙΩΝ

Galen's
On My Own Books

The Libraries of Ancient Rome

This map of central Rome indicates the location of public libraries. Also note the location of the *vicus sandaliarius* (Gk. Σανδαλάριον, a center of Roman book trade mentioned by Galen) and the imperial storerooms, where some of Galen's works may have been stored before their destruction in the fire of 192 CE.

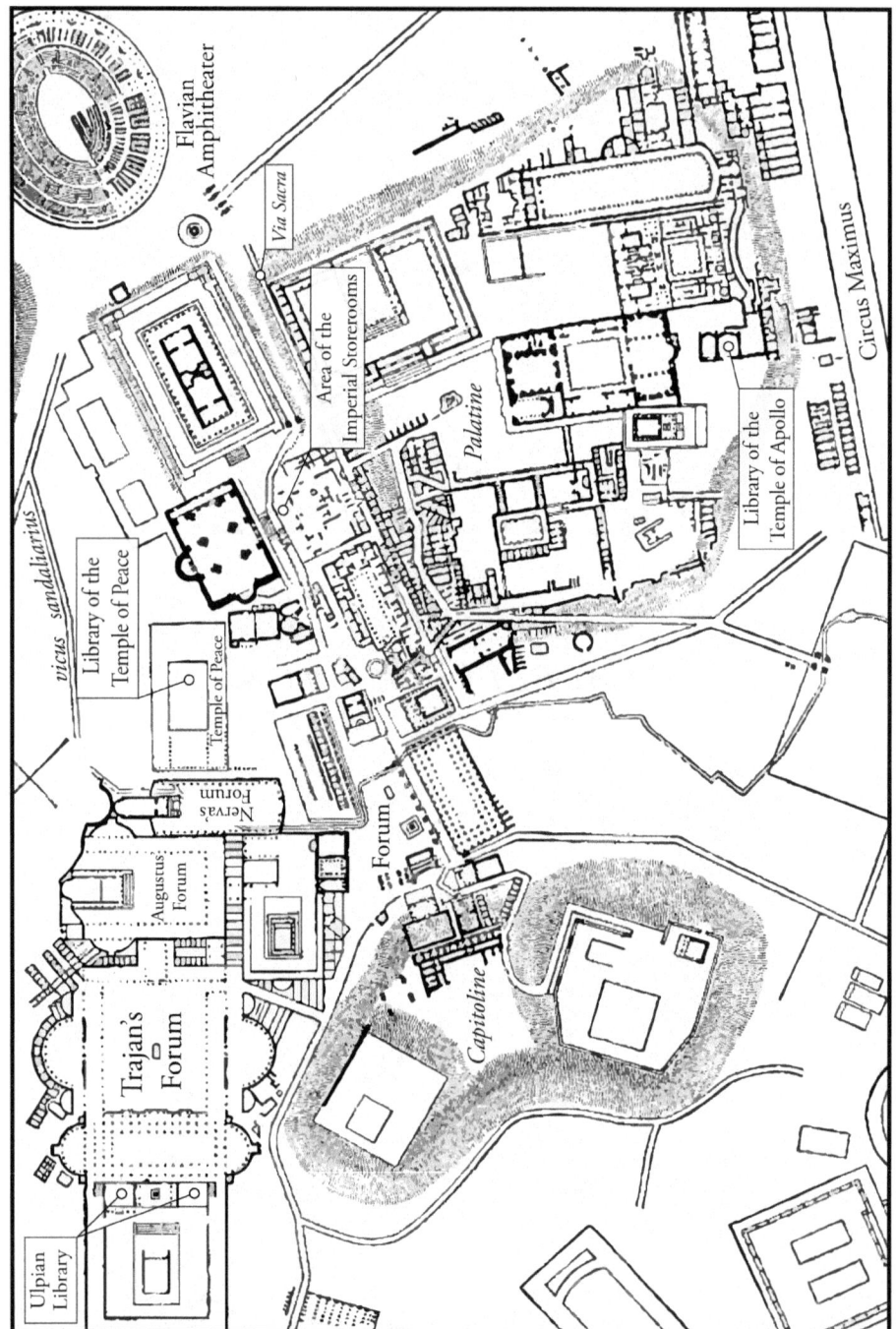

ΓΑΛΗΝΟΥ ΠΕΡΙ ΤΩΝ ΙΔΙΩΝ ΒΙΒΛΙΩΝ

Galen recounts an incident at the bookseller where the authenticity of a book is questioned.

Ἔργῳ φανερὰ γέγονεν ἡ συμβουλή σου, κράτιστε Βάσσε, περὶ τῆς γραφῆς τῶν ὑπ' ἐμοῦ γεγονότων βιβλίων. ἐν γάρ τοι τῷ Σανδαλαρίῳ, καθ' ὃ δὴ πλεῖστα τῶν ἐν Ῥώμῃ βιβλιοπωλείων ἐστίν, ἐθεασάμεθά τινας ἀμφισβητοῦντας, εἴτ' ἐμὸν εἴη τὸ πιπρασκόμενον αὐτὸ βιβλίον εἴτ' ἄλλου τινός· ἐπεγέγραπτο γὰρ ΓΑΛΗΝΟΣ ΙΑΤΡΟΣ. ὠνουμένου δέ τινος ὡς ἐμὸν ὑπὸ τοῦ ξένου τῆς ἐπιγραφῆς κινηθείς τις ἀνὴρ

ἀμφισβητέω: to stand apart, argue
Βάσσος, -ου, ὁ: Bassus
βιβλιοπωλεῖον, τό: a bookseller's shop
βιβλίον, τό: a scroll, book
γίγνομαι: to engender
γραφή, ἡ: writing
εἴτε... εἴτε: whether... or
ἐμός, -ή, -όν: mine
ἐπιγραφή, ἡ: an inscription, title
ἐπιγράφω: to engrave, entitle
θεάομαι: to look on, view, observe
ἰατρός, ὁ: a doctor, physician

κινέω: to set in motion, move
κράτιστος, -η, -ον: most excellent, best
ξένος, -η, -ον: foreign, strange
πιπράσκω: to sell
πλεῖστος, -η, -ον: most, largest
Ῥώμη, ἡ: Rome
Σανδαλάριον, -ου, τό: the Sandal-maker district, site of book trade
συμβουλή, ἡ: counsel, consultation
τοι: let me tell you, surely
φανερός, -ά, -όν: manifest, evident
ὠνέομαι: to buy, purchase

ἔργῳ: dat. of means, "by action" i.e. by what happened
γέγονεν: perf., "has become"
Βάσσε: the addressee of the work is unknown
γεγονότων: perf. part., "of the works *engendered* by me"
Σανδαλάριον: the Sandal-maker district (*vicus sandaliarius*) was the site of book trade, mentioned by Galen and others.
καθ' ὃ δὴ: "in which place indeed" i.e., the very place where
ἐθεασάμεθά: ao., "we observed"
ἀμφισβητοῦντας: pr. part. acc. after ἐθεασάμεθά, "observed certain men *arguing*"
εἴτ' ἐμὸν εἴη: pr. opt. in ind. quest. after ἀμφισβητοῦντας, "arguing *whether it was mine* or someone else's"
πιπρασκόμενον: pr. part. nom. attrib., "the book *being sold*"
ἐπεγέγραπτο: plupf., "it had been inscribed," i.e. entitled
ὠνουμένου: perf. part. of ὀνίνημι in gen. abs., "someone *having bought it*"
ὡς ...κινηθείς: ao. pas. part. with ὡς indicating an alleged purpose, "since he (a second man) was motivated"
τις ἀνήρ: "some (other) man," the subj. modified by κινηθείς

τῶν φιλολόγων ἐβουλήθη γνῶναι τὴν ἐπαγγελίαν αὐτοῦ· καὶ δύο τοὺς πρώτους στίχους ἀναγνοὺς εὐθέως ἀπέρριψε τὸ γράμμα, τοῦτο μόνον ἐπιφθεγξάμενος, ὡς οὐκ ἔστιν ἡ λέξις αὕτη Γαληνοῦ καὶ ψευδῶς ἐπιγέγραπται τουτὶ τὸ βιβλίον. ὁ μὲν οὖν τοῦτ' εἰπὼν ἐπεπαίδευτο τὴν πρώτην παιδείαν, ἣν οἱ παρ' Ἕλλησι παῖδες ἐξ ἀρχῆς ἐπαιδεύοντο παρά τε γραμματικοῖς καὶ ῥήτορσιν· οἱ πολλοὶ δὲ τῶν νῦν ἰατρικὴν ἢ φιλοσοφίαν μετιόντων οὐδ' ἀναγνῶναι καλῶς δυνάμενοι φοιτῶσι παρὰ τοὺς διδάξοντας τά τε μέγιστα καὶ κάλλιστα τῶν ἐν ἀνθρώποις, τὰ θεωρήματα, ἃ φιλοσοφία τε καὶ ἰατρικὴ διδάσκουσιν.

ἀναγιγνώσκω: to read
ἀπορρίπτω: to throw away, reject
ἀρχή, ἡ: a beginning, origin, first cause
βούλομαι: to will, wish
γράμμα, -ατος, τό: a writing
γραμματικός, -ὁ: a grammarian
δύναμαι: to be able to (+ *inf.*)
εἶπον: to speak, say
ἐπαγγελία, ἡ: subject matter
ἐπιγράφω: to engrave, entitle
ἐπιφθέγγομαι: to speak in addition
Ἕλλην, ὁ: a Greek
εὐθέως: immediately

θεώρημα, -ατος, τό: a theorem
ἰατρικός, -ή, -όν: of medicine, medical
λέξις, -εως, ἡ: a speaking, style
μετέρχομαι: to go after, seek, pursue
παιδεία, ἡ: education
παιδεύω: to educate
παῖς, παιδός, ὁ: a child
ῥήτωρ, -ορος, ὁ: a public speaker
στίχος, ὁ: a row, line (of writing)
φιλόλογος, -ον: fond of literature
φοιτάω: to go to and fro, frequent
ψευδῶς: falsely

ἐβουλήθη: ao. pas. with mid. meaning, "he wished"
γνῶναι: ao. inf. complementing ἐβουλήθη, "he wished *to know*"
ἀναγνοὺς: ao. part. nom., "having read"
ἀπέρριψε: ao. of ἀπο-ρίπτω, "he tore off"
ἐπιφθεγξάμενος: ao. part., "*having uttered* only this"
ὡς οὐκ ἔστιν: noun cl. of apposition to τοῦτο, "this, *namely that this is not*"
ἐπιγέγραπται; perf., "and that this *has been inscribed*"
ὁ ... εἰπὼν: ao. part., "the one having said this"
ἐπεπαίδευτο: plupf., "had been educated"
ἣν ... ἐπαιδεύοντο: impf. in rel. cl., "which they used to learn"
ἰατρικὴν (sc. τέχνην): "the art of medicine"
τῶν νῦν μετιόντων: pr. part. gen. pl. of μετα-ἔρχομαι, "of those now pursuing"
ἀναγνῶναι: ao. inf. compl. δυνάμενοι, "not being able *to read*"
τῶν ἐν ἀνθρώποις: partitive gen., "the best things *of those among men*"

Common Vocabulary

The following words are unusually common in these texts of Galen, and are not glossed each time they occur. Readers should familiarize themselves with the meanings of these essential terms as early as possible.

Nouns

αἵρεσις, -εως, ἡ: a sect, a school of philosophy
αἰτία, ἡ: a cause, reason
ἀνατομή, ἡ: dissection, anatomy
ἀπόδειξις, -εως, ἡ: a demonstration, proof
βιβλίον, τό: a paper, scroll, book
δόγμα, -ατος, τό: an opinion, dogma
δύναμις, -εως, ἡ: power, faculty
ἐπιγραφή, ἡ: an inscription, title
θεώρημα, -ατος, τό: a speculation, theory
θεωρία, ἡ: a science, theory, investigation
ἰατρική, ἡ: medicine, medical art
ἰατρός, ὁ: a doctor, physician or surgeon
μέθοδος, ἡ: a following after, pursuit, method
μέρος, -εος, τό: a part, share
μόριον, τό: a piece, part, portion
μῦς, μυός, ὁ: a muscle
νόσημα, -ατος, τό: a sickness, disease, plague
ὀστέον, τό: a bone
πραγματεία, ἡ: a major work, treatment, written study
τέχνη, ἡ: art, skill, craft
ὑπόμνημα, -ατος, τό: a commentary, note, treatise

Adjectives

ἀνατομικός, -ή, -όν: anatomical, relating to anatomy
θεραπευτικός, -ή, -όν: therapeutic
ἰατρικός, -ή, -όν: of medicine, medical
λογικός, -ή, -όν: logical, rational

Verbs

ἀναγιγνώσκω: to read
γράφω: to write

Also note the these **common numbers**. Larger and more complex numbers will appear in the running glossary, but the following will not.

1. εἷς, μία, ἕν: one — πρότερος, -α, -ον: prior
   πρῶτος, -η, -ον: first
2. δύο, δυοῖν: two — δεύτερος, -α, -ον: second
3. τρεῖς, τρία: three — τρίτος, -η, -ον: third
4. τέτταρες, -α: four — τέταρτος, -η, -ον: fourth
5. πέντε: five — πέμπτος, -η, -ον: fifth
6. ἕξ: six — ἕκτος, -η, -ον: sixth
7. ἕπτα: seven — ἕβδομος, -η, -ον: seventh
8. ὀκτώ: eight — ὄγδοος, -η, -ον: eighth
9. ἐννέα: nine — ἔνατος, -η, -ον: ninth
10. δέκα: ten — δέκατος, -η, -ον: tenth
11. ἕνδεκα: eleven — ἑνδέκατος, -η, -ον: eleventh

Galen

Galen explains how his books have been mutilated by unauthorized circulation

ἦρκτο μὲν οὖν ἡ τοιαύτη ῥᾳδιουργία πρὸ πολλῶν ἐτῶν, ἡνίκ' ἔτι μειράκιον ἦν ἐγώ, οὐ μὴν εἰς τοσοῦτόν γ', εἰς ὅσον νῦν ηὔξηται, προεληλύθει τὸ κατ' ἐκεῖνον τὸν χρόνον. διά τ' οὖν αὐτὸ τοῦτο καὶ διότι πολυειδῶς ἐλωβήσαντο πολλοὶ τοῖς ἐμοῖς βιβλίοις, ἄλλοι κατ' ἄλλα τῶν ἐθνῶν ἀναγιγνώσκοντες ὡς ἴδια μετὰ τοῦ τὰ μὲν ἀφαιρεῖν, τὰ δὲ προστιθέναι, τὰ δ' ὑπαλλάττειν, ἄμεινον ἡγοῦμαι δηλῶσαι πρῶτον αὐτοῦ τοῦ λελωβῆσθαι τὴν αἰτίαν, εἶτα περὶ τῶν ὄντως ὑπ' ἐμοῦ γεγραμμένων ἥτις γε καθ' ἕκαστον αὐτῶν ἐστιν ἡ ἐπαγγελία. τοῦ μὲν δὴ πολλοὺς ἀνα-

---

αἰτία, ἡ: a charge, cause
αὐξάνω: to increase
ἀμείνων, -ον: better
ἄρχω: to begin
ἀφαιρέω: to take away from
γράφω: to write
δηλόω: to show, make clear
διότι: for the reason that
ἔθνος, -εος, τό: an ethnic group
ἐπαγγελία, ἡ: subject matter
ἔτος, -εος, τό: a year

ἡγέομαι: to consider, suppose
ἡνίκα: at which time, when
λωβάομαι: to maltreat, mutilate
μειράκιον, τό: a boy, lad
πολυειδής, -ές: of many kinds
προέρχομαι: to go forward, go on, advance
προστίθημι: to add to
ῥᾳδιουργία, ἡ: ease in doing, laziness
τοσοῦτος, -αύτη, -οῦτο: so large, so great
ὑπαλλάττω: to alter

ἦρκτο: plupf. mid. of ἄρχω, "had begun"
εἰς τοσοῦτόν γ': but certainly not *to this point*
εἰς ὅσον: "to such an extent"
ηὔξηται: perf. of αὐξάνω, "it now *has increased*"
προεληλύθει: plupf. of προ-ἔρχομαι, " it had progressed"
ἐλωβήσαντο: ao. mid. of λωβάομαι, "many *maltreated*" + dat.
τῶν ἐθνῶν: gen. pl., "from the nations" i.e. foreigners or provincials
ἀναγιγνώσκοντες: pr. part., "circulating (by reading)"
μετὰ τοῦ … ἀφαιρεῖν, προστιθέναι, ὑπαλλάττειν: articular inf. all in gen. case after μετά, "with subtractions, additions, alterations"
δηλῶσαι: ao. inf. epex. after ἄμεινον, "better *to clarify*"
τοῦ λελωβῆσθαι: perf. inf. art., "the cause *of the mutilation*"
ὄντως: adv. form of pr. part., "of those *really*"
ἥτις … ἐστιν: ind. quest., "clarify *what the subject is*"
τοῦ μὲν … ἀναγιγνώσκειν: art. inf. gen. after αἰτίαν, "the cause *of many circulating,*" lit., "reading out loud"

γιγνώσκειν ὡς ἴδια τὰ ἐμὰ τὴν αἰτίαν αὐτὸς οἶσθα, κράτιστε Βάσσε· φίλοις γὰρ ἢ μαθηταῖς ἐδίδοτο χωρὶς ἐπιγραφῆς ὡς ἂν οὐδὲν πρὸς ἔκδοσιν ἀλλ' αὐτοῖς ἐκείνοις γεγονότα δεηθεῖσιν ὧν ἤκουσαν ἔχειν ὑπομνήματα. τινῶν μὲν οὖν ἀποθανόντων οἱ μετ' ἐκείνους ἔχοντες ἀρεσθέντες αὐτοῖς ἀνεγίγνωσκον ὡς ἴδια, τινῶν δὲ καὶ ζώντων [...] παρὰ τῶν ἐχόντων κοινωνησάντων

ἀποθνῄσκω: to die
ἀρέσκω: to please
δέομαι: to ask, request
ἔκδοσις, -εως, ἡ: an official edition, publication

κοινωνέω: to share in, to receive
κράτιστος, -η, -ον: strongest, most excellent
μαθητής, -οῦ, ὁ: a learner, pupil
ὑπόμνημα, -ατος, τό: a note, record
χωρίς: apart from, without (+ gen.)

ὡς ἴδια: "as though their own"

ἐδίδοτο: impf. pas., "(the books) are given to" + dat.

ὡς ἂν ... γεγονότα: perf. part. with ὡς indicating an alleged cause, and ἂν indicating that it is contrary to fact, "as though they had been made"

οὐδὲν: acc. of resp., "in no way"

δεηθεῖσιν: ao. pas. part. dat. pl., "to those very ones *who had requested*"

ὧν: rel. pron. attracted into case of antecedent, "notes (of the things) *which* they had heard"

ἔχειν: inf. compl. δεηθεῖσιν, "requested *to have*"

τινῶν ... ἀποθανόντων: ao. part. in gen. abs., "some having died"

οἱ ... ἔχοντες: pr. part., "*those possessing* them after the first ones"

ἀρεσθέντες: ao. pas. of ἀρέσκω, "*having been pleased* with them"

ἀνεγίγνωσκον: impf., "they began circulating"

τινῶν δὲ καὶ ζώντων: gen. abs., "while others, even while still alive"

[...] a lacuna here can be filled in by the Arabic version: "some sold the books, some made copies or modified them, while some"

κοινωνησάντων: ao. part. in a gen. abs. agreeing with something in the lacuna, "some *having received* them from those who possessed them""

The following names are used by Galen for his publications:

βιβλίον, τό: a scroll, a volume, a book

πραγματεία, ἡ: a major work

ὑπομνήματα, τά: notes, a commentary

εἰσαγωγή, ἡ: an introduction

Cf. ὑποτύπωσις, -εως, ἡ: an outline

ὑπογραφή, ἡ: a sketch

σύνοψις, -εως, ἡ: a general view, synopsis

ὑφήγησις, -εως, ἡ: a guide

αὐτοῖς εἰς τὴν ἑαυτῶν πατρίδα πορευθέντες ὑποδιατρίψαντες ἄλλος ἄλλως κατ' αὐτὰ τὰς ἐπιδείξεις ἐποιοῦντο. φωραθέντων δ' ἁπάντων τῷ χρόνῳ πολλοὶ τῶν αὖθις κτησαμένων ἐπεγράψαντ' ἐμοῦ τοὔνομα καὶ διαφωνοῦντα τοῖς παρ' ἄλλοις οὖσιν εὑρόντες ἐκόμισαν πρός με παρακαλέσαντες ἐπανορθώσασθαι.

γεγραμμένων οὖν, ὡς ἔφην, οὐ πρὸς ἔκδοσιν αὐτῶν ἀλλὰ κατὰ τὴν τῶν δεηθέντων ἕξιν τε καὶ χρείαν εἰκὸς δήπου τὰ μὲν ἐκτετάσθαι, τὰ δὲ συνεστάλθαι καὶ τὴν ἑρμηνείαν αὐτήν τε τῶν

ἄλλως: in another way
αὖθις: back, again
δέομαι: to ask
δήπου: perhaps, it may be
διαφωνέω: to be dissonant, disagree
εἰκός: likely
ἔκδοσις, -εως, ἡ: an official edition, publication
ἐκτείνω: to stretch out, extend
ἕξις, -εως, ἡ: a possession
ἐπανορθόω: to set up again, restore
ἐπιγράφω: to engrave, entitle
ἐπίδειξις, -εως, ἡ: a display, demonstration

ἑρμηνεία, ἡ: interpretation, explanation
εὑρίσκω: to find
κομίζω: to bring
κτάομαι: to get, gain, acquire
ὄνομα, -ατος, τό: a name
παρακαλέω: to call to, exhort
πατρίς, -ίδος, ἡ: fatherland
πορεύω: to make one's way, go
συστέλλω: to draw together, compress
ὑποδιατρίβω: to delay a little
φωράω: to detect
χρεία, ἡ: use, advantage, service

πορευθέντες: ao. pas. part. with active meaning, "having travelled"
ὑποδιατρίψαντες: ao. part. of ὑπο-δια-τρίβω, "having delayed a little"
ἄλλος ἄλλως: "each one, in some way"
κατ' αὐτὰ: "the demonstrations *in them*"
ἐποιοῦντο: impf., "*they began making* demonstrations"
φωραθέντων: ao. pas. part. in gen. abs., "all *having been detected*"
τῶν αὖθις κτησαμένων: ao. part., "many *of those who recovered*"
ἐπεγράψαντο: ao., "many *inscribed*"
διαφωνοῦντα: pr. part. n. pl., "things disagreeing with" + dat.
τοῖς παρ' ἄλλοις οὖσιν: dat. after διαφωνοῦντα, "disagreeing *with those being with others*" i.e. other copies
εὑρόντες: ao. part., "many *having discovered*"
ἐπανορθώσασθαι: ao. mid. inf. complementing παρακαλέσαντες, "having ordered (me) *to correct them*"
γεγραμμένων: perf. part. in gen. abs., "these having been written"
οὐ πρὸς ἔκδοσιν: "not for (official) publication"
τῶν δεηθέντων: ao. pas. part., "the use *of those having asked*"
ἐκτετάσθαι, συνεστάλθαι: perf. inf. after εἰκός, "(it is) likely that some *have been extended*, others *compressed*"

θεωρημάτων τὴν διδασκαλίαν ἢ τελείαν ὑπάρχειν ἢ ἐλλιπῆ. τὰ γοῦν τοῖς εἰρημένοις γεγραμμένα πρόδηλον δήπου μήτε τὸ τέλειον τῆς διδασκαλίας ἔχειν μήτε τὸ διηκριβωμένον, ὡς ἂν οὔτε δεομένων αὐτῶν οὔτε δυναμένων ἀκριβῶς μανθάνειν πάντα, πρὶν ἕξιν τινὰ σχεῖν ἐν τοῖς ἀναγκαίοις. ὑποτυπώσεις γοῦν ἐπέγραψαν ἔνιοι τῶν πρὸ ἐμοῦ τὰ τοιαῦτα βιβλία, καθάπερ τινὲς ὑπογραφάς, ἕτεροι δ' εἰσαγωγὰς ἢ συνόψεις ἢ ὑφηγήσεις· ἐγὼ δ' ἁπλῶς δοὺς τοῖς μαθηταῖς οὐδὲν ἐπέγραψα

ἀκριβής, -ές: exact, accurate
ἀναγκαῖον, τό: a necessity
ἁπλῶς: singly, in one way
γοῦν: at any rate, any way
δέομαι: to lack, need
διακριβόω: to examine with precision
διδασκαλία, ἡ: teaching, instruction, education
εἰσαγωγή, ἡ: an introduction
ἐλλιπής, -ές: wanting, lacking, defective
ἐμός, -ή, -όν: mine
ἔνιοι, -αι, -α: some

ἕξις, -εως, ἡ: a possession, training
ἐπιγράφω: to engrave, entitle
μαθητής, -οῦ, ὁ: a learner, pupil
πρίν: before (+ *inf.*)
πρόδηλος, -ον: clear beforehand
σύνοψις, -εως, ἡ: a general view, synopsis
τέλειος, -α, -ον,: finished, complete
ὑπάρχω: to begin, to be from the beginning
ὑπογραφή, ἡ: a sketch
ὑποτύπωσις, -εως, ἡ: an outline, pattern
ὑφήγησις, -εως, ἡ: a guide

ὑπάρχειν: another inf. after εἰκὸς, "and that the expression and doctrine *is*"
τὰ ... γεγραμμένα: perf. part. acc. subj of ἔχειν, "that those things written *would have*"
τοῖς εἰρημένοις: perf. part. dat. of adv., "for those mentioned (i.e. above)"
πρόδηλον δήπου: "(it is) certainly clear that" + acc. + inf.
τὸ διηκριβωμένον: perf. part. of δια-κριβόω, used substantively as the object of ἔχειν, "the quality of having being minutely inspected"
ὡς ἂν ... δεομένων: pr. part. causal, "since they (i.e. the beginners) would not have needed" + inf.
(ὡς ἂν) οὔτε δυναμένων: pr. part., "nor been able to" + inf.
σχεῖν: ao. inf., "before *having had* some training"
ὑποτυπώσεις: acc. pl. pred., "titled such books *outlines*"
ἐπέγραψαν: ao., "inscribed (with a title)"
τῶν πρὸ ἐμοῦ: "of those prior to me"
ὑπογραφάς: "just as some titled them *sketches*"
δοὺς: ao. part., "I, *having given to*" + dat.

Galen

καὶ διὰ τοῦθ' ὕστερον εἰς πολλοὺς ἀφικομένων ἄλλος ἄλλην ἐπιγραφὴν ἐποιήσατο. τὰ δ' οὖν εἰς ἐμὲ κομισθέντα πρός τινων ἐπανορθώσεως ἕνεκεν ἠξίωσα τοῖς εἰσαγομένοις ἐπιγεγράφθαι· περὶ πρώτων οὖν τούτων ποιήσομαι τὸν λόγον.

ἀξιόω: to deem worthy of (+ *inf.*)
ἀφικνέομαι: to come to
εἰσάγω: to introduce
ἕνεκα: on account of (+ *gen.*)
ἐπανόρθωσις, -εως, ἡ: a correcting, revision

ἐπιγράφω: to engrave, entitle
κομίζω: to bring
λόγος, ὁ: an account
ὕστερον: (*adv.*) later, after

ἀφικομένων (sc. βιβλίων): ao. part. in gen. abs., "the book having arrived"
ἄλλος ἄλλην: "one made one title, another a different one"
τὰ ... κομισθέντα: ao. pas. part., "the ones *brought* to me"
ἐπανορθώσεως ἕνεκεν: "for the sake of correction"
τοῖς εἰσαγομένοις: pr. part. dat., "to those beginning"
ἐπιγεγράφθαι: perf. inf. complementing ἠξίωσα, "I deemed it worthy *to have inscribed* them"
τούτων: "about *these*" i.e. the beginner books

A Note on Titles of Books

Galen titled most of his books in the format περὶ plus the genitive (e.g. περὶ τῶν σφυγμῶν: "On Pulses"), often with some information about the number of volumes (e.g. τὸ βιβλίον, "the book," τρία βιβλία, "three books") or the type of treatise (τοῖς εἰσαγομένοις: "for beginners"). Additional specification about the content will normally be included as an attributive phrase between περὶ and the main topic: περὶ τῶν παρὰ φύσιν ὄγκων, "On the Unnatural Tumors." Sometimes this attribute will also be in the genitive case: περὶ τῶν τῆς ἀναπνοῆς αἰτίων, "On the Causes of Breathing," and often there will an enclosing phrase referring to the volume: τὸ περὶ τῶν τῆς ἀναπνοῆς αἰτίων βιβλίον," "the volume On the Causes of Breathing." A few works have a title in the nominative case: τέχνη ἰατρική, "The Healing Art."

In our text the titles of books have been identified with small capitals:
Περὶ τῶν παρὰ Φύσιν Ὄγκων

I. Περὶ τῶν γεγονότων ὑπομνημάτων ἐν Ῥώμῃ κατὰ τὴν πρώτην ἐπιδημίαν.

Works written for beginners

Ἐγὼ μὲν οὖν οὐδ' εἶχον ἁπάντων αὐτῶν ἀντίγραφα μειρακίοις ὑπαγορευθέντων ἀρχομένοις μανθάνειν ἢ καί τισι φίλοις ἀξιώσασι δοθέντων· ὕστερον δ' ὁπότε τὸ δεύτερον ἧκον εἰς Ῥώμην, κομισθέντων, ὡς εἴρηται, πρός με διορθώσεως ἕνεκεν, ἐκτησάμην τε καὶ τὴν ἐπιγραφὴν ἔδωκα Περὶ Αἱρέσεων τοῖς Εἰσαγομένοις, ὃ πρῶτον ἂν εἴη πάντων ἀναγνωστέον τοῖς μαθησομένοις τὴν ἰατρικὴν τέχνην· ἐν αὐτῷ γὰρ αἱ κατὰ γένος

ἀντίγραφον, τό: copy, transcript
ἀξιόω: to deem worthy of
ἄρχω: to begin
γένος, -ους, τό: a family, genre
διόρθωσις, -εως, ἡ: a revision
εἰσάγω: to introduce
ἕνεκα: on account of (+ *gen.*)
ἐπιδημία, ἡ: a visit, residing
ἥκω: to have come, be present

κομίζω: to bring along
κτάομαι: to procure for oneself
μειράκιον, τό: a boy
ὁπότε: when
Ῥώμη, ἡ: Rome
τέχνη, ἡ: an art, skill
ὑπαγορεύω: to dictate
ὑπόμνημα, -ατος, τό: a treatise
ὕστερον: later, after

τῶν γεγονότων: perf. part., "the treatises *that were written*"
ἐν Ῥώμῃ: Galen's first stay in Rome was 162-166CE.
οὐδ' εἶχον: impf., "I did not used to have"
ὑπαγορευθέντων: ao. pas. part., "copies of all those *dictated to*" + dat.
ἀρχομένοις: pr. part. dat., "for young men *beginning to*" + inf.
ἀξιώσασι: ao. part. dat. agreeing with φίλοις, "given to friends *deemed worthy*"
δοθέντων: ao. pas. part., "or of those works *given to*"
τὸ δεύτερον: acc. adv., "a second time"
κομισθέντων (sc. βιβλίων): gen. abs., "the books *having been brought* to me"
ὡς εἴρηται: perf. of λέγω, "as has been said"
ἐκτησάμην: ao., "*I procured* them"
Περὶ … Εἰσαγομένοις: "*About the Sects for Beginners,*" referring to the different schools of medicine.
ἂν εἴη: pr. opt. pot., "which *would be*"
ἀναγνωστέον: verb. adj. pred., "be what *ought to be read*"
τοῖς μαθησομένοις: fut. mid. part. dat. expressing agency with ἀναγνωστέον, "by those about to learn"
κατὰ γένος: "according to genre"

ἀλλήλων αἱρέσεις διαφέρουσαι διδάσκονται· κατὰ γένος δ' εἶπον, ἐπειδὴ καὶ διαφοραί τινες ἐν αὐταῖς εἰσι, καθ' ἃς ὕστερον οἱ εἰσαχθέντες ἐπεκδιδάσκονται. τὰ δὲ τῶν τριῶν αἱρέσεων ὀνόματα σχεδὸν ἅπαντες ἤδη γιγνώσκουσιν τὴν μέν τινα δογματικήν τε καὶ λογικὴν ὀνομάζεσθαι, τὴν δὲ δευτέραν ἐμπειρικήν, τὴν τρίτην δὲ μεθοδικήν· ὅσα τοίνυν ἐστὶν ἑκάστης ἴδια ἢ καθ' ἃ διαφέρουσιν ἀλλήλων, ἐν ἐκείνῳ τῷ βιβλίῳ γέγραπται. τοῖς δ' εἰσαγομένοις ὑπηγορεύθη τὸ Περὶ τῶν Ὀστῶν καὶ τὸ Περὶ τῶν Σφυγμῶν, ἐδόθη δὲ καὶ φίλῳ Πλατωνικῷ κατὰ τὴν ἐπιδημίαν ταύτην εἰσαγωγικὰ δύο βιβλία, τὸ μὲν φλεβῶν καὶ ἀρτηριῶν,

---

ἀλλήλων: one another
ἀρτηρία, ἡ: artery
διαφέρω: to carry over or across
διαφορά, ἡ: difference, distinction
δογματικός, -ή, -όν: dogmatic
εἶπον: to speak, say
εἰσαγωγικός, -ή, -όν: introductory
εἰσάγω: to introduce
ἐμπειρικός, -ή, -όν: empirical
ἐπεκδιδάσκω: to teach in addition
ἐπιδημία, ἡ: a stay in a place
λογικός, -ή, -όν: rational

μεθοδικός, -ή, -όν: methodical, systematic
ὄνομα, τό: name
ὀνομάζω: to name, call
ὀστέον, τό: a bone
Πλατωνικός, -η, -ον: Platonic
σφυγμός, ὁ: a pulse
σχεδόν: nearly
τοίνυν: therefore, accordingly
ὑπαγορεύω: to dictate
ὕστερον: later
φλέψ, ἡ: a vein

διαφέρουσαι: pr. part., "*differing* from one another"
καὶ διαφοραί: "there are *additional differences*"
καθ' ἃς: "according to which (differences)"
οἱ εἰσαχθέντες: ao. pas. part., "those who have been introduced"
σχεδὸν ἅπαντες: "*nearly everyone* knows"
τὴν μέν τινα … τὴν δὲ δευτέραν: acc. subj. of ὀνομάζεσθαι, "*that the first* is called Dogmatic, *the second* Empiric, etc."
ὅσα: "*whatever* are the peculiarities"
ἢ καθ' ἃ: "or in what ways"
ὑπηγορεύθη: ao. pas., "were dictated"
τὸ (sc. βιβλίον) περὶ: "*the (book) about* bones"
ἐδόθη: ao. pas., "two books *were given to*" + dat.
τὸ μὲν … τὸ δὲ: ἔχον is understood with each, "the one having the anatomy … the other having the anatomy"

τὸ δὲ νεύρων ἔχον ἀνατομήν, καὶ ἑτέρῳ τινὶ Τῆς Ἐμπειρικῆς Ἀγωγῆς Ὑποτύπωσις: ὧν οὐδὲν ἔχων ἐγὼ παρὰ τῶν ἐχόντων ἔλαβον, ἡνίκα τὸ δεύτερον ἧκον εἰς Ῥώμην.

Works that were written at the request of certain individuals but later circulated more widely

ἄλλων δέ τινων τότε γραφέντων φίλοις ἔμεινεν ἀντίγραφα παρ' ἐμοὶ διὰ τὸ τελέως ἐξειργάσθαι: ὧν ἐστι καὶ τὰ Περὶ τῶν τῆς Ἀναπνοῆς Αἰτίων δύο καὶ τὰ Περὶ Φωνῆς τέτταρα, προσφωνηθέντα τινὶ τῶν ὑπατικῶν ἀνδρῶν, Βοηθῷ τοὔνομα, κατὰ τὴν Ἀριστοτέλους αἵρεσιν φιλοσοφοῦντι. τούτῳ καὶ τὰ Περὶ τῆς Ἱπποκράτους Ἀνατομῆς καὶ μετὰ ταῦτα τὰ Περὶ τῆς

ἀγωγή, ἡ: a school (of thought)
αἰτία, ἡ: a cause
ἀναπνοή, ἡ: breathing
ἀνατομή, ἡ: dissection
ἀνήρ, ὁ: a man
ἀντίγραφον, τό: a copy
ἐμπειρικός, -ή, -όν: empirical
ἐξεργάζομαι: to bring to perfection
ἥκω: to have come, be present
ἡνίκα: when

μένω: to stay
νεῦρον, τό: a sinew, tendon
ὄνομα, τό: name
προσφωνέω: to address
τελέως: completely
τότε: at that time, then
ὑπατικός, -ή, -όν: of consular rank
ὑποτύπωσις, -εως, ἡ: an outline, pattern
φιλοσοφέω: to pursue philosophy
φωνή, ἡ: a sound, voice

καὶ … ὑποτύπωσις (sc. ἐδόθη): "*and an outline* was given to" + dat.
ὧν οὐδὲν: "having *none of which*"
παρὰ τῶν ἐχόντων: "from those possessing them"
ἧκον: impf., "when I came"
ἄλλων … γραφέντων: ao. part. pas. in gen. abs., "others having been written"
ἔμεινεν: impf., "copies were remaining"
ἐξειργάσθαι: perf. inf. art., "because of *having thoroughly worked*"
ὧν ἐστι: "of which there are"
προσφωνηθέντα: ao. part. pas., "having been addressed to" + dat.
Βοηθῷ τοὔνομα: Boethus was an important patron of Galen mentioned many times as a true intellectual.
κατὰ τὴν αἵρεσιν: "according to the sect"
τούτῳ καὶ: dat., "to this one also," i.e. Boethus

Ἐρασιστράτου προσπεφώνηται φιλοτιμότερον γεγραμμένα διὰ Μαρτιάλιον, οὗ δύο βιβλία διασῴζεται τῶν ἀνατομικῶν ἔτι καὶ νῦν ὄντα παρὰ πολλοῖς, ἃ κατ' ἐκεῖνον τὸν χρόνον εὐδοκίμει μεγάλως. βάσκανος δὲ καὶ φιλόνεικος ἱκανῶς ἦν ὁ ἀνὴρ οὗτος καίτοι πλείω γεγονὼς ἔτη τῶν ἑβδομήκοντα. πυθόμενος οὖν εἰς ἀνατομικὸν πρόβλημα τούς τε λόγους καὶ τὰ διδαχθέντα μοι δημοσίᾳ πρὸς ἁπάντων τῶν ἀκολουθησάντων ἐπῃνῆσθαι μεγάλως, ἤρετό τινα τῶν ἐμῶν φίλων, ἀπὸ ποίας εἴην αἱρέσεως.

ἀκολουθέω: to follow
ἀνατομικός, -ή, -όν: anatomical
βάσκανος, ὁ: slanderous, malignant
δημόσιος, -α, -ον: public
διασῴζω: preserve
ἐμός, -ή, -όν: mine
ἐπαινέω: to approve, applaud, commend
ἐρωτάω: to ask, enquire
ἑβδομήκοντα: seventy
ἔτος, -εος, τό: a year
εὐδοκιμέω: to be held in esteem
ἱκανῶς: adv. "sufficiently"
μεγάλως: (*adv.*) "greatly"
πλείων, πλέον: more
ποῖος, -α, -ον: of what nature? of what sort?
προσφωνέω: to address
πρόβλημα, -ατος, τό: a problem, set question
πυνθάνομαι: to learn by inquiry
φιλόνεικος, ον: loving conflict
φιλότιμος, -ον: competitive, combative

περὶ τῆς Ἐρασιστράτου (sc. ἀνατομῆς): the (anatomy) of Erasistratus
προσπεφώνηται: perf., "were addressed"
φιλοτιμότερον: acc. adv., "*more combatively* written"
Μαρτιάλιον: "on account of Martialius," a contemporary known only from a few passages in Galen's works.
οὗ: "whose two books"
διασῴζεται: pr., "are saved," i.e. survive
ἔτι καὶ νῦν ὄντα: pr. part., "still even now being"
ἃ ... εὐδοκίμει: "which were admired"
ὁ ἀνὴρ οὗτος: i.e. Martalius
καίτοι ... γεγονὼς: perf. part. concessive, "despite having been"
τῶν ἑβδομήκοντα: gen. of comp. after πλείω, "more *than seventy*"
πυθόμενος: ao. part., "he *having heard*"
τὰ διδαχθέντα: ao. pas. past., "the things taught," i.e. my teachings
δημοσίᾳ: dat. of manner, "publicly"
ἀκολουθησάντων: ao. part. gen. after πρὸς, "from *those who had followed*"
ἐπῃνῆσθαι: perf. inf. pas. in ind. st. after πυθόμενος, "learned that the teachings *were praised*"
ἤρετό: ao. of ἐρωτάω, "he asked"
ἀπὸ ποίας εἴην: pr. opt. in ind. quest., "from what sect I was"

ἀκούσας δ' ὅτι δούλους ὀνομάζω τοὺς ἑαυτοὺς ἀναγορεύσαντας Ἱπποκρατείους ἢ Πραξαγορείους ἢ ὅλως ἀπό τινος ἀνδρός, ἐκλέγοιμι δὲ τὰ παρ' ἑκάστοις καλά, δεύτερον ἤρετο, τίνα μάλιστα τῶν παλαιῶν ἐπαινοῖμι [...] θαυμάσιον δὲ τὸν Ἐρασίστρατον ἀποφαίνει τά τ' ἄλλα τῆς τέχνης καὶ ταῦτα.

δι' ἐκεῖνον οὖν ἔγραψα φιλοτιμότερον τὰ Περὶ τῆς Ἱπποκράτους Ἀνατομῆς ἓξ βιβλία καὶ τὰ Περὶ τῆς Ἐρασιστράτου τρία.

ἀναγορεύω: to take the name publicly
ἀνήρ, ὁ: a man
ἀποφαίνω: to show, declare
δοῦλος, ὁ: a slave
ἐκλέγω: to pick or choose
ἐπαινέω: to approve, applaud, commend
ἐρωτάω: to ask, enquire
θαυμάσιος, -ος, -ον: wondrous, wonderful, marvellous

Ἱπποκράτειος, -α, -ον: Hippocratic
ὅλως: adv., completely
ὀνομάζω: to name
παλαιός, -ά, -όν: old in years
Πραξαγορεῖος, -α, -ον: followers of Praxagoras
φιλότιμος, -ον: ambitious, competitive

δούλους: pred. acc. after ὀνομάζω, "that I call them *slaves*"
Ἱπποκρατείους: pred. acc. after ἀναγορεύσαντας: "those naming themselves *Hippocratics*"
Πραξαγορείους: followers of the Hellenistic physician Praxagoras (4th C. BCE)
(ὅτι) ἐκλέγοιμι: pr. opt. in sec. seq., "having heard *that I chose*"
τίνα ... ἐπαινοῖμι: pr. opt. in sec. seq. in ind. quest. after ἤρετο, "he asked *whom I praised*"
[...] There is a small lacuna here.
θαυμάσιον: pred. acc., "that E. was *admirable*"
Ἐρασίστρατον: Erisistratus of Ceos, fl. 250 BCE, a famous anatomist
τά τ' ἄλλα ... καὶ ταῦτα: acc. of resp., "both in other things and especially these"
δι' ἐκεῖνον: "on account of him," i.e. Martialius
φιλοτιμότερον: acc. adv., "more combatively"

Galen

A public demonstration leads to another book addressed to an individual, but widely circulated later

καὶ λέγων γέ ποτ' εἰς τὰ τῶν ἰατρῶν τῶν παλαιῶν βιβλία δημοσίᾳ προβληθέντος μοι τοῦ Περὶ Αἵματος Ἀναγωγῆς Ἐρασιστράτου καὶ γραφείου καταπαγέντος εἰς αὐτὸ κατὰ τὸ ἔθος, εἶτα δειχθέντος ἐπ' ἐκεῖνο τὸ μέρος τοῦ βιβλίου, καθ' ὃ τὴν φλεβοτομίαν παραιτεῖται, πλείω πρὸς αὐτὸν εἶπον, ὅπως λυπήσαιμι τὸν Μαρτιάλιον Ἐρασιστράτειον εἶναι προσποιούμενον. ἐπεὶ δ' ἱκανῶς ὁ λόγος ηὐδοκίμησεν, ἐδεήθη μού τις φίλος ἐπαχθῶς ἔχων πρὸς αὐτὸν ὑπαγορεῦσαι τὰ ῥηθέντα τῷ πεμφθησομένῳ

αἷμα, -ατος, τό: blood
ἀναγωγή, ἡ: a bringing up
γραφεῖον, τό: pencil
δείκνυμι: to point, direct
δέομαι: to ask
δημόσιος, -α, -ον: public
ἔθος, -εος, τό: custom, habit
εἶπον: to speak, say
ἐπαχθής, -ές: heavy, ponderous
Ἐρασιστράτειος, -ον: belonging to Erasistratus
εὐδοκιμέω: to be honoured, popular
ἱκανῶς: sufficiently

καταπήγνυμι: to stick fast in the ground, plant firmly
λέγω: to speak
λυπέω: to pain, discomfort
μέρος, -εος, τό: a part, share
παλαιός, -ά, -όν: old in years
παραιτέομαι: to deprecate
πέμπω: to send, despatch
πλείων, πλέον: more
προβάλλω: to set before, challenge
προσποιέω: to pretend to (+ *inf.*)
ὑπαγορεύω: to dictate
φλεβοτομία, ἡ: blood-letting

εἰς τὰ … βιβλία: "while speaking *about the books*"
προβληθέντος μοι τοῦ (sc. βιβλίου): ao. part. pas. in gen. abs., "(the book of E.) having been set before me"
γραφείου καταπαγέντος: ao. part. pas. in gen. abs., "the pencil having been fixed"
(γραφείου) δειχθέντος: ao. pas. part. in gen. abs., "then the pencil *having been directed to*"
καθ' ὃ: "the part *in which*"
πρὸς αὐτὸν: i.e. toward Martialius
ὅπως λυπήσαιμι: ao. opt. in purp. cl. in sec. seq., "in order to discomfort"
τὸν … προσποιούμενον: pr. part., "the man pretending to" + inf.
ηὐδοκίμησεν: ao., "was well-received"
ἐδεήθη: ao. pas. of δέομαι with mid. sense, "someone *asked*" + inf.
ἐπαχθῶς ἔχων: "being hostile"
τὰ ῥηθέντα: ao. pas. of ἐρῶ, "the things spoken"
τῷ πεμφθησομένῳ: fut. pas. part. dat. ind. obj., "dictate *to a person that would be sent*"

παρ' αὐτοῦ πρός με διὰ σημείων εἰς τάχος ἠσκημένῳ γράφειν, ὅπως, ἂν ἐξορμήσῃ τῆς πόλεως οἴκαδε, δύναιτο λέγειν αὐτὰ πρὸς τὸν Μαρτιάλιον ἐν ταῖς τῶν νοσούντων ἐπισκέψεσιν.

ἔπειτ' οὐκ οἶδ' ὅπως, ὅτε τὸ δεύτερον ἧκον εἰς Ῥώμην ὑπὸ τῶν αὐτοκρατόρων μετακληθείς, ὁ μὲν λαβὼν ἐτεθνήκει, τὸ βιβλίον δ' εἶχον οὐκ ὀλίγοι κατὰ τὴν ἐν τῷ τότε καιρῷ φιλοτιμίαν συγκείμενον, ἡνίκ' ἤλεγχον δημοσίᾳ· καὶ γὰρ δὴ καὶ νέος ὢν ἔτι τοῦτ' ἔπραξα τέταρτον ἔτος ἄγων καὶ τριακοστόν.

αὐτοκράτωρ: emperor
ἀσκέω: to practice, train
δημόσιος, -α, -ον: public
ἐλέγχω: to argue, refute
ἐξορμάω: to depart quickly
ἔπειτα: thereupon
ἐπίσκεψις, -εως, ἡ: inspection, visitation
ἔτος, -εος, τό: a year
ἥκω: to have come
ἡνίκα: at which time, when
θνῄσκω: to die
καιρός, ὁ: a (particular) time

μετακαλέω: to summon
νοσέω: to be sick
οἴκαδε: homewards
ὅτε: when
πόλις, -εως, ἡ: a city
Ῥώμη, ἡ: Rome
σημεῖον, τό: a sign, a mark
σύγκειμαι: to be composed
τάχος, τό: speed
τότε: at that time, then
τριακοστός, -ή, -όν: thirtieth
φιλοτιμία, ἡ: ambition, rivalry

διὰ σημείων εἰς τάχος: "through signs for speed" i.e. some kind of shorthand
ἠσκημένῳ: perf. part. dat. agreeing with τῷ πεμφθησομένῳ, "who has been trained" + inf.
ὅπως ... δύναιτο: pr. opt. in purp. cl. in sec. seq., "so he would be able to" + inf.
ἂν ἐξορμήσῃ: ao. subj. in pr. gen. protasis, "if ever he departs quickly"
τῶν νοσούντων: pr. part., "of those being sick," i.e. patients
ἔπειτ' οὐκ οἶδ' ὅπως: parenthetical, "I don't know how (sc. he died)"
μετακληθείς: ao. pas. part., "having been summoned"
ὁ μὲν λαβών: ao. part., "while the one who had taken it"
ἐτεθνήκει: plupf., "he had died"
εἶχον: impf., "not a few *still had*"
συγκείμενον: perf. part., "a book *having been composed*"
ἡνίκ' ἤλεγχον: impf., "when I was in the habit of arguing"
καὶ γὰρ δὴ καί: "and moreover"
ἄγων: pr. part., "*while doing* my thirty-fourth year"

Galen

Galen resolves to perform no more public demonstrations

ἐξ ἐκείνου δ' ὥρισα μήτε διδάσκειν ἔτι δημοσίᾳ μήτ' ἐπιδείκνυσθαι προσδεξαμένης με τῆς κατὰ τοὺς θεραπευομένους εὐτυχίας μείζονος εὐχῆς· εἰδὼς γὰρ τοὺς ἀντιτέχνους, ὅταν ἐπαινῆταί τις ἰατρός, ὡς φθονοῦσιν αὐτὸν λογίατρον ἀποκαλοῦντες, ἀπορράψαι τὴν βάσκανον γλῶτταν αὐτῶν ἐβουλήθην οὔτ' ἐπὶ τῶν θεραπευομένων φθεγγόμενός τι περαιτέρω τῶν ἀναγκαίων οὔτε διδάσκων ἐν πλήθει, καθάπερ ἔμπροσθεν, οὔτ' ἐπιδεικνύμενος ἀλλὰ διὰ τῶν ἔργων τῆς τέχνης μόνων ἐνδεικνύμενος ἣν εἶχον ἕξιν ἐν τοῖς θεωρήμασιν αὐτῆς.

ἀναγκαῖον, τό: necessity
ἀντίτεχνος, -ον: rivalling in an art or craft
ἀποκαλέω: to disparage
ἀπορράπτω: to sew up
βάσκανος, ὁ: slanderous, envious
βούλομαι: to wish (+ *inf.*)
γλῶσσα, -ης, ἡ: a tongue
δημόσιος, -α, -ον: public
ἔμπροσθεν: before
ἐνδείκνυμι: to point out, demonstrate
ἕξις, -εως, ἡ: a possession, skill
ἐπαινέω: to approve, applaud
ἐπιδείκνυμι: to make a demonstration

ἔτος, -εος, τό: a year
εὐτυχία, ἡ: success, welfare
εὐχή, ἡ: a vow, aspiration
θεραπεύω: to do service, heal
κενόω: to empty out, drain
λογίατρος, ὁ: a physician only in words
μήτε: and not, neither
ὁρίζω: to divide, decide
περαίτερος, -α, -ον: beyond (+ *gen.*)
πλῆθος, -εος, τό: a crowd, multitude
προσδέχομαι: to receive favorably, accept
φθέγγομαι: to utter a sound or voice
φθονέω: to envy

μήτε διδάσκειν ... μήτε ἐπιδείκνυσθαι: pr. inf. after ὥρισα, "I resolved *neither to teach nor to make public demonstrations*"
προσδεξαμένης: ao. part. in gen. abs. (with μείζονος εὐχῆς), "the greater aspiration *having accepted* me"
τῆς ... εὐτυχίας: "the aspiration *of the welfare*"
κατὰ τοὺς θεραπευομένους: pr. pas. part., "for those being healed"
ὅταν ἐπαινῆται: pr. subj. in gen. temp. cl., "*whenever* a doctor *is praised*"
ὡς φθονοῦσιν: ind. st. after εἰδὼς, "knowing *that they (rivals) envy*"
λογίατρον: pred. acc., "calling him a *word doctor*"
ἀπορράψαι: ao. inf. complementing ἐβουλήθην: "I wished *to sew up*"
οὔτε φθεγγόμενός ... οὔτε διδάσκων ... οὔτ' ἐπιδεικνύμενος: pr. part. instr., "by neither speaking ... nor teaching ... nor giving demonstrations"
τῶν ἀναγκαίων: gen. of comp. after περαιτέρω, "anything beyond *those necessary*"
ἀλλὰ ... ἐνδεικνύμενος: "but rather indicating"
ἣν εἶχον: impf., "the skill *which I was accustomed to have*"

On My Own Books
Other works started or completed in Rome

ἔτεσι δὲ τρισὶν ἄλλοις ἐν Ῥώμῃ διατρίψας ἀρξαμένου τοῦ μεγάλου λοιμοῦ παραχρῆμα τῆς πόλεως ἐξῆλθον ἐπειγόμενος εἰς τὴν πατρίδα μηδενὶ [...] ἐν τῷ χρόνῳ τούτῳ Περι μεν των Ἱπποκρατους και Πλατωνος Δογματων ἓξ βιβλία συνέγραψα προτρεψαμένου με τοῦ Βοηθοῦ, Περι δε Μοριων Χρειας ἓν τὸ πρῶτον, ἃ λαβὼν ὁ Βοηθὸς ἐξῆλθε τῆς πόλεως ἐμοῦ πρότερος, ἄρξων τῆς Παλαιστίνης Συρίας, ἐν ᾗ καὶ ἀπέθανεν. καὶ διὰ τοῦτο μετὰ πολὺν χρόνον ἑκατέραν τὴν πραγματείαν συνετέλεσα προσγενομένων μοι κωλυμάτων μετὰ τὴν εἰς οἶκον ἐπάνοδον, ὧν ἐφεξῆς μνημονεύσω.

ἀποθνήσκω: to die
ἄρχω: to begin, to rule
διατρίβω: to spend time
δόγμα, -ατος, τό: an opinion, dogma
ἑκάτερος: each of two
ἐξέρχομαι: to go or come out of
ἐπάνοδος, ἡ: a return trip
ἐπείγω: to press down, urge
ἐφεξῆς: in order
κώλυμα, -ατος, τό: a hindrance, obstacle
λοιμός, ὁ: a plague, pestilence
μνημονεύω: to call to mind, remember
μόριον, τό: a piece, part
οἶκος, ὁ: a house, home
Παλαιστίνος, -η, -ον: Palestinian
παραχρῆμα: forthwith, straightway
πατρίς, -ίδος, ἡ: homeland
Πλάτων, -ωνος, ὁ: Plato
πόλις, πόλεως, ἡ: a city
πραγματεία, ἡ: written study
προσγίγνομαι: to encounter
προτρέπω: to urge forwards
συγγράφω: to write, compose
συντελέω: to complete, accomplish
Συρία, ἡ: Syria
χρεία, ἡ: use

διατρίψας: ao. part., "having spent time"
ἀρξαμένου: ao. part. in gen. abs., "the plague *having broken out*"
ἐπειγόμενος: pr. mid. part., "urging myself on" i.e. hastening
[...]: A lacuna in the text about the plague and the lack of a drug to combat it
προτρεψαμένου: ao. part. in gen. abs., "Boethus *having urged* me"
ἓν τὸ πρῶτον (sc. βιβλίον): "one (book), the first"
λαβών: ao. part., "*having taken* he left"
ἐμοῦ πρότερος: "before me"
ἄρξων: fut. part. showing purpose, "in order to rule"
ἀπέθανεν: ao., "where *he died*"
συνετέλεσα: ao., "I brought to completion"
προσγενομένων: ao. part. in gen. abs., "obstacles *having been encountered*"
μνημονεύσω: fut., "which *I will recount*"

Galen

II. Τίνα μοι μετὰ τὴν ἐκ Ῥώμης ἐπάνοδον οἴκαδε παραγενομένῳ βιβλία παρά τινων ἐδόθη τῶν ὑπ' ἐμοῦ γεγραμμένων.

Upon returning to Pergamon, Galen is presented with some of his works written while there.

Ἐπανῆλθον μὲν οὖν ἐκ Ῥώμης εἰς τὴν πατρίδα πεπληρωμένων μοι τῶν ἐκ γενετῆς ἐτῶν ἑπτὰ καὶ τριάκοντα, τρία δέ μοι βιβλία παρά τινων ἐδόθη γεγραμμένα, πρὶν εἰς Σμύρναν ἐκ Περγάμου μεταβῆναι Πέλοπός τε τοῦ ἰατροῦ καὶ Ἀλβίνου τοῦ Πλατωνικοῦ χάριν· ἦν δὲ τὸ μέν τι Μητρας Ἀνατομη, μικρὸν βιβλίδιον, τὸ δέ τι Των Ἐν Ὀφθαλμοις Παθων Διαγνωσις, μικρὸν καὶ αὐτό, τρίτον δ' ἀξιόλογον τῷ μεγέθει Περι της Ἰατρικης

Ἀλβίνος, ὁ: Albinus
ἀξιόλογος, -ον: noteworthy
βιβλίδιον, τό: little book
γενετή, ἡ: the hour of birth
διάγνωσις, -εως, ἡ: a diagnosis
ἐπανέρχομαι: to go back, return
ἐπάνοδος, ἡ: a return trip
ἔτος, -εος, τό: a year
μέγεθος, -εος, τό: size
μεταβαίνω: to pass from one place to another
μήτρα, ἡ: womb
μικρός, -ά, -όν: small, little

οἴκαδε: homeward
ὀφθαλμός, ὁ: an eye
πάθος, τό: condition, disease
παραγίγνομαι: to be near
πατρίς, -ίδος, ἡ: homeland
Πέλοψ, ὁ: Pelops, a teacher of Galen
Πέργαμον, τό: Pergamum
πληρόω: to make full
πρίν: before (+ *inf.*)
Ῥώμη, ἡ: Rome
Σμύρνα, ἡ: Smyrna
τριάκοντα: thirty
χάρις, ἡ: grace, favor

τίνα ... βιβλία ... ἐδόθη: ao. pas., "*what books were given* to me"
μοι παραγενομένῳ: ao. part., "to me arriving"
τῶν γεγραμμένων: perf. part., "*of those things written* by me"
ἐπανῆλθον: ao. of ἐπι-ἀνα-ἔρχομαι, "I returned" (to Rome in 166)
πεπληρωμένων: perf. part. in gen. abs., "37 years *having been completed*"
πρὶν ... μεταβῆναι: ao. inf., "before I had departed"
χάριν: acc. of resp., "for the sake of" + gen.
τὸ μέν τι ... τὸ δέ τι: "there was one .. and another"
καὶ αὐτό: "*this one also* small"
τῷ μεγέθει: dat. of specification after ἀξιόλογον, "noteworthy *for its size*"

Ἐμπειρίας. ἐδόθη δὲ τὸ μὲν πρῶτον εἰρημένον μαίᾳ τινί, τὸ δὲ δεύτερον ὀφθαλμοὺς θεραπεύοντι νεανίσκῳ· τὸ δὲ τρίτον, ἡνίκα Πέλοψ μετὰ Φιλίππου τοῦ ἐμπειρικοῦ διελέχθη δυοῖν ἡμερῶν, τοῦ μὲν Πέλοπος, ὡς μὴ δυναμένης τῆς ἰατρικῆς δι' ἐμπειρίας μόνης συστῆναι, τοῦ Φιλίππου δ' ἐπιδεικνύντος δύνασθαι· τοὺς οὖν ὑφ' ἑκατέρου λόγους ῥηθέντας εἰς τάξιν καταστήσας ἔγραψά τι γυμνάσιον ἐμαυτῷ καὶ τοῦτ' οὐκ οἶδ' ὅπως ἐξέπεσεν ἐμοῦ μηδὲν εἰδότος αὐτό.

γυμνάσιον, τό: bodily exercise
διαλέγομαι: to discourse with
ἑκάτερος: each of two
ἐκπίπτω: to fall out, happen
ἐμπειρία, ἡ: experience
ἐμπειρικός, -ή, -όν: of the Empiric school
ἡμέρα, ἡ: day
ἡνίκα: at which time, when
θεραπεύω: to take care of

ἰατρική, ἡ: medicine
καθίστημι: to set down, place
μαῖα, ἡ: good mother, dame
νεάνισκος, ὁ: youth, young man
ὀφθαλμός, ὁ: an eye
Πέλοψ, ὁ: Pelops
συνίστημι: to set together, compose
τάξις, -εως, ἡ: an arranging, order
Φίλιππος. ὁ: Phillip

εἰρημένον: perf. part. of λέγω, "the first *having been mentioned*"
μαίᾳ τινί: dat., "was given to *a certain midwife*"
θεραπεύοντι: pr. part. dat., "the second to a young man *treating*"
ἡνίκα … διελέχθη: ao. pas. of δια-λέγομαι, "when Pelops debated with (μετά)"
δυοῖν: dual gen. of time within which, "*in the course of two* days"
τοῦ μὲν Πέλοπος … ἐπιδεικνύντος: gen. abs., "with Pelops demonstrating"
ὡς μὴ δυναμένης: pr. part. in ind. st. after ἐπιδεικνύντος, here expressed with a gen. abs. instead of the acc., "demonstrating that medicine *is not able*" + inf.
συστῆναι: ao. inf. of συν-ἵστημι, "to be composed'
Φιλίππου δ' ἐπιδεικνύντος: gen. abs., "with Philip demonstrating"
δύνασθαι: pr. inf. in ind. st. after ἐπιδεικνύντος, "demonstrating *that it is able*"
ῥηθέντας: ao. pas. part. of ἐρῶ agreeing with λόγους, "the words *spoken*"
καταστήσας: ao. part. transitive, "*having placed* them in order"
τι γυμνάσιον: "as a sort of exercise"
ὅπως ἐξέπεσεν: ao. in ind. quest. after οἶδα, "I do not know *how it fell*"
ἐμοῦ μηδὲν εἰδότος: gen. abs., "with me knowing nothing"

Galen's works written while studying in Smyrna

τρία δ' ἄλλα Περὶ Θώρακος Καὶ Πνεύμονος Κινήσεως, ἡνίκ' ἐν Σμύρνῃ διέτριβον, ἔγραψα συμφοιτητῇ χαρισάμενος μέλλοντι μετὰ τὴν ἀποδημίαν εἰς τὴν πατρίδα πορεύεσθαι χάριν τοῦ μελετήσαντα κατ' αὐτὰ ποιήσασθαί τιν' ἐπίδειξιν ἀνατομικήν. ἀποθανόντος οὖν ἐν τῷ μεταξὺ τοῦ νεανίσκου τὰ βιβλία παρά τισιν ἦν, ὑπονοούμενα τῆς ἐμῆς ἕξεως εἶναι, καί τις ἠλέγχθη προοίμιόν τι τεθεικὼς αὐτοῖς εἶτ' ἀναγιγνώσκων ὡς ἴδια. τούτων τῶν βιβλίων τῷ τρίτῳ κατὰ τὸ τέλος προσέγραψά

ἀναγιγνώσκω: to circulate (by reading)
ἀποδημία, ἡ: a trip abroad
ἀποθνήσκω: to die
διατρίβω: to spend time
ἐλέγχω: to question, refute, prove
ἕξις, -εως, ἡ: a possession, habit (of mind)
ἐπίδειξις, -εως, ἡ: a demonstration
ἡνίκα: at which time, when
θώραξ, -ακος, ὁ: chest
κίνησις, ἡ: movement, motion
μελετάω: to care for, attend to
μέλλω: to intend to, to be about to (+ *inf.*)
μεταξύ: between

νεανίσκος, ὁ: youth, young man
πατρίς, -ίδος, ἡ: homeland
πνεύμων, ὁ: lung
πορεύω: to make one's way, go
προοίμιον, τό: an introduction
προσγράφω: to add in writing
Σμύρνα, ἡ: Smyrna
συμφοιτητής, -οῦ, ὁ: a school-fellow
τέλος, -εος, τό: an end, goal, completion
τίθημι: to set, put, place
ὑπονοέω: to suspect
χαρίζω: to do a favor
χάρις, ἡ: grace, favor

χαρισάμενος: ao. part., "having done a favor for" + dat.
μέλλοντι: agreeing with συμφοιτητῇ, "who was about to" + inf.
χάριν: acc. of resp., "for the sake of" + gen.
τοῦ ... ποιήσασθαι: ao. inf. art. gen. after χάριν, "for the sake *of (him) to do*"
μελετήσαντα: ao. part. agreeing with the acc. subject of ποιήσασθαι, instr., "(him) by having practiced"
ἀποθανόντος: ao. part. in gen. abs. with τοῦ νεανίσκου, "the young man having died"
παρά τισιν: "was *with some others*"
ὑπονοούμενα (sc. βιβλία): pr. part. pas., "the books *being suspected*" + inf.
τῆς ἐμῆς ἕξεως: pred. gen. after εἶναι, "to be *of my habit*" i.e. typical of me
ἠλέγχθη: ao. pas. of ἐλέγχω, "someone *was proved* to have" + part.
τεθεικώς: perf. act. part. of τίθημι supplementing ἠλέγχθη, "proved *to have placed*"
ἀναγιγνώσκων: pr. part. also supplementing ἠλέγχθη, "and *to be circulating* it"
τῷ τρίτῳ: "*to the third* of these"
προσέγραψα: ao., "I appended"

τινα τῶν ὑπ' ἐμοῦ προσεξευρισκομένων ἐπαγγελίαν ἔχοντα: τὰ γὰρ ἐν τοῖς τρισὶ γεγραμμένα Πέλοπος ἦν τοῦ διδασκάλου δόγματα, παρ' ᾧ διατρίβων κατὰ Σμύρναν ἔγραψα ταῦτα.

No sooner has he returned home than he is summoned to Aquileia by the emperor

ἐγὼ μὲν καθιδρύσας ἐμαυτὸν ἐν τῇ πατρίδι μετὰ τὴν ἐκ Ῥώμης ἐπάνοδον εἰχόμην τῶν συνήθων: ἀφίκετο δ' εὐθέως ἐξ Ἀκυληίας τὰ παρὰ τῶν αὐτοκρατόρων γράμματα καλούντων με: προῄρηντο γὰρ αὐτοὶ χειμάσαντες ἐπὶ τοὺς Γερμανοὺς ἐξελαύνειν. ἐπορεύθην μὲν οὖν ἐξ ἀνάγκης, ἐλπίζων δὲ τεύξεσθαι

Ἀκυληία, ἡ: the city Aquileia in NE Italy
ἀνάγκη, ἡ: necessity
αὐτοκράτωρ, ὁ: emperor
ἀφικνέομαι: to come to
Γερμανοί, οἱ: the Germans
γράμμα, -ατος, τό: a letter
διατρίβω: to spend time
διδάσκαλος, ὁ: a teacher, master
ἐλπίζω: to hope for, expect
ἐξελαύνω: to drive out from
ἐπαγγελία, ἡ: a public notice
ἐπάνοδος, ἡ: a return trip
εὐθέως: immediately

καθιδρύω: to establish
καλέω: to call or summon
πατρίς, -ίδος, ἡ: homeland
Πέλοψ, ὁ: Pelops
πορεύω: to make one's way
προαιρέομαι: to choose, decide
προσεξευρίσκω: to discover in addition
Ῥώμη, ἡ: Rome
Σμύρνα, ἡ: Smyrna
συνήθης, -ες: customary
τυγχάνω: to hit upon (+ *gen.*)
χειμάζω: to pass the winter

προσεξευρισκομένων: pr. part. of **προσ-εξ-εὑρίσκω**, "of the things *discovered in addition*"
τινα ἔχοντα: n. pl. acc., "I appended *some (pages) having*"
τὰ ... γεγραμμένα: perf. part., "the things written"
δόγματα: pred., "were *the doctrines*"
παρ' ᾧ: "of P. *next to whom*"
καθιδρύσας: ao. part., "*having established* myself"
εἰχόμην: impf. mid., "I concerned myself with" + gen.
ἀφίκετο: ao., "letters *arrived*"
καλούντων: pr. part. agreeing with **αὐτοκρατόρων**, "from the emperors *summoning* me"
προῄρηντο: plupf. of **προ-αιρέομαι**, "they had decided" + inf.
χειμάσαντες: ao. part., "once they had passed the winter"
ἐπορεύθην: ao. pas., "I travelled"
τεύξεσθαι: fut. inf. after **ἐλπίζων**, "hoping to chance upon" + gen.

Galen

παραιτήσεως: ἤκουον γὰρ εἶναι τὸν ἕτερον αὐτῶν, τὸν πρεσβύτερον, εὐγνώμονά τε καὶ μέτριον ἥμερόν τε καὶ πρᾷον, ὃς ἐκαλεῖτο μὲν ἐξ ἀρχῆς Βῆρος, ἐπεὶ δ' Ἀντωνῖνος ὁ μετὰ τὸν Ἀδριανὸν ἄρξας διάδοχον αὐτὸν ἔθετο τῆς ἀρχῆς, τὸν μὲν ἔμπροσθεν ὀνομαζόμενον Λούκιον κοινωνὸν ἐποιήσατο καλέσας Βῆρον, ἑαυτὸν δὲ μετωνόμασεν Ἀντωνῖνον.

Ἀδριανός, ὁ: Hadrian	καλέω: to call
Ἀντωνῖνος, ὁ: Antoninus	κοινωνός, ὁ: a companion, partner
ἀρχή, ἡ: the first place, the rule	μετονομάζω: to call by a new name
ἄρχω: to be first	μέτριος, -α, -ον: within measure
Βῆρος, ὁ: Verus	ὀνομάζω: to name, call
διάδοχος, -ον: succeeding	παραίτησις, -εως, ἡ: a petition (for leave)
ἔμπροσθεν: before, in front	πρᾶος, -ον: soft, gentle
εὐγνώμων, -ον: reasonable, indulgent	πρεσβύτερος, -η, -ον: older
ἥμερος: tame, mild	τίθημι: to set, put, place

εἶναι τὸν ἕτερον: ind. st. after ἤκουον, "for I heard *that one of them was*"

εὐγνώμονα, etc.: pred. acc., "was *reasonable*"

ἐξ ἀρχῆς: "from the beginning," i.e. originally

ὁ ... ἄρξας: ao. part., "*the one who ruled* after Hadrian" i.e. Antoninus Pius (138-161)

ἔθετο: ao. mid., "A. established him"

διάδοχον: pred. acc., "established him *successor*"

τὸν ... Λούκιον: "the previously named Lucius"

κοινωνὸν: pred. acc., "he made him *co-ruler*"

καλέσας: ao. part., "*having called* him Verus" i.e. changing his name from Lucius to Verus

μετωνόμασεν: ao. of μετα-ὀνωμάζω, "he changed his own name"

Ἀντωνῖνον: acc. pred., "he changed his own name to *Antonius*." This Antoninus, whose original name was Verus, is now generally known as Marcus Aurelius. see box

---

The Antonine Emperors

The four successors of Hadrian all had Antoninus as one of their names, along with other titles. Today these emperors are referred to by the bold names below. Lucius Verus and Marcus Aurelius were co-emperors, as were Marcus Aurelius and his son Commodus.

Hadrian (Caesar Publius Aelius Traianus **Hadrianus** Augustus): 117-138

Antoninus Pius (Caesar Titus Aelius Hadrianus **Antoninus** Augustus **Pius**): 138-161

Lucius Verus (Caesar **Lucius** Aurelius **Verus** Augustus): 161-169

Marcus Aurelius (Caesar **Marcus Aurelius** Antoninus Augustus): 161-180

Commodus (Caesar Marcus Aurelius **Commodus** Antoninus Augustus): 177-192

On My Own Books
A plague breaks out in Aquileia and Galen returns to Rome with Commodus

ἐπιβάντος οὖν μου τῆς Ἀκυληίας κατέσκηψεν ὁ λοιμὸς ὡς οὔπω πρότερον, ὥστε τοὺς μὲν αὐτοκράτορας αὐτίκα φεύγειν εἰς Ῥώμην ἅμα στρατιώταις ὀλίγοις, ἡμᾶς δὲ τοὺς πολλοὺς μόλις ἐν χρόνῳ πολλῷ διασωθῆναι πλείστων ἀπολλυμένων οὐ μόνον διὰ τὸν λοιμὸν ἀλλὰ καὶ διὰ τὸ μέσου χειμῶνος εἶναι τὰ πραττόμενα. μεταστάντος δ' ἐξ ἀνθρώπων τοῦ Λουκίου κατὰ τὴν ὁδὸν εἰς Ῥώμην αὐτοῦ κομίσας τὸ σῶμα τὴν ἀποθέωσιν Ἀντωνῖνος ἐποιήσατο καὶ μετὰ ταῦτα τῆς ἐπὶ τοὺς Γερμανοὺς στρατείας εἴχετο περὶ παντὸς ποιούμενος ἀπάγειν με,

Ἀκυληία, ἡ: the city Aquileia
ἅμα: together with (+ *dat.*)
ἀπάγω: to lead away, carry off
ἀποθέωσις, -εως, ἡ: deification
ἀπόλλυμι: to destroy, kill, slay
αὐτίκα: forthwith, straightway, at once
αὐτοκράτωρ, ὁ: emperor
Γερμανοί, οἱ: the Germans
διασῴζω: to preserve
ἐπιβαίνω: to go upon, to arrive
κατασκήπτω: to rush down, break out
κομίζω: to take care of, provide for
λοιμός, ὁ: a plague, pestilence

μεθίστημι: to depart
μέσος, -η, -ον: middle, in the middle
μόλις: scarcely
οὐδός, ἡ: a way
οὔπω: not yet
πλεῖστος, -η, -ον: most, largest
πρότερον: before
στρατεία, ἡ: an expedition, campaign
στρατιώτης, ὁ: a soldier
σῶμα, τό: a body
φεύγω: to flee, take flight
χειμών, -ῶνος, ὁ: winter

ἐπιβάντος: ao. part. gen. abs., "me having arrived" + gen.
κατέσκηψεν: ao. of κατα-σκηπτω, "broke out"
ὥστε ... φεύγειν: ao. inf. in res. cl., "so that they fled"
διασωθῆναι: ao. pas. inf. also in res. cl. after ὥστε, "so that we hardly *survived*"
πλείστων ἀπολλυμένων: gen. abs., "with most dying"
διὰ τὸ ... εἶναι: art. inf., "also *because of* the deeds *being*"
μέσου χειμῶνος: gen. of time within which, "in the middle of winter"
τὰ πραττόμενα: pr. part. n. pl. subj. of εἶναι, "*the things* being done"
μεταστάντος: ao. part. intransitive of μετα-ἵστημι in gen. abs., "Lucius *having departed*" i.e. died
κομίσας: ao. part., "Antonius, *having take care of* the body"
ἐποιήσατο: ao., "*he performed* the deification ceremony"
εἴχετο: impf. mid., "he concerned himself with" + gen.
περὶ παντὸς: "beyond everything"
ποιούμενος: pr. part., "contriving to" + inf.

πεισθεὶς δ' ἀφεῖναι λέγοντος ἀκούσας τἀναντία κελεύειν τὸν πάτριον θεὸν Ἀσκληπιόν, οὗ καὶ θεραπευτὴν ἀπέφαινον ἐμαυτόν, ἐξ ὅτου με θανατικὴν διάθεσιν ἀποστήματος ἔχοντα διέσωσε, προσκυνήσας τὸν θεὸν καὶ περιμεῖναί με τὴν ἐπάνοδον αὐτοῦ

ἀποφαίνω: to display, produce
ἀπόστημα, -ατος, τό: an abscess
Ἀσκληπιός, ὁ: Asclepius
ἀφίημι: to release, discharge
διασῴζω: preserve through
διάθεσις, -εως, ἡ: a condition
ἐμαυτοῦ: of me, of myself
ἐναντίος, -α, -ον: opposite
ἐπάνοδος, ἡ: a journey back

θανατικός, -ή, -όν: deadly
θεραπευτής, -οῦ: a worshipper
κελεύω: to command, order
πάτριος, -α, -ον: of or belonging to one's father
πείθω: to prevail upon, win over, persuade
περιμένω: to wait for, await
προσκυνέω: to make obeisance, respect

πεισθεὶς: ao. pas. part., "but having been persuaded to" + inf.
ἀφεῖναι: perf. inf. of ἀπο-ἵημι, "to release"
λέγοντος: pr. part. gen. after τἀναντία, "the opposite *of him speaking*" i.e. the opposite of what the emperor was saying
κελεύειν: inf. in ind. st. after ἀκούσας, "having heard that the god *was ordering*"
οὗ: gen., "*whose* servant"
ἀπέφαινον: impf., "*I was declaring* myself"
ἐξ ὅτου: "since the time when"
ἔχοντα: pr. part. circum. agreeing with με, "when I had"
διέσωσε: ao. of δια-σῴζω, "*he saved* me"
προσκυνήσας: ao. part., "(Antonius) *having respected* the god"
περιμεῖναι: ao. inf. after κελεύσας, "having ordered me *to await*"

Note the different meanings of the word αὐτός:

1. Without the definite article
    a. The nominative forms of the word always are intensive (= Latin ipse): αὐτὸς οἶσθα: "you yourself know"; αὐτὸς μὲν ἐξῆλθε, "while he himself left"; προῄρηντο γὰρ αὐτοί: "they themselves decided."
    b. The other cases of the word are the unemphatic third person pronouns: him, them, etc. τὴν εὕρεσιν αὐτῶν: the discovery of these things; δυνατόν ἐστιν αὐτῷ, "it is possible for him"; διάδοχον αὐτὸν ἔθετο: "he made him successor."
2. With the definite article
    a. In predicative position, it is also intensive (= Latin ipse): πρὸς τὸν Ἐρασίστρατον αὐτόν: "to Erisistratus himself"
    b. In attributive position or with no noun, it means "the same": τὴν αὐτὴν δόξαν ἔχων: having the same opinion; ὁ δ' αὐτὸς οὗτος: "this same person"

κελεύσας -- ἤλπιζε γὰρ ἐν τάχει κατορθώσειν τὸν πόλεμον -- αὐτὸς μὲν ἐξῆλθε, καταλιπὼν δὲ τὸν υἱὸν Κόμμοδον, παιδίον ἔτ' ὄντα κομιδῇ νέον, ἐνετείλατο τοῖς τρέφουσιν αὐτὸ πειρᾶσθαι μὲν ὑγιαῖνον φυλάττειν, εἰ δέ ποτε νοσήσειε, καλεῖν ἐπὶ τὴν θεραπείαν ἐμέ.

ἐλπίζω: to hope for, expect (+ *inf.*)
ἐντέλλω: to enjoin, command
ἐξέρχομαι: to go out, come out
θεραπεία, ἡ: a waiting on, service
καταλείπω: to leave behind
κατορθόω: to set upright, succeed
κελεύω: to command, order
κομιδῇ: exactly, just, quite
Κόμμοδος, ο: Commodos
νέος, -α, -ον: young

νοσέω: to be sick, ill, to ail
παιδίον, τό: small child
πειράω: to attempt, try to (+ *inf.*)
πόλεμος, ὁ: battle, fight, war
τάχος, τό: swiftness, speed
τρέφω: to care for, nourish
υἱός, ὁ: a son
ὑγιαίνω: to be sound, healthy or in health
φυλάττω: to keep watch

κατορθώσειν: fut. inf. after ἤλπιζε, "he expected *to succeed*"
καταλιπὼν: ao. part., "having left behind"
ἐνετείλατο: ao. of ἐν-τέλλω, "he commanded" + dat. + inf.
τοῖς τρέφουσιν: pr. part. dat., "commanded *those caring for* him"
φυλάττειν: pr. inf. after πειρᾶσθαι, "to try *to keep* him healthy"
εἰ ... νοσήσειε: ao. opt. in fut. less vivid protasis, "but if he were to become ill"
καλεῖν: pr. inf. in ind. command after ἐνετείλατο, and also an apodosis of the condition, "that they should call me"

Defective Verbs

The principal parts of some verbs come from completely different words. Sometimes there are more than one form for a specific tense, in which case one will usually be preferred. Here are some important examples:

Present	Future	Aorist	Perfect	Aorist Passive
ἔρχομαι (go)	εἶμι	ἦλθον	ἐλήλουθα	
λέγω (speak)	λέξω	ἔλεξα	λέλεγμαι	ἐλέχθην
	ἐρέω	εἶπον	εἴρηκα	ἐρρήθην
φέρω (carry)	οἴσω	ἤνεγχον	ἐνήνοχα	ἠνέχθην
αἱρέω (take)	αἱρήσω	εἷλον	ᾕρηκα	ᾑρέθην
ὁράω (see)	ὄψομαι		ἑώρακα	
impf. ἑώρων		εἶδον	οἶδα (know)	
			fut. εἴσομαι	plupf. ᾔδη

Galen

While in Rome he continues his research.

κατὰ τοῦτον οὖν τὸν χρόνον συνελεξάμην τε καὶ εἰς ἕξιν ἤγαγον μόνιμον ἅ τε παρὰ τῶν διδασκάλων ἐμεμαθήκειν ἅ τ' αὐτὸς εὑρήκειν, ἔτι τε ζητῶν ἔνια περὶ τὴν εὕρεσιν αὐτῶν ἔγραψα πολλὰ γυμνάζων ἐμαυτὸν ἐν πολλοῖς προβλήμασιν ἰατρικοῖς τε καὶ φιλοσόφοις, ὧν τὰ πλεῖστα διεφθάρη κατὰ τὴν μεγάλην πυρκαϊάν, ἐν ᾗ τὸ τῆς Εἰρήνης τέμενος

γυμνάζω: to exercise, train
διαφθείρω: to destroy utterly
διδάσκαλος, ὁ: a teacher, master
Εἰρήνη, ἡ: Peace
ἔνιοι, -α,: some
ἕξις, -εως, ἡ: a possession
εὕρεσις, -εως, ἡ: a finding, discovery
εὑρίσκω: to find

ζητέω: to seek, seek for
μόνιμος, -η, -ον: stable, fixed
πλεῖστος, -η, -ον: most, largest
πρόβλημα, -ατος, τό: problem, challenge
πυρκαία, ἡ: a conflagration
συλλέγω: to collect, gather
τέμενος, -εος, τό: a temple

συνελεξάμην: ao. mid. of συν-λέγω, "I collected"
ἤγαγον: ao. of ἄγω, "*I brought into* (εἰς) a stable condition"
ἅ τε ... ἅ τ': "both that which... and that which"
ἐμεμαθήκειν: plupf. of μανθάνω, "I had learned"
εὑρήκειν: plupf. (unaugmented), "I had discovered"
ἔτι τε ζητῶν: pr. part., "*and still investigating* some things"
γυμνάζων: pr. part., "*exercising* myself"
ὧν: gen. pl., "*whose* greatest parts"
διεφθάρη: ao. pas. of δια-φθείρω, "were destroyed"
ἐν ᾗ: "the conflagration *in which*"
τὸ τῆς Εἰρήνης τέμενος: the Temple of Peace was used as a depository for books and was destroyed in the fire of 192 CE, although the books Galen lost in this fire now seem to have been in other buildings.

The Fire of 192 AD

On two occasions in *On My Own Books*, Galen mentions the great fire in Rome in 192, which destroyed many of his books, instruments and medical supplies. More details about this fire and its effects are found in a newly discovered essay of Galen, *On the Avoidance of Grief*, ed. V. Boudon-Millot (Budé, 2005). An excellent discussion of this and other evidence for the fire is provided by Pier Luigi Tucci, "Galen's Storeroom, Rome's Libraries, and the Fire of a.d. 192." *Journal of Roman Archaeology* 21 (2008), 133–49. Tucci uses the evidence of this new essay to show that Galen's works lost in the fire were actually housed in storehouses along the via sacra that were destroyed in the same fire. He provides detailed maps of the area. The *vicus sandaliarius* mentioned in the opening lines of *On My Own Books* is near the Temple of Peace.

ἅμα καὶ πολλοῖς ἄλλοις ἐκαύθη. καὶ χρονίσαντός γε κατὰ τὴν ἀποδημίαν παρὰ πᾶσαν ἐλπίδα τοῦ Ἀντωνίνου σύμπας ἐκεῖνος ὁ χρόνος ἀξιολογωτάτην τὴν ἄσκησίν μοι παρέσχεν, ὡς τήν τε Περι Χρειασ Μοριων πραγματείαν ἐν ἑπτὰ καὶ δέκα πληρῶσαι βιβλίοις προσθεῖναί τε τὰ λείποντα τῇ Περι των Ἱπποκρατουσ και Πλατωνοσ Δογματων.

Galen does research on some anatomical subjects at this time as well.

ἔτι δὲ ζητῶν τινα τῶν ἀνατομικῶν θεωρημάτων, ἃ ἐδεδώκειν τῷ Βοηθῷ [...] τοῦ Περι Χρειασ Μοριων ἐν τῷ δευτέρῳ δεδήλωται τοὺς κινοῦντας τὸ ἄρθρον ἑκάστου δακτύλου μῦς

ἅμα: together with (+ *dat.*)
ἀξιόλογος, -ον: noteworthy
ἀποδημία, ἡ: a going or being abroad
ἄρθρον, τό: a joint
ἄσκησις, -εως, ἡ: exercise, training
Βοηθός, ὁ: Boethus
δάκτυλος, ὁ: a finger
δηλόω: to show, exhibit
ἐλπίς, -ίδος, ἡ: hope, expectation
ἑπτά: seven
ζητέω: to seek, seek for
καίω: to light, kindle

κινέω: to set in motion, to move
λείπω: to leave, quit
μόριον, τό: a part, section
μῦς, ὁ: a muscle
παρέχω: to provide, supply
Πλάτων, -ωνος, ὁ: Plato
πληρόω: to make full, complete
πραγματεία, ἡ: a major work
προστίθημι: to put X (*acc.*) to Y (*dat.*)
σύμπας: all together
χρεία, ἡ: use, advantage, service
χρονίζω: to spend time, linger

ἐκαύθη: ao. pas. of καίω, "were burned"
χρονίσαντος: ao. part. in gen. abs. with Ἀντωνίνου, "Ant. *having lingered*"
ἀξιολογωτάτην: pred. adj., "study that was *most worthy*"
μοι παρέσχεν: ao. of παρα-ἔχω, "that time *provided to me*"
ὡς ... πληρῶσαι: ao. inf. in res. cl., "*so that I completed*"
προσθεῖναί τε: ao. inf. also in res. cl., "*and I added* X (acc.) to Y (dat.)"
τὰ λείποντα: pr. part. acc. pl., "the remaining things"
τῇ (sc. πραγματείῃ): dat. after προσθεῖναι, "to add *to the work*"
ἔτι δὲ ζητῶν: "while still investigating"
ἐδεδώκειν: plupf. of δίδωμι, "which *I had given*"
[...]: a brief lacuna
τοῦ Περι Χρειασ Μοριων: "in the second (book) *of the* On the Usefulness of the Parts"
δεδήλωται: perf. impersonal, "it is shown"
τοὺς κινοῦντας ... μῦς: acc. pl. subj. of ind. st. after δεδήλωται, "that the muscles which move" + inf.

προσεξευρῆσθαί μοι ἅπαντας ἀγνοηθέντας ἄχρι πολλοῦ, καθάπερ ἅπασι τοῖς πρὸ ἐμοῦ. ἀνεβαλόμην δ' ἐν ἐκείνῃ τῇ πραγματείᾳ καὶ περὶ τῆς κινήσεως τῶν ἄνω βλεφάρων ἐρεῖν εἰσαῦθις ἐπιδείξας ἐν αὐτῇ τοῦτο μόνον, ὡς αἱ λεγόμεναι πρός τινων οὐκ εἰσὶν ἀληθεῖς. ὁπότε δ' ἐμαυτόν τ' ἔπεισα καὶ τοὺς ἄλλους, οἷς ἔδειξα, καὶ ταύτην εὑρῆσθαί μοι καὶ τἆλλα, ὅσα κατὰ τὰς ἀνατομὰς ἢ κακῶς εἴρηται τοῖς ἔμπροσθεν ἢ ὅλως παραλέλειπται τηνικαῦτ' ἤδη καὶ τὰς Ἀνατομικὰς Ἐγχειρήσεις ἔγραψα.

ἀγνοέω: not to know
ἀληθής, -ές: true
ἀναβάλλω: to throw up, defer
ἄνω: upwards
ἄχρι: up to (+ *gen.*)
βλέφαρα, τά: eyelid
δείκνυμι: to display, exhibit
ἐγχείρησις, -εως, ἡ: an undertaking, procedure
εἰσαῦθις: hereafter, afterwards
ἔμπροσθεν: before, in front
ἐπιδείκνυμι: to demonstrate
εὑρίσκω: to find
καθάπερ: just as
κακός, -ή, -όν: bad
κίνησις, ἡ: movement, motion
ὁπότε: whenever
ὅλως; completely
παραλείπω: to leave behind
πείθω: to prevail upon, persuade
πραγματεία, ἡ: a major work
προσεξευρίσκω: to find out besides, discover
τηνικαῦτα: at that time, then

προσεξευρῆσθαι: perf. inf. pas. after δεδήλωται, "*were discovered* by me"
ἀγνοηθέντας: ao. pas. part. circum., "which were all *unknown* to me"
ἄχρι πολλοῦ: "for a long (time)"
τοῖς πρὸ ἐμοῦ: "unknown *to those before me*"
ἀνεβαλόμην: ao. of ἀνα-βάλλω: "I deferred to" + inf.
ἐρεῖν: fut. inf. of λέγω, complementing ἀνεβαλόμην, "I deferred *saying*"
ἐπιδείξας: ao. part., "having demonstrated"
ὡς ... οὐκ εἰσὶν: noun cl. in apposition to τοῦτο, "this, *namely that they are not* true"
αἱ λεγόμεναι (sc. δόξαι): "(opinions) *that were spoken*"
πρός τινων: "from some individuals"
ὁπότε ... τηνικαῦτ': "whenever ... at that time"
οἷς ἔδειξα: ao., "others *to whom I showed* it"
ταύτην εὑρῆσθαί: perf. pas. inf. after ἔπεισα, "when I persuaded *that this was discovered* by me"
ὅσα ... εἴρηται: perf. pas., " whatever was spoken"
τοῖς ἔμπροσθεν: dat. of agent with passive, "by those before me"
παραλέλειπται: perf. pas., "or was completely passed over"

On the Usefulness of the Parts *begins to stir up controversy*

φθασάντων δὲ τῶν περὶ χρείας μορίων εἰς πολλοὺς ἀφῖχθαι σπουδαζομένων τε τοῖς ἰατροῖς σχεδὸν ἅπασιν, ὅσοι τὴν παλαιὰν ἰατρικὴν μετεχειρίζοντο, καὶ τῶν φιλοσόφων τοῖς ἀπ' Ἀριστοτέλους, ἐπειδὴ κἀκείνῳ τοιαύτη τις ἐγεγόνει πραγματεία, τῶν βασκάνων τινὲς ὑπὸ φθόνου τὴν πόλιν ἐπλήρωσαν τῆς μοχθηρᾶς φήμης, ὡς ἕνεκα τοῦ δόξαι πάμπολυ τοὺς ἔμπροσθεν ὑπερβεβλῆσθαι πολλὰ τῶν οὐδ' ὅλως φαινομένων ἐν ταῖς ἀνατομαῖς γράψαιμι· μὴ γὰρ ἂν ἅπαντας αὐτὰ λαθεῖν.

ἀφικνέομαι: to come to, arrive
βάσκανος, ὁ: an envious person
δοκέω: to seem to (+ *inf.*)
ἔμπροσθεν: before, in front
ἕνεκα: on account of (+ *gen.*)
λανθάνω: to escape notice
μεταχειρίζω: to handle, study
μοχθηρός, -ά, -όν: wretched, hateful
μόριον, τό: a piece, part
ὅλως: completely
παλαιός, -ά, -όν: old, ancient
πάμπολυ: very much
πληρόω: to make full
πόλις, πόλεως, ἡ: a city
πραγματεία, ἡ: a major work
σπουδάζω: to seek eagerly
σχεδόν: close, nearly
ὑπερβάλλω: to throw beyond, surpass
φαίνομαι: to be visible
φήμη, ἡ: a voice, rumor
φθάνω: to come or do before
φθόνος, ὁ: ill-will, envy, jealousy
χρεία, ἡ: use, advantage, service

φθασάντων δὲ τῶν (sc. βιβλίων): ao. part. of φθάνω in gen. abs., "the books having already" + inf.
ἀφῖχθαι: perf. mid. inf. complementing φθασάντων, "having already *arrived*"
σπουδαζομένων: pr. part. pas. also with βιβλίων, "being eagerly sought"
τοῖς ἰατροῖς: dat. of agent with passive, "by doctors"
ὅσοι ... μετεχειρίζοντο: impf., "who were studying"
κἀκείνῳ: dat. of agent, "produced *by that one* also"
ἐγεγόνει: plupf., "a work *had been produced*"
ὑπὸ φθόνου: moved *by envy*"
ἐπλήρωσαν: ao., "they filled X (acc) with Y (gen.)"
ὡς ... γράψαιμι: ao. opt. in ind. st. in sec. seq., "the rumor *that I described* many things"
τοῦ δόξαι: ao. inf. art. gen. with ἕνεκα, "for the sake *of seeming*" + inf
ὑπερβεβλῆσθαι: perf. mid. inf. after δόξαι, "seeming *to have surpassed*"
τῶν ... φαινομένων: part. gen. with πολλὰ, "that I described a large number *of things not being wholy visible*"
μὴ γὰρ ἂν ... λαθεῖν: ao. inf. in ind. st., representing a pot. opt., "for (they claimed) that these things *would not have escaped* the notice of all"

ἐγὼ μὲν οὖν ἐγέλων τε καὶ κατεφρόνουν αὐτῶν· ἀγανακτοῦντες δ' οἱ φίλοι παρεκάλουν με δημοσίᾳ δεῖξαι κατά τι τῶν μεγάλων ἀκουστηρίων τὴν ἀλήθειαν τῶν ὑπ' ἐμοῦ γεγραμμένων ἀνατομικῶν θεωρημάτων. ἐπεὶ δ' οὐκ ἐπειθόμην -- ἤδη γὰρ οὕτως εἶχον, ὡς μὴ πεφροντικέναι τῆς δόξης, -- οἰηθέντες οἱ βάσκανοι ἐξελεγχθῆναί με φοβούμενον, οὐ καταφρονοῦντα τῆς φλυαρίας αὐτῶν προσποιεῖσθαι μεγαλοφροσύνην, οὐδὲ τοῦ σκώπτειν ἀπείχοντο καθ' ἑκάστην ἡμέραν εἰς τὸ τῆς Εἰρήνης τέμενος

ἀγανακτέω: to feel irritation
ἀκουστήριον, τό: lecture-hall
ἀπέχω: to keep off or away from, desist
βάσκανος, -ον: slanderous, malicious
γελάω: to laugh
δείκνυμι: to display, exhibit
δημόσιος, -α, -ον: public
δόξα, ἡ: reputation
ἐξελέγχω: to refute
ἡμέρα, ἡ: day
καταφρονέω: to think down upon, despise

καταφρονέω: to think down upon, despise
μεγαλοφροσύνη, ἡ: highmindedness
οἴομαι: to suppose, think
παρακαλέω: to call to
πείθω: to persuade
προσποιέω: to make over to, attribute
σκώπτω: to mock, jeer
τέμενος, -εος, τό: a temple
φλυαρία, ἡ: silly talk, nonsense, foolery
φοβέομαι: to fear
φροντίζω: to think, consider

ἐγέλων: impf., "I used to laugh"
δεῖξαι: ao. inf. in ind. command after παρεκάλουν, "they kept urging me *to demonstrate*"
κατά τι: "in one of" + gen.
γεγραμμένων: perf. pas. part., "of the treatises *written* by me"
οὐκ ἐπειθόμην: impf. pas., "I was not persuaded"
οὕτως εἶχον: impf., "I was in such a state"
ὡς μὴ πεφροντικέναι: perf. inf. in res. cl., "so that I wasn't concerned with" + gen.
οἰηθέντες: ao. pas. part. of οἴομαι, "having supposed" + inf.
ἐξελεγχθῆναί: ao. pas. inf. complementing φοβούμενον, "me fearing *to be refuted*,"
με φοβούμενον: pr. part. acc., "me fearing," i.e., the idea that I was fearing"
(με) οὐ καταφρονοῦντα: pr. part. acc., "not (me) looking down on" i.e., rather than the fact that I was looking down on" + gen.
προσποιεῖσθαι: pr. inf. after οἰηθέντες, "having supposed *to attribute* my highmindedness *to* me being," i.e., to the fact that I was
τοῦ σκώπτειν: pr. inf. art. gen. after ἀπείχοντο, "they would not desist *from mocking*"
τὸ τῆς Εἰρήνης τέμενος: "the temple of Peace" built by Vespasian in 75 CE.

ἀφικνούμενοι, καθ' ὅ τι καὶ πρὸ τοῦ καυθῆναι πᾶσιν ἦν ἔθος ἀθροίζεσθαι τοῖς τὰς λογικὰς τέχνας μεταχειριζομένοις.

Friends compel Galen to defend his assertions in a public demonstration

ἀναγκασθεὶς οὖν ὑπὸ τῶν φίλων καὶ δείξας δημοσίᾳ πολλαῖς ἡμέραις ἐμαυτὸν μὲν οὐδὲν ἐψευσμένον, ἠγνοηκότας δὲ πολλὰ τοὺς ἔμπροσθεν, ἔγραψα παρακληθεὶς ὑπ' αὐτῶν ὑπομνήματα τῶν δειχθέντων τε καὶ λεχθέντων, ἐπιγέγραπται δὲ ταῦτα Περὶ τῶν Ἀγνοηθέντων τῷ Λύκῳ κατὰ τὰς Ἀνατομάς διὰ τήνδε τὴν αἰτίαν. ὁπότε προῆλθον ἐπιδείξων ἐμαυτὸν οὐδὲν ἐψευσμένον ἐν

ἀγνοέω: not to know
ἀθροίζω: to gather together, to muster
ἀναγκάζω: to force, compel
ἀφικνέομαι: to come to
δείκνυμι: to display, exhibit
δημόσιος, -α, -ον: public
ἔθος, -εος, τό: custom, habit
ἔμπροσθεν: before
ἐπιγράφω: to engrave, entitle

ἡμέρα, ἡ: day
καίω: to light, kindle
μεταχειρίζω: to handle, practice
ὁπότε: when
παρακαλέω: to summon
προέρχομαι: to go forward, advance
ὑπόμνημα, -ατος, τό: a commentary
ψεύδω: to cheat, falsify

καθ' ὅ: "in which spot"
τοῦ καυθῆναι: ao. inf. pas. art. after πρό, "even before having been burnt" (in a fire in 192 CE)
ἀθροίζεσθαι: pr. inf. epex. after ἔθος, "it was the custom *to gather*"
τοῖς ... μεταχειριζομένοις: pr. part. dat., "custom *for those practicing*"
ἀναγκασθείς: ao. pas. part. of ἀναγκάζω, "having been compelled"
δείξας: ao. part., "*having demonstrated* publicly"
ἐψευσμένον: perf. part. in ind. st. after δείξας, "*that I had falsified* nothing"
ἠγνοηκότας: perf. part. in ind. st. after δείξας, "that those were ignorant"
παρακληθείς: ao. pas. part., "having been called upon"
τῶν δειχθέντων τε καὶ λεχθέντων: ao. pas. part. of δείκνυμι and λέγω, "notes of the things demonstrated and argued"
ἐπιγέγραπται: perf., "these were entitled"
τῶν ἀγνοηθέντων: ao. pas. part., "about the things unknown to" + dat.
Λύκῳ: Lycus of Macedon, a student of Quintus about whom Galen has little good to say
ἐπιδείξων: fut. part. showing purpose, "I advanced *in order to demonstrate*"
ἐψευσμένον: perf. part. in ind. st. after ἐπιδείξων, "*that I had falsified* nothing"

τοῖς ἀνατομικοῖς ὑπομνήμασιν, εἰς τὸ μέσον ἀνέθηκα τὰ τῶν ἀνατομικῶν ἁπάντων βιβλία τὴν ἐξουσίαν δοὺς ἑκάστῳ τῶν παρόντων ὃ βούλεται μόριον ἀνατμηθῆναι προβάλλειν, ἐπαγγειλάμενος δείξειν ὅσα διεφώνησαν τοῖς ἔμπροσθεν, ἀληθῶς ὑπ' ἐμοῦ γεγραμμένα. προβληθέντος δὲ τοῦ θώρακος ἐμοῦ τε τὴν ἀρχὴν ἀπὸ τῶν παλαιοτάτων ποιουμένου προχειριζομένου τε τὰς βίβλους αὐτῶν, ἠξίωσάν τινες τῶν ἀξιολόγων ἰατρῶν ἐν προεδρίᾳ καθεζόμενοι μὴ κατατρίβειν με τὸν χρόνον, ἀλλ' ἐπειδὴ Λύκος ὁ Μακεδών, Κοΐντου μαθητὴς γεγονὼς ἀνδρὸς ἀνατο-

---

ἀληθῶς: truly
ἀνατέμνω: to cut open, dissect
ἀνατίθημι: to set up, set in place
ἀξιόλογος, -ον: noteworthy
ἀξιόω: to think worthy, request (+ *inf.*)
βούλομαι: to will, wish
δείκνυμι: to display, exhibit
διαφωνέω: to be dissonant
ἐξουσία, ἡ: power, permission
ἐπαγγέλλω: to tell, proclaim, announce
ἔμπροσθεν: before
θώραξ, -ακος, ὁ: a chest, thorax
καθεζόμαι: to sit down, be seated

κατατρίβω: to spend time
Κοΐντος, ὁ: Quintus
Λύκος, ὁ: Lycus
μαθητής, -οῦ, ὁ: a learner, pupil
Μακεδών: a Macedonian
μέσος, -η, -ον: middle
μόριον, τό: a piece, part
παλαιός, -ά, -όν: old in years
πάρειμι: to be present
προβάλλω: to throw before, challenge
προεδρία, ἡ: the front seat
προχειρίζω: to handle

ἀνέθηκα: ao. of ἀνα-τίθημι, "I set in place"
δοὺς: ao. part. of δίδωμι, "*having given* permission"
ἀνατμηθῆναι: ao. pas. inf. of ἀνα-τέμνω complementing βούλεται, "whatever part he wished *to be dissected*"
προβάλλειν: pr. inf. epex. with ἐξουσίαν, "permission *to challenge*"
ἐπαγγειλάμενος: ao. part., "having announced"
δείξειν: fut. inf. in ind. st. after ἐπαγγειλάμενος, "that I would show"
διεφώνησαν: ao. of δια-φωνέω, "how much *they disagreed with*" + dat.
γεγραμμένα: perf. part., "*the things written* by me"
προβληθέντος: ao. pas. part. in gen. abs., "the thorax *having been chosen*"
ἐμοῦ ... ποιουμένου: pr. part. in gen. abs., "*me making* the beginning"
παλαιοτάτων (sc. βιβλίων): "from *the oldest* (books)"
προχειριζομένου: also gen. abs. with ἐμοῦ, "me *beginning to handle*"
κατατρίβειν: pr. inf. in ind. st. after ἠξίωσαν, "they asked me not *to waste time*"
ἐπειδὴ ... ἔγραψεν: "since Lycus had written"
γεγονὼς: perf. part., "*having been* the student"

μικωτάτου, τὰ μέχρι τῶν καθ' ἑαυτὸν εὑρημένα πάντ' ἔγραψεν, ἐάσαντα τοὺς ἄλλους μόνα τὰ πρὸς ἐκείνου γεγραμμένα τοῖς ἐμοῖς ἀντεξετάσαι· προσιέμενος οὖν αὐτῶν τὴν ἀξίωσιν οὕτως ἐπὶ πάντων τῶν καθ' ἑκάστην ἡμέραν προβαλλομένων ἐποίησα. πάντα δὲ ταῦτα διὰ τοῦτ' ἠναγκάσθην εἰπεῖν, ὅπως ἴδωσιν οἱ μέλλοντες ἀναγνώσεσθαί τι τῶν ἐμῶν, κατὰ τίνα τὴν ἡλικίαν ἕκαστον ἔγραψα καὶ κατὰ τίνα τὴν αἰτίαν· ἐκ τούτων γὰρ εἴσονται τά τ' ἐλλιπῶς γεγραμμένα διορίζειν ἀπὸ τῶν τελέως ἐξειργασμένων τά τε κατὰ τὸν πρὸς τοὺς ἀλαζονευομένους ἔλεγχον

ἀλαζονεύομαι: to make false pretensions
ἀναγκάζω: to force, compel
ἀντεξετάζω: to test by comparing
ἀξίωσις, -εως ἡ: a request
διορίζω: to distinguish
ἐάω: to allow, dismiss
εἶδον: to see
ἔλεγχος, ὁ: a reproach, refutation
ἐλλιπής, -ές: wanting, lacking, defective
ἐμός, -ή, -όν: mine

ἐξεργάζομαι: to bring to perfection
εὑρίσκω: to find
ἡλικία, ἡ: time of life
ἡμέρα, ἡ: day
μέλλω: to intend to do (+ inf.)
μέχρι: up to (+ gen.)
προβάλλω: to challenge, demand
προσίημι: to let come to, allow, agree
τελέως: completely

τὰ ... εὑρημένα: perf. part., "all *the things discovered*"
μέχρι τῶν: "*up to the ones* by himself (Lycus)"
ἐάσαντα: ao. part. acc. s. circumstantial, agreeing with με understood, "they asked that (I) *having dismissed* the others"
τὰ ... γεγραμμένα: perf. part., "the works *written* from the time of that one"
ἀντεξετάσαι: ao. inf. of ἀντι-ἐξετάζω, with με understood as subj. after ἠξίωσάν, "they asked *that I compare* only these *to*" + dat.
προσιέμενος: pr. part. of προσ-ίημι, "*agreeing to* their request"
οὕτως ... ἐποίησα: ao., "thus I proceeded"
τῶν ... προβαλλομένων: "concerning *the things being demanded*"
ἠναγκάσθην: ao. pas., "I was compelled" + inf.
ὅπως ἴδωσιν: ao. subj. in purp. cl., "so that they would see"
ἀναγνώσεσθαι: fut. inf. complementing μέλλοντες, "those about to read"
κατὰ τίνα... ἔγραψα: ao. in ind. quest. after ἴδωσιν, "know *at what time I wrote*"
εἴσονται: fut. of οἶδα, "they will know" + inf.
ἐξειργασμένων: perf. part. gen., "from *those perfected*"
τά τε (sc. γεγραμμένα): "and (to distinguish) those written"
κατὰ τὸν ... ἔλεγχον: "for the refutation"
ἀλαζονευομένους: pr. part., "against those *making false pretensions*"

ἀπὸ τῶν διδασκαλιῶν. ἐπισημανοῦμαι δὲ ταῦτα καὶ διὰ τῶν ἑξῆς, ἐάν που γένηται χρεία· νυνὶ δὲ τὰ διασῳζόμενα τῶν ὑπ' ἐμοῦ γραφέντων δηλώσω τὴν ἀρχὴν ἀπὸ τῶν ἀνατομικῶν ποιησάμενος.

III. Περὶ τῶν κατὰ τὴν ἀνατομικὴν θεωρίαν.

Πρῶτον μὲν ἐν τούτοις τὸ Περὶ τῶν Ὀστῶν τοῖς Εἰσαγομένοις γεγραμμένον, μετὰ τοῦτο δ' ἔστιν ἄλλα τοῖς εἰσαγομένοις βιβλία, τὸ μὲν ἕτερον αὐτῶν φλεβῶν τε καὶ ἀρτηριῶν ἀνατομὴν περιέχον, τὸ δ' ἕτερον νεύρων· ἔστι δέ τι καὶ ἄλλο ἐν συντόμῳ διδάσκον ἅπαντ' ἀκριβῶς, ὅσα κατὰ τὰς Ἀνατομικὰς Ἐγχειρήσεις γέγραπται περὶ μυῶν. εἰ δέ τις βούλοιτο μετὰ τὴν

ἀκριβής, -ές: exact, accurate
ἀρτηρία, ἡ: an artery
ἀρχὴ, ἡ: a beginning
βούλομαι: to will, wish to (+ *inf.*)
γίγνομαι: to happen to be
δηλόω: to show, clarify
διασῴζω: preserve
διδασκαλία, ἡ: teaching, instruction
εἰσάγω: to introduce
ἐγχείρησις, -εως, ἡ: a procedure

ἑξῆς: one after another, in order
ἐπισημαίνω: to indicate in addition
νεῦρον, τό: a sinew, tendon
νυνί: now, at this moment
ὀστέον, τό: a bone
περιέχω: to encompass, to be about
σύντομος, -ον: short
φλέψ, ἡ: a vein
χρεία, ἡ: use, advantage, service

ἐπισημανοῦμαι: fut., "I will indicate more"
διὰ τῶν ἑξῆς: "in what follows"
ἐάν που γένηται: ao. subj. in fut. more vivid protasis, "if there is any need"
τὰ διασῳζόμενα: pr. part., "the surviving (examples)"
γραφέντων: ao. part. gen. pl., "of the things written"
ποιησάμενος: ao. part., "*having made* a beginning"
τοῖς εἰσαγομένοις: pr. part., "written *for those being introduced*" i.e. beginners
ἔστιν ἄλλα: "*there were other* books"
περιέχον: pr. part. n., "one (book) *being about*"
ἐν συντόμῳ: "in abridged form"
διδάσκον: pr. part., "another book *teaching*"
εἰ δέ τις βούλοιτο: pr. opt. in pr. gen. protasis, "if someone wishes to" + inf.

τῶν ὀστῶν ἀνατομὴν ἐπὶ τὰς ἀνατομικὰς ἐγχειρήσεις εὐθέως ἔρχεσθαι, δυνατόν ἐστιν αὐτῷ παρελθεῖν τὰς τῶν ἀγγείων τε καὶ νεύρων ἀνατομάς, ὥσπερ γε καὶ τὴν τῶν μυῶν· ἅπαντα γὰρ τὰ τῆς ἀνατομῆς ἐν ταῖς ἐγχειρήσεσι γέγραπται. τὸ μὲν οὖν πρῶτον ἐν αὐταῖς περὶ τῶν κατὰ τὰς χεῖράς ἐστι μυῶν καὶ συνδέσμων, τὸ δὲ δεύτερον περὶ τῶν κατὰ τὰ σκέλη μυῶν καὶ συνδέσμων, τὸ δὲ τρίτον περὶ τῶν ἐν τοῖς κώλοις νεύρων καὶ ἀγγείων, τὸ δὲ τέταρτον περί τε τῶν τὰς γνάθους καὶ τὰ χείλη κινούντων μυῶν καὶ τὴν κάτω γένυν ἔτι τε τῶν τὴν κεφαλὴν καὶ τράχηλον καὶ ὠμοπλάτας, τὸ δὲ πέμπτον περὶ τῶν τοῦ θώρακος μυῶν καὶ τῶν κατ' ἐπιγάστριον καὶ τῶν ψοῶν καὶ τῶν κατὰ ῥάχιν, τὸ δ' ἕκτον περὶ τῶν τῆς τροφῆς

ἀγγεῖον, τό: vessel
γένυς, -υος, ἡ: the under jaw
γνάθος, -ου, ἡ: a jaw
δυνατός, -ή, -όν: able, possible + inf
ἐγχείρησις, -εως, ἡ: a procedure
ἐπιγάστριος, -ον: over the belly
ἔρχομαι: to come or go
εὐθέως: directly
θώραξ, -ακος, ὁ: a chest
κεφαλή, ἡ: a head
κινέω: to set in motion, to move
κῶλον, τό: a limb

νεῦρον, τό: a sinew, tendon
παρέρχομαι: to go past
ῥάχις, -ιος, ὁ: a spine
σκέλος, -εος, τό: a leg
σύνδεσμος, ὁ: a bond, ligament
τράχηλος, ὁ: a neck, throat
τροφή, ἡ: nourishment, food, victuals
χείρ, χειρός, ἡ: a hand
χεῖλος, -εος, τό: a lip
ψόαι, αἱ: the muscles of the loins
ὠμοπλάτη, ἡ: the shoulder-blade

εὐθέως ἔρχεσθαι: pr. inf. after βούλοιτο, "to go straight"
παρελθεῖν: ao. inf. after δυνατόν, "possible *to by pass*"
ἐν ταῖς ἐγχειρήσεσι (sc. ἀνατομικαῖς): in the *Anatomical Procedures*
ἐν αὐταῖς: i.e., the ἐγχειρήσεσι
συνδέσμων: "muscles and *ligaments*"
ἐν τοῖς κώλοις: "in the limbs"
τῶν ... κινούντων μυῶν: "about *the muscles that move*"
ἔτι τε τῶν: "*and also about those* (muscles that move)"
κατ' ἐπιγάστριον: "around the belly"
τῶν κατὰ ῥάχιν: those along the spine"

ὀργάνων, ἅπερ ἐστὶν ἔντερα καὶ γαστὴρ ἧπάρ τε καὶ σπλὴν καὶ νεφροὶ καὶ κύστις ὅσα τ' ἄλλα σὺν τούτοις· τὸ δ' ἕβδομον καὶ ὄγδοον τῶν πνευματικῶν μορίων ἀνατομὴν περιέχει, τὸ μὲν ἕβδομον τῶν κατὰ τὴν καρδίαν καὶ τὸν πνεύμονα καὶ τὰς ἀρτηρίας τεθνεῶτός τε καὶ ζῶντος ἔτι τοῦ ζῴου, τὸ δ' ὄγδοον τῶν καθ' ὅλον τὸν θώρακα· τὸ δ' ἔνατον ἐγκεφάλου τε καὶ νωτιαίου ἀνατομὴν ἔχει, τὸ δὲ δέκατον ὀφθαλμῶν καὶ γλώττης καὶ στομάχου καὶ τῶν τούτοις συνεχῶν, τὸ δ' ἑνδέκατον τῶν κατὰ τὸν λάρυγγα καὶ τὸ καλούμενον ὑοειδὲς ὀστοῦν καὶ τῶν συνεχῶν αὐτοῖς ἔτι τε τῶν εἰς αὐτὰ παραγιγνομένων νεύρων·

ἀρτηρία, ἡ: an artery
γαστήρ, -έρος, ἡ: stomach, belly
γλῶττα, -ης, ἡ: a tongue
ἐγκέφαλος. ὁ: brain
ἔντερον, τό: an intestine, piece of gut
ζῷον, τό: a living being, animal
ἧπαρ, -ατος, τό: a liver
θώραξ, -ακος, ὁ: a chest
καρδία, ἡ: a heart
κύστις, -εως, ἡ: a bladder
λάρυγξ, τό: a larynx
μόριον, τό: a piece, part
νεῦρον, τό: a sinew, nerve
νεφρός, ὁ: a kidney

νωτιαῖος, -α, -ον: of the back or spine
ὀστοῦν, τό: a bone
ὀφθαλμός, ὁ: an eye
ὄργανον, τό: an organ
ὅλος, -η, -ον: whole, entire
παραγίγνομαι: to be near
περιέχω: to embrace, contain
πνευματικός, -ή, -όν: of breath
πνεύμων. ὁ: a lung
σπλήν, ὁ: a spleen
στόμαχος, ὁ: a stomach
συνεχής, -ές: holding together, connecting
ὑοειδής, -ές: shaped like the letter Γ

ὅσα τ' ἄλλα: "and the other things"
τῶν (sc. μορίων) κατὰ τὴν καρδίαν, κτλ.: "of the parts of the heart, etc."
τεθνεῶτος: perf. part. of θνῄσκω, "(from the dissection) of an animal both *dead* and *living*"
ὅλον: pred., "in the chest *as a whole*"
ὀφθαλμῶν (sc. ἀνατομὴν): "(the anatomy) of the eyes"
τῶν τούτοις συνεχῶν: pr. part., "and of the parts connecting to these"
τῶν (sc. μορίων) κατὰ τὸν λάρυγγα: "of the (parts) below the larynx"
τὸ καλούμενον ὑοειδὲς ὀστοῦν: "the bone called 'hyoid'" at the base of the tongue
παραγιγνομένων: pr. part., "and the *associated* sinews"

τὸ δὲ δωδέκατον ἀρτηριῶν καὶ φλεβῶν, τὸ δὲ τρισκαιδέκατον τῶν ἀπ' ἐγκεφάλου νεύρων, τὸ δὲ τεσσαρεσκαιδέκατον τῶν ἀπὸ νωτιαίου, τὸ δὲ πεντεκαιδέκατον τῶν γεννητικῶν μορίων.

ἀρτηρία, ἡ: an artery
γεννητικός, -ή, -όν: generative, productive
δωδέκατος, -η, -ον: twelfth
ἐγκέφαλος, ὁ: brain
μόριον, τό: a part

νωτιαῖος, -α, -ον: of the back or spine
πεντεκαιδέκατος, -η, -ον: fifteenth
τεσσαρεσκαιδέκατος, -η, -ον: fourteenth
τρισκαιδέκατος, -η, -ον: thirteenth
φλέψ, ἡ: a vein

ἀρτηριῶν (sc. ἀνατομὴν): "(the anatomy) of the arteries"
τῶν (sc. νεύρων) ἀπὸ νωτιαίου: "(of the sinews) of the spine"

Participles: general principles

Participles fall into three broad classes of use, with many other distinctions:

1. Attributive participles modify a noun or pronoun like other adjectives. They can occur with an article in the attributive position or with no article:

    τῶν παραγιγνομένων νεύρων: "of the associated sinews"; often used substantively,
    περὶ τῶν ἐν τῷ σώματι κεχυμένων: "about the things diffused in the body"

2. Circumstantial participles are added to a noun or pronoun to set forth some circumstance under which an action takes place. Although agreeing with a noun or pronoun, these participles actually qualify the verb in a sentence, indicating time, manner, means, cause, purpose, concession, condition or attendant circumstance. Circumstantial participles can occur in the genitive absolute construction (see p. 121).

    καὶ εἰ πεισθεὶς αὐτοῖς ἀποδεικτικὸς γενέσθαι βουληθείη: "if someone, having been persuaded by these things, should wish to become expert in logic"

    For more examples, see p. 106.

3. Supplementary participles complete the idea of certain verbs. Often it is the participle itself that expresses the main action:

    τις ἠλέγχθη προοίμιόν τι τεθεικὼς: "someone was proved to have placed a preface"

    εἴ που τύχοιεν ἐσφαλμένοι: "if someone happened to have been tripped up"

    The participial form of indirect discourse after verbs of knowing and perceiving (see p. 84) is a special class of supplementary participles.

    ἐπίστασαι δὲ καὶ σὺ τοὺς πολλοὺς ... ἠσκηκότας: "you know that many have practiced"

The aorist participle is very common and has no parallel in English in most cases. Our "translationese" versions of aorist participles will often sound like perfect participles (εὑρόντες: "having discovered") because English has no way to indicate simple time with a participle. More idiomatic in these cases would be some kind of periphrasis, such as "once they discovered," but our version will indicate the syntactic relations more clearly.

Galen

Additional works on anatomy include commentaries on the work of Marinus

τὰ μὲν οὖν ἀναγκαῖα τῆς ἀνατομικῆς θεωρίας ταῦτ' ἐστίν, ἐπὶ δὲ τοῖς ἀναγκαίοις ἄλλα χρήσιμα καὶ ταυτὶ γέγραπται: τῶν Μαρίνου βιβλίων ἀνατομικῶν εἴκοσιν ὄντων ἐν τέτταρσιν ἡμετέροις ἐπιτομή, καθάπερ καὶ τῶν Λύκου πάντων ἐν δυοῖν: ὑπογράψω δ' αὐτῶν ἑκάστου τὰ κεφάλαια. κατὰ τὴν πρώτην ἐπιτομὴν τῶν τοῦ Μαρίνου βιβλίων ἀνατομικῶν ἓξ τὰ πρῶτα περιέχεται: γράφει δ' ἐν μὲν τῷ πρώτῳ τῶν ἓξ τὸ προοίμιον τῆς ὅλης θεωρίας, εἶτα περὶ δέρματος, εἶθ' ἑξῆς περὶ τριχῶν, εἶτα περὶ ὀνύχων καὶ σαρκῶν καὶ πιμελῆς καὶ στέατος: ἐν δὲ τῷ δευτέρῳ περὶ ἀδένων καὶ ὑμένων καὶ ὑμενωδῶν χιτώνων περιτοναίου τε καὶ ὑπεζωκότος καὶ διαφράγματος: ἐν δὲ τῷ τρίτῳ

ἀδήν, -ένος, ἡ: gland
ἀναγκαῖος, -α, -ον: necessary, essential
δέρμα, -ατος, τό: skin, hide
διάφραγμα, -ατος, τό: a partition-wall, diaphragm
εἴκοσι: twenty
ἑξῆς: one after another, in order, in a row
ἐπιτομή, ἡ: a summary, epitome
ἡμέτερος, -α, -ον: our
θεωρία, ἡ: contemplation, theory
θρίξ, τριχός, ἡ: hair
καθάπερ: just as
κεφάλαιος, -η, -ον: principal
Λύκος, ὁ: Lycus
Μαρῖνος, ὁ: Marinus

ὅλος, -η, -ον: whole, entire
ὄνυξ, -υχος, ὁ: talon
περιέχω: to encompass, contain
περιτόναιον, τό: the membrane stretched out over the lower viscera, peritoneum
πιμελή, ἡ: soft fat
προοίμιον, τό: an introduction
σάρξ, σαρκός, ἡ: flesh
στέαρ, -τος, τό: stiff fat
ὑμενώδης, -ες:: membrane-like
ὑμήν, -ένος, ὁ: thin skin, membrane
ὑπογράφω: to entitle
ὑποζώννυμι: to undergird
χιτών, -ῶνος, ὁ: covering
χρήσιμος, -η, -ον: useful, serviceable

τὰ ἀναγκαῖα (βιβλία): "the essential books"
ἐπὶ δὲ τοῖς: "*in addition to the* essential ones"
Marinus: fl. 110 CE, a physician and teacher in Alexandria whom Galen credits with the revivial of anatomy
ἐν τέτταρσιν ἡμετέροις: "in our four (books)"
τῶν Λύκου: "of the (anatomical works) of Lycus"
ὑπογράψω: ao. subj. jussive, "let me list"
ἓξ τὰ πρῶτα: " *his first six books* are contained"
τῶν ἓξ: in the first *of these six* books"
ὑπεζωκότος: from the gen. s. perf. part. of ὑποζώννυμι, "the lining of the intestines"

περὶ τῶν λόγῳ θεωρητῶν ἀγγείων καὶ φλεβῶν καὶ ἀρτηριῶν ἀνατομῆς καὶ εἰ κατὰ φύσιν ἐν ἀρτηρίαις αἷμα περιέχεται: κατὰ δὲ τὸ τέταρτον, τίς ἐνέργεια ἀρτηριῶν καὶ τίς χρεία καὶ πόθεν ἄρχονται, καὶ τἆλλα ζητούμενα περὶ αὐτῶν, εἶθ' ἑξῆς περὶ οὐρητήρων, περὶ οὐρητικῶν πόρων καὶ οὐράχου καὶ σπερματικῶν ἀγγείων καὶ χολωδῶν ἀγγείων καὶ πόρων καὶ ἀδένων καὶ περὶ τοῦ ἀπὸ τῶν ἀδένων ἀγγείου καὶ περὶ βρόγχου καὶ περὶ τῶν κατὰ τοὺς μασθοὺς ἀγγείων, ἐν οἷς τὸ γάλα, καὶ περὶ τῶν ἐν τῷ σώματι κεχυμένων καὶ ἀγγείοις περιεχομένων καὶ τίν' ἐν τίσι περιέχεται τῶν ὑγρῶν καὶ τῶν κεχυμένων, καὶ περὶ τροφῆς: ἐν δὲ τῷ πέμπτῳ περὶ τῶν κατὰ τὴν κεφαλήν, τῶν τ' ἄλλων καὶ τῶν ῥαφῶν καὶ μέντοι καὶ τῶν κατὰ τὸ πρόσωπον

αἷμα, -ατος, τό: blood
ἀγγεῖον, τό: vessel
ἀδήν, -ένος, ἡ: gland
ἀρτηρία, ἡ: an artery
ἄρχω: to be first, begin
βρόγχος, ὁ: trachea, windpipe
γάλα, τό: milk
ἐνέργεια, ἡ: action, operation, energy
ἑξῆς: one after another, in order, in a row
ζητέω: to seek, seek for
θεωρητός, -ή, -όν: that may be seen
κεφαλή, ἡ: a head
μασθός, ὁ: a breast
οὐραχός, ὁ: urachus
οὐρητήρ, -ῆρος, ὁ: (pl.) the ducts that convey urine to the bladder

οὐρητικός, -ή, -όν: pertaining to urine
περιέχω: to encompass, contain, surround
πόθεν: whence? from where?
πόρος, ὁ: a pore
πρόσωπον, τό: a face
ῥαφή, ἡ: a seam, suture
σπερματικός, -ή, -όν: seminal
τροφή, ἡ: nourishment
ὑγρός, -ά, -όν: wet, moist, running, fluid
φλέψ, φλεβός, ἡ: a vein
φύσις, ἡ: nature
χέω: to pour
χολώδης, -ες: like bile or gall, bilious
χρεία, ἡ: use, advantage, use

λόγῳ θεωρητῶν: "about the vessels *seen through reason*"
εἰ ... περιέχεται: "and whether blood *is contained*"
εἶθ' ἑξῆς: "then in order"
οὐρητικῶν πόρων: the urethra
κεχυμένων: perf. part. of χέω, "of the things diffused" i.e., the liquids
περιεχομένων: pr. part., "of the things contained by" + dat.
τῶν τ' ἄλλων καὶ τῶν ῥαφῶν: "of other things and especially the sutures"

ῥαφῶν τε καὶ συμφύσεων καὶ πάντων τῶν τῆς κεφαλῆς ὀστῶν καὶ περὶ τῶν κατ' αὐτήν τε καὶ τὸ πρόσωπον τρημάτων καὶ περὶ τῆς κάτω γνάθου καὶ τῶν κατ' αὐτὴν τρημάτων καὶ εἰ ἔστι σύμφυτος ἑαυτῇ, περί τε τῶν ὀδόντων καὶ τοῦ προσκειμένου τῇ κεφαλῇ τοῦ βρόγχου ὀστοῦ καὶ τῶν συνεχῶν αὐτῷ τῶν κατὰ τὰ παρίσθμια τεταμένων· ἐν δὲ τῷ ἕκτῳ περί τ' ὀσχέου γράφει καὶ ἱεροῦ ὀστοῦ καὶ ἰσχίου καὶ πλευροῦ καὶ στέρνων καὶ ὠμοπλατῶν καὶ ἀκρωμίων καὶ περὶ κλειδῶν καὶ βραχίονος καὶ πήχεως καὶ κερκίδος ὀστῶν τε τοῦ καρποῦ καὶ τῶν δακτύλων καὶ περὶ μηροῦ καὶ τῶν ἑκατέρωθεν τοῦ γόνατος χονδρωδῶν ὀστῶν.

ἀκρωμία, ἡ: point of the shoulder
βραχίων, ὁ: an arm
βρόγχος, ὁ: trachea, windpipe
γνάθος, ἡ: a jaw
γόνυ, γόνατος, τό: a knee
δάκτυλος, ὁ: a finger
ἑκατέρωθεν: on each side
ἱερός, -η, ον: to sacred
ἴσχιον, τό: hip-joint
καρπός, ὁ: a wrist
κάτω: lower
κερκίς, -ίδος, ἡ: the radius of the arm
κεφαλή, ἡ: a head
κλείς, ἡ: collar bone
μηρός, ὁ: a thigh
ὀδούς, -όντος, ὁ: tooth
ὄσχεος, -ου, ὁ: scrotum
παρίσθμιον, τό: tonsil
πῆχυς, ὁ: a forearm
πλευρόν, τό: a rib
πρόσκειμαι: to be placed by
πρόσωπον, τό: a face
ῥαφή, ἡ: a seam, suture
στέρνον, τό: a chest
συνεχής, -ές: holding together
σύμφυσις, -εως, ἡ: growing together, natural junction
σύμφυτος, -ον: naturally joined
τείνω: to stretch
τρῆμα, -ατος, τό: a perforation, hole
χονδρώδης, -ες: cartilaginous
ὠμοπλάτη, ἡ: shoulder-blade

τῶν κατ' αὐτήν ... τρημάτων: "*about the holes both in this* (the head) *and the face*"
τῶν κατ' αὐτὴν τρημάτων: "about the holes in this (the jaw)"
εἰ ἔστι σύμφυτος: an ind. quest., "and whether it is naturally joined to itself"
τοῦ προσκειμένου ... ὀστοῦ: "of the bone adjacent to" + dat.
τῶν τεταμένων: perf. part. of τείνω, and *those stretched out to the tonsils*"
ὀστοῦ ἱεροῦ: "the sacred bone," i.e. the *sacrum*, so called perhaps because of its use in sacrifices
ὀστῶν τε: "*and about the bones* of the wrist"
τῶν ἑκατέρωθεν ... ὀστῶν: "about the bones on either side of" + gen.

On My Own Books
The contents of Galen's second book on Marinus

ἐν δὲ τῷ δευτέρῳ τῶν ἡμετέρων ὑπομνημάτων, ἐν οἷς ἡ τῆς ἀνατομικῆς Μαρίνου θεωρίας ἐστὶν ἐπιτομή, τὸ ἕβδομον καὶ ὄγδοον καὶ ἔνατον καὶ δέκατον περιέχεται τῶν Μαρίνου βιβλίων. κεφάλαια δὲ κατὰ μὲν τὸ ἕβδομόν ἐστι περὶ τῆς τοῦ κρανίου κοινωνίας πρός τε τὰς μήνιγγας καὶ τοὺς ἄλλους ὑμένας, περί τε τῶν καθ' ὅλον τὸ πρόσωπον νεύρων, περί τε κροταφιτῶν μυῶν καὶ μασητήρων καὶ τῶν ἐπὶ τὰς γνάθους καὶ τὰ χείλη μυῶν ἀπὸ τῶν φατνίων, καὶ τῶν κατὰ τὰς γνάθους μυῶν, εἶτα περὶ τῶν ἐντὸς τῆς κάτω γνάθου μυῶν, τῶν τε περὶ αὐτὴν χωρίς, καὶ τῶν μυκτήρων καὶ τῶν περὶ τὰς ὑμενώδεις ἐκφύσεις καὶ τῶν κατὰ τὴν γλῶτταν, εἶτα περὶ γλώττης καὶ τῶν κατ' αὐτὴν μυῶν, ἔτι τε περὶ τῶν κατὰ τὸν ὀφθαλμὸν μυῶν. ἐν δὲ τῷ ὀγδόῳ τῶν τοῦ Μαρίνου βιβλίων κεφάλαια ταῦτ' ἐστί:

γλῶττα, -ης, ἡ: a tongue
γνάθος, ἡ: a jaw
ἔκφυσις, -εως, ἡ: outgrowths
ἐντός: within, inside
ἐπιτομή, ἡ: an epitome
κάτω: lower
κεφάλαιος, -α, ον: of the head, main
κοινωνία, ἡ: association
κρανίον, τό: a skull
κροταφίτης, ὁ: temporal (muscle)
μασητήρ, -ῆρος, ὁ: the lower jaw
μῆνιγξ, -ιγγος, ἡ: membrane enclosing the brain

μυκτήρ, -ῆρος, ὁ: a nose
νεῦρον, τό: a sinew, tendon
ὅλος, -η, -ον: whole, entire
ὀφθαλμός, ὁ: an eye
περιέχω: to encompass, contain
πρόσωπον, τό: a face
ὑμενώδης, -ες: membranous
ὑμήν, -ένος, ὁ: membrane
φατνίον, τό: gum
χεῖλος, -εος: a lip
χωρίς: separately, outside

κεφάλαια: "the main parts," i.e. chapters
καθ' ὅλον: "as a whole"
ἐπὶ τὰς ... χείλη, "muscles leading *to the jaws and lips*"
ἀπὸ τῶν φατνίων: "from the gums"
περὶ αὐτήν: "*around it* (the jaw) on the outside"
καὶ τῶν (sc. μορίων) περί: "and of the (parts) around"
τῶν κατὰ τὴν γλῶτταν: "those (outgrowths) along the tongue"

περὶ στόματος καὶ περὶ χειλῶν καὶ ὀδόντων καὶ οὔλων καὶ κίονος καὶ φαρυγέθρου, ἐπιγλωττίδος τε καὶ παρισθμίων καὶ ἀντιάδων καὶ ῥινὸς καὶ μυκτήρων ὤτων τε καὶ τραχήλου καὶ τῶν κατ᾽ αὐτὸν μυῶν καὶ τῶν ὑπὸ τὴν πλευρὰν μυῶν, τῶν ὑπὸ τὴν κλεῖδα καὶ περὶ τραχήλου φύσεως. ἐν δὲ τῷ ἐνάτῳ περὶ μυῶν τῶν κατά τε τὰς φρένας καὶ τὴν ῥάχιν καὶ τὰ μεσοπλεύρια καὶ τὸ ἐπιγάστριον, ἔτι τε περὶ τῶν τοῦ βραχίονος καὶ τῆς ὠμοπλάτης, πήχεώς τε καὶ χειρὸς ἄκρας, ἐν δὲ τῷ δεκάτῳ περὶ τῆς κνήμης καὶ τῶν περὶ αὐτὴν μυῶν καὶ περὶ σκελῶν καὶ τῶν κατ᾽ αὐτὰ μυῶν καὶ ἄρθρου τοῦ κατὰ γόνυ.

The contents of Galen's third book on Marinus

ἡ δὲ τρίτη τῶν ἐπιτομῶν τὸ ἑνδέκατόν τε καὶ δωδέκατον καὶ τρισκαιδέκατον καὶ τεσσαρεσκαιδέκατον καὶ πεντεκαιδέκατον τῶν τοῦ Μαρίνου βιβλίων ἐστίν. ἔγραψε δὲ Μαρῖνος ἐν μὲν τῷ ἑνδεκάτῳ 'εἰ φέρεταί τι ἀπὸ νώτων ὑγρὸν εἰς πνεύμονα κατὰ

ἄκρα, ἡ: a tip
ἀντιάς, -άδος, ἡ: tonsil
ἄρθρον, τό: a joint
βραχίων, ὁ: an arm
γόνυ, γόνατος, τό: a knee
δωδέκατος, -η, -ον: twelfth
ἐπιγάστριος, -ον: over the belly
ἐπιγλωττίς, -ίδος, ἡ: epiglottis
ἐπιτομή, ἡ: an epitome
κίων, -ονος, ὁ: a pillar, uvula
κλείς, -ιδος, ἡ: clavicle
κνήμη, ἡ: a shin
μεσοπλεύριος, -ον: between the ribs
μυκτήρ, -ῆρος, ὁ: a nostril
νῶτον, τό: a back
ὀδούς, -όντος, ὁ: a tooth
οὖλον, τό: the gums
οὖς, ὠτός, τό: ear

παρίσθμιον, τό: part of the throat
πεντεκαιδέκατος, -η, -ον: fifteenth
πῆχυς, ὁ: a forearm
πλευρά, ἡ: rib, side
πνεύμων, ὁ: a lung
ῥάχις, -ιος, ὁ: the lower part of the back
ῥίς, ῥινός, ἡ: a nose
σκέλος, -εος, τό: a leg
στόμα, τό: a mouth
τεσσαρεσκαιδέκατος, -η, -ον: fourteenth
τράχηλος, ὁ: a neck, throat
ὑγρός, -ά, -όν: fluid
φαρύγεθρον, τό: pharynx
φέρω: to bear
φρήν, -ενος, ὁ: midriff, diaphragm
χείρ, χειρός, ἡ: a hand
χεῖλος, -εος: a lip
ὠμοπλάτη, ἡ: a shoulder-blade

εἰ φέρεταί τι: a topic in the form of an ind. quest., "whether any fluid enters"

τε τὰς εἰσπνοὰς καὶ κατὰ τὰς ἐδωδὰς εἰς γαστέρα πνεύματα', δεύτερον δὲ περὶ στομάχου καὶ μετ' αὐτὸν περὶ βρόγχου καὶ περὶ πνεύμονος καὶ καρδίας καὶ περικαρδίου θυμοῦ: κατὰ δὲ τὸ δωδέκατον τῆς ἑαυτοῦ πραγματείας ὁ Μαρῖνος ἔγραψε περὶ ἥπατος καὶ τῆς ἐν αὐτῷ χολῆς καὶ περὶ σπληνὸς καὶ κοιλίας καὶ μεσεντερίου: κατὰ δὲ τὸ τρισκαιδέκατον πρῶτον μὲν περὶ ἐντέρων, εἶτα περὶ νεφρῶν καὶ οὐρητῆρος καὶ κύστεως καὶ οὐράχου καὶ πόρου τοῦ οὐρητικοῦ, καὶ μετὰ ταῦτα περὶ καυλοῦ ἄρρενος καὶ αἰδοίου τοῦ ἄρρενος καὶ θηλείας καὶ περὶ μήτρας καὶ τῶν κυουμένων καὶ περὶ τῶν ὄρχεων, οὓς διδύμους ὀνομάζει, καὶ μετ' αὐτοὺς περὶ ἀδενοειδῶν: ἐν δὲ τῷ τεσσαρεσκαιδεκάτῳ

αἰδοῖον, τό: genitals
ἀδενοειδής, -ές: glandular
ἄρσην, ἄρρενος, ὁ: male
βρόγχος, ὁ: trachea, windpipe
γαστήρ, -έρος, ἡ: a stomach, belly
δίδυμος, -ος, -ον: double, twofold, twain
δωδέκατος, -η, -ον: twelfth
ἐδωδή, ἡ: food, meat, victuals
εἰσπνοή, ἡ: inhalation
ἔντερον, τό: an intestine
ἧπαρ, -ατος, τό: a liver
θῆλυς, θηλεία, θῆλυ: female
θυμός, ὁ: spirit
καρδία, ἡ: a heart
καυλός, ὁ: a shaft
κοιλία, ἡ: belly, bowels
κυέω: to bear in the womb
κύστις, -εως, ἡ: a bladder

μεσεντέριον, τό: membrane to which the intestines are attached
μήτρα, ἡ: womb
νεφρός, ὁ: a kidney
οὐραχός, ὁ: urachus (a canal from the bladder to the umbilical cord)
οὐρητήρ, -ῆρος, ὁ: duct conveying urine to the bladder
οὐρητικός, -ή, -όν: urinary
ὀνομάζω: to name
ὄρχις, -εως, ὁ: the testicles (pl.)
περικάρδιος, -ον: about or around the heart
πνεῦμα, -ατος, τό: air
πνεύμων, ὁ: a lung
πόρος, ὁ: a duct
πραγματεία, ἡ: a major work
σπλήν, ὁ: a spleen
στόμαχος, ὁ: an opening, the stomach
τεσσαρεσκαιδέκατος, -η, -ον: fourteenth
χολή, ἡ: gall, bile

(εἰ) εἰς γαστέρα: "(whether) air enters *into the stomach*"
καὶ μετ' αὐτὸν: "and after this"
περικαρδίου θυμοῦ: "spirit around the heart," the *thymos* is both a philosophical idea and a kind of physical presence as well.
ἐν αὐτῷ: and the bile *in it*"
πόρου τοῦ οὐρητικοῦ: "the urinary duct" i.e. urethra
τῶν κυουμένων: pr. part., "of the parts that are conceived" i.e. the embryo
διδύμους: pred. acc., "which he calls *twins*"
περὶ ἀδενοειδῶν: "about the glandular parts"

τὴν ἀνατομὴν τῶν ἄνω τοῦ ἥπατος ἁπασῶν φλεβῶν ἐποιήσατο: κατὰ δὲ τὸ πεντεκαιδέκατον περί τε τῆς ἀπὸ καρδίας ἐφ᾽ ἧπαρ φερομένης φλεβὸς καὶ τῶν κάτω τοῦ διαφράγματος ἁπασῶν καὶ μετὰ ταῦτα περὶ τῶν καθ᾽ ὅλον τὸ ζῷον ἀρτηριῶν.

The fourth and final book on Marinus

ἡ δὲ τετάρτη τῶν ἐπιτομῶν καταγίγνεται περὶ τὰ λοιπὰ τοῦ Μαρίνου πέντε βιβλία μετὰ τὸ πεντεκαιδέκατον, τὸ ἑκκαιδέκατον ἄχρι τοῦ εἰκοστοῦ περιέχουσα. γέγραπται δ᾽ ἐν τῷ ἑκκαιδεκάτῳ τὰ περὶ τοῦ ἐγκεφάλου ζητούμενα καὶ φαινόμενα, οἷον εἰ σφυγμώδης ἐν αὐτῷ κίνησις καὶ εἰ ἀναπνέομεν εἰς αὐτόν, εἶθ᾽ ἑξῆς περὶ νωτιαίου καὶ μηνίγγων: ἐν δὲ τῷ ἑπτακαιδεκάτῳ περὶ

ἀναπνέω: to breathe again, take breath
ἄνω: upwards
ἀρτηρία, ἡ: an artery
ἄχρι: up to (+ *gen*.)
διάφραγμα, -ατος, τό: a partition, diaphragm
ἐγκέφαλος. ὁ: brain
εἰκοστός, -ή, -όν: twentieth
ἑκκαιδέκατος, -η, -ον: sixteenth
ἑξῆς: one after another, in order
ἐπιτομή, ἡ: a summary, epitome
ἑπτακαιδέκατος, -η, -ον: seventeenth
ζητέω: to seek
ζῷον, τό: a living being, animal
ἧπαρ, -ατος, τό: a liver

καρδία, ἡ: a heart
καταγίγνομαι: to be concerned with
κάτω: down, downwards
κίνησις, ἡ: movement, motion
λοιπός, -ή, -όν: remaining, the rest
μῆνιγξ, -ιγγος, ἡ: membrane enclosing the brain
νωτιαῖος, -α, -ον: of the back or spine
ὅλος, -η, -ον: whole
πεντεκαιδέκατος, -η, -ον: fifteenth
περιέχω: to encompass, embrace, surround
σφυγμώδης, -ες: pulse-like
φαίνω: to bring to light, make to appear
φέρω: to bear
φλέψ, φλεβός, ἡ: a vein

ἄνω τοῦ ἥπατος: "the veins *above the liver*"
τῆς ... φερομένης φλεβὸς: "about the vein bearing itself" i.e., "going"
τῶν κάτω τοῦ: "*the veins below the* diaphragm"
καθ᾽ ὅλον τὸ ζῷον: "throughout the whole animal"
περιέχουσα: pr. part. agreeing with ἡ τετάρτη, "encompassing"
τὰ ζητούμενα καὶ φαινόμενα: pr. part. n. pl. acc., "the things sought about and things observed"
οἷον εἰ: "*such as whether* there is"
εἰ ἀναπνέομεν: "whether we breathe"
εἶθα ἑξῆς: "then next in order"

κυριότητος ἐγκεφάλου τὸν λόγον ἐποιήσατο· κατὰ δὲ τὸ ὄγδοον καὶ δέκατον περὶ τῶν κατὰ προαίρεσιν ἐνεργειῶν καὶ περὶ τῆς κατὰ μέρος διαφορᾶς τῶν νεύρων καὶ πόθεν τινὰ ἐκπέφυκεν αὐτῶν· ἐν δὲ τῷ ἐνάτῳ καὶ δεκάτῳ περὶ τῶν ἀπ' ἐγκεφάλου πεφυκότων νεύρων καὶ περὶ ὀσφρήσεως καὶ πόθεν ἄρχεται τὸ αἰσθητήριον αὐτῆς καὶ περὶ τῶν ἐπὶ τοὺς ὀφθαλμοὺς νεύρων, ἃ καλοῦσιν Ἡρόφιλός τε καὶ Εὔδημος πόρους, εἶτα [...]

The following summary of the Arabic translation is based on the translation by V. Boudon Millot (2002), 14-18:

Book 20 of Marinus discusses the nerve from the lower part of the brain.

A treatise by Lycus on anatomy in 19 books was abridged by Galen in two volumes.

Volume 1 covered the first nine books of Lycus, discussing the brain, the nerves issuing from the brain, the eye, the head of the pharynx (?), the lung after death, the lung in life, the heart (?), the diaphragm.

αἰσθητήριον, τό: an organ of sense
ἄρχω: to begin
διαφορά, ἡ: difference, distinction
ἐγκέφαλος, ὁ: brain
ἐκφύω: to generate from
ἐνέργεια, ἡ: action, operation, energy
κυριότης, -ητος, ἡ: dominion
μέρος, -εος, τό: a part, share

νεῦρον, τό: a nerve
ὀφθαλμός, ὁ: an eye
ὄσφρησις, -εως, ἡ: sense of smell
πόθεν: whence?
πόρος, ὁ: a duct
προαίρεσις, -εως, ἡ: a choosing
φύω: to bring forth, produce, put forth

τὸ ὄγδοον καὶ δέκατον: "the eighteenth"
κατὰ προαίρεσιν: "according to choice" i.e. voluntary
τῆς ... διαφορᾶς: "about the difference"
κατὰ μέρος: "part by part"
ἐκπέφυκεν: perf., "whence some of them *arose*"
πεφυκότων: perf. part., "the nerves *that have grown*"
πόθεν ἄρχεται: "whence arises"
Ἡρόφιλός τε καὶ Εὔδημος: Herophilus of Chalcedon (335-280 BC), a famous anatomist. Eudemus, a less known contemporary of Herophilus.
πόρους: pred. acc., "they call *ducts*"
[...]: There is a substantial lacuna here which is able to be filled in by the newly discovered manuscripts. See the insert below.

Galen

Volume 2 covered books 10-19, covering the liver, the omentum and spleen, the kidney, the bladder and penis, the uterus, the dissection of the uterus containing a fetus, a living child, a dead child, the testicles and the muscles.

Other anatomical works by Galen listed in this section included:
    Two books *On Controversies in Anatomy*
    One book *On the Anatomy of dead Subjects*
    Two books *On Vivisection*
    Six books *On Anatomy in Hippocrates*
    Three books *On Anatomy in Erisistratus*
    A commentary in four books *On What Lycus did not Know About Anatomy*
    Two books *On Differences with Lycus on Anatomy*
    One book *On the Science of Anatomy*

The next section lists works that explained how dissection could contribute to an understanding of the faculties of various parts and their uses.
    On the Movement of Thorax and Lung
    Two books *On the Causes of Breathing*
    Four books *On the Voice*
    Two books *On the Movement of Muscles*
    On the Faculties of the Soul
    Three books *On the Natural Faculties*
    One book *On the Usefulness of the Pulse*
    One book *On the Usefulness of Breathing*
    One book *Whether Blood is Contained Naturally in the Arteries*
    One book *On the Properties of Purgatives*
    One book dealing with *The faculties of the Rational Soul*
    Ten books *On the Opinions of Hippocrates and Plato*
    Seventeen books *On the Usefulness of the Parts of the Body*

The next section describes what must be observed before considering therapy:
    Elements according to Hippocrates, dealing with the four universal elements, hot, cold, wet, and dry; manifested in the bodies of animals as blood, phlegm, yellow bile and black bile.
    Three books *On Mixtures*
    Eleven books *On the Properties of Simple Drugs*
    One book *On the Best Constitution*
    One book *On the Best State of the Body*
    One book *On the Irregularities of an Unbalanced Temperament*

The Greek text resumes at this point...

Περὶ τῆς τῶν Νοσημάτων Διαφορᾶς καὶ τὸ Περὶ τῆς τῶν Συμπτωμάτων: ἕπεται δὲ τῷ Περὶ τῆς τῶν Νοσημάτων Διαφορᾶς τὸ Τὰς Αἰτίας τούτων διδάσκον ἓν βιβλίον, τῷ δὲ Περὶ τῆς τῶν Συμπτωμάτων Διαφορᾶς τὰ Περὶ τῶν ἐν τοῖς Συμπτώμασιν Αἰτιῶν τρία καὶ τούτοις τὰ Περὶ τῶν Πεπονθότων Τόπων. τὸ δὲ Περὶ τῶν ἐν ταῖς Νόσοις Καιρῶν ἐκ τῶν προηγουμένων τῆς θεραπευτικῆς πραγματείας ἐστὶ καὶ τὰ Περὶ τῆς τῶν Πυρετῶν Διαφορᾶς τό τε Περὶ Πλήθους καὶ τὸ Περὶ τῶν παρὰ Φύσιν Ὄγκων ἔτι τε τὸ Περὶ τῶν Προκαταρκτικῶν Αἰτιῶν καὶ πρὸς τούτοις τὸ Περὶ τῶν Συνεκτικῶν καὶ τὸ Περὶ Τρόμου καὶ Παλμοῦ καὶ Ῥίγους καὶ Σπασμοῦ καὶ τὸ ἐπιγεγραμμένον Τέχνη Ἰατρική.

αἴτια, ἡ: cause
διαφορά, ἡ: difference, distinction
ἐπιγράφω: to engrave, entitle
ἕπομαι: to follow
θεραπευτικός, -ή, -όν: therapeutic
καιρός, ὁ: critical moment
νόσημα, -ατος, τό: a sickness, disease, plague
νόσος, ἡ: sickness, disease, malady
ὄγκος, -ον: a mass
παλμός, ὁ: quivering motion
πάσχω: to suffer, be affected
πλῆθος, -εος, τό: a mass

πραγματεία, ἡ: a major work
προηγέομαι: to precede logically
προκαταρκτικός, -ή, -όν: initial
πυρετός, ὁ: burning fever
ῥῖγος, -εος, τό: shiver
σπασμός, ὁ: a convulsion, spasm
συνεκτικός, -ή, -όν: continuous
σύμπτωμα, -ατος, τό: a symptom
τόπος, ὁ: a place
τρόμος, ὁ: a trembling, quaking, quivering
φύσις, ἡ: nature

καὶ τὸ (sc. βιβλίον) περὶ τῆς (sc. διαφορᾶς): and *the (book) about the (difference) among symptoms*"
τῷ (sc. βιβλίῳ): dat. after ἕπεται, "one book follows *the (book) on*"
διδάσκον: pr. part. with βιβλίον, "one book *teaching*"
καὶ τούτοις: also dat. after ἕπεται, "and the books about places follow *these*, "
πεπονθότων: perf. part. of πάσχω, "places *that are affected*"
ἐκ τῶν προηγουμένων: pr. part. of προ-ηγέομαι, "is *from those preceding logically*" + gen.
παρὰ φύσιν: "contrary to nature"
τὸ ἐπιγεγραμμένον: perf. part., "the book *entitled*"

IV. Τὰ θεραπευτικά.

Τεσσαρεσκαίδεκά εἰσι ΜΕΘΟΔΟΥ ΘΕΡΑΠΕΥΤΙΚΗΣ δύο τε ΤΩΝ ΠΡΟΣ ΓΛΑΥΚΩΝΑ ΘΕΡΑΠΕΥΤΙΚΩΝ καὶ τρία ΠΕΡΙ ΦΛΕΒΟΤΟΜΙΑΣ, τὸ μὲν πρῶτον πρὸς Ἐρασίστρατον, τὸ δὲ δεύτερον πρὸς τοὺς ἐν Ῥώμῃ Ἐρασιστρατείους, τρίτον δ' ἐπ' αὐτοῖς ἄλλο κατὰ τὴν ἡμετέραν γνώμην συγκείμενον θεραπευτικόν· ἔστι δὲ καὶ τὸ ΠΕΡΙ ΜΑΡΑΣΜΟΥ τῶν θεραπευτικῶν. ἐδόθη δέ τινι φίλων βιβλίδιον μικρόν, οὗ νῦν εἰς πολλοὺς ἐκπεσόντος, ἔλαβον ἀντίγραφον ἔχον ἐπιγραφὴν Ὑποθήκη Παιδίῳ Ἐπιλήπτῳ, τῆς θεραπευτικῆς πραγματείας. θείη δ' ἄν τις αὐτῆς καὶ τὰ ΠΕΡΙ ΤΩΝ ΕΝ ΤΑΙΣ ΤΡΟΦΑΙΣ ΔΥΝΑΜΕΩΝ τρία καὶ τὸ ΠΕΡΙ ΤΗΣ

ἀντίγραφος, -ον: copied
βιβλίδιον, τό: a small book
γνώμη, ἡ: knowledge
δύναμις, -εως, ἡ: power, property
ἐκπίπτω: to fall into
ἐπίληπτος, -ον: epileptic
Ἐρασιστρατείους: followers of Erasistratus
ἡμέτερος, -α, -ον: our
μαρασμός, ὁ: withering
μέθοδος, ἡ: a method

μικρός, -ά, -όν: small, little
παιδίον, τό: little or young child
πραγματεία, ἡ: a major work
Ῥώμη, ἡ: Rome
σύγκειμαι: to be composed
τεσσαρεσκαίδεκα, οἱ: fourteen
τίθημι: to set, put, place
τροφή, ἡ: nourishment, food, victuals
ὑποθήκη, ἡ: a counsel, advice
φλεβοτομία, ἡ: blood-letting

Τεσσαρεσκαίδεκά (sc. βιβλία): "there are *fourteen* books"
μεθόδου θεραπευτικῆς: with περὶ understood, "about therapeutic method"
δύο τε: "and two (books)"
πρὸς Γλαύκωνα: "addressed to Glaucon"
Ἐρασίστρατον: Erasistratus of Cos (fl. 250 BCE)
ἐπ' αὐτοῖς: "third *among these*"
συγκείμενον: perf. part. used as passive of συν-τίθημι, "having been composed"
ἐδόθη: ao. pas., "small book *was given to*" + dat.
οὗ ... ἐκπεσόντος: ao. part. in gen. abs., "*which, having fallen into* the hands of many"
ἔλαβον: ao., "I received"
ἔχον: pr. part., "a copy *having* the title"
πραγματείας: gen. abs., "(being) a therapeutic work"
θείη: ao. opt. pot., "one might place"
αὐτῆς: "here"
τὰ ... τρία: "the three (books)"

Λεπτυνούσης Διαίτης καὶ τὸ Περὶ Εὐχυμίας καὶ Κακοχυμίας. οὐδὲν δ' ἧττον τῶν προειρημένων τῆς θεραπευτικῆς πραγματείας εἴη ἂν καὶ τὰ Περὶ τῶν Ἐρασιστράτου Θεραπευτικῶν Λογισμῶν. τὸ δὲ Περὶ τῆς Ἱπποκράτους Διαίτης ἐπὶ τῶν Ὀξέων Νοσημάτων ταχθείη μὲν ἂν καὶ μετὰ τούτων, ταχθείη δ' ἂν καὶ μετὰ τῶν εἰς τὰ Ἱπποκράτους γεγονότων ὑπομνημάτων, ἐν οἷς πάμπολλα περιέχεται θεραπευτικὰ θεωρήματα, καθάπερ γε καὶ διαγνωστικὰ καὶ προγνωστικά.

V. Ποῖα τῆς προγνωστικῆς θεωρίας βιβλία.

Πρῶτα μέν ἐστι τρία Περὶ Κρισίμων Ἡμερῶν, δεύτερον δ' ἐπ' αὐτοῖς τρία Περὶ Κρίσεων, εἶθ' ἡ Περὶ τῶν Σφυγμῶν πραγματεία, καθ' ἣν πρῶτα μέν ἐστι τέτταρα Περὶ τῆς Διαφορᾶς αὐτῶν, δεύτερον δ' ἄλλα τοσαῦτα Περὶ τῆς Διαγνώσεως, καὶ τρίτον πρὸς αὐτοῖς ἴσα τὸν ἀριθμὸν Περὶ τῶν ἐν αὐτοῖς Αἰτίων

αἴτιον, τό: a cause
ἀριθμός, ὁ: a number
διαγνωστικός, -ή, -όν: diagnostic
διαφορά, ἡ: difference, distinction
διάγνωσις, -εως, ἡ: a diagnosis
δίαιτα, ἡ: a regimen, a diet
εὐχυμία, ἡ: good humor
ἡμέρα, ἡ: a day
ἥττων, ἧττον: less
ἴσος, -η, -ον: equal to, the same as
κακοχυμία, ἡ: bad humor
κρίσιμος, -η, -ον: decisive, critical

κρίσις, ἡ: a crisis
λεπτύνω: to make small
λογισμός, ὁ: a reasoning
ὀξύς, -εῖα, -ύ: sharp, keen
περιέχω: to encompass, embrace, surround
πραγματεία, ἡ: a major work
προγνωστικός, -ή, -όν: prognostic
προλέγω: to say beforehand
σφυγμός, ὁ: a pulse
τάττω: to arrange, put in order
τοσοῦτος, -αύτη, -οῦτο: so large, so tall

τῶν προειρημένων: perf. part. of προ-λέγω in gen. of comp., "no less *than these mentioned*"
εἴη ἄν: pr. opt. pot., "would be"
ταχθείη ἄν (*bis*): ao. opt. pas. of τάττω, pot., "could be arranged"
μετὰ τῶν ... ὑπομνημάτων: "or *among the commentaries*"
γεγονότων: perf. part. attributive, "the commentaries *that were made*"
καθ' ἣν πρῶτα: "among whom the first"
περὶ τῆς διαφορᾶς αὐτῶν: , "about the distinction of them (i.e. pulses)"
ἄλλα τοσαῦτα: "the same number of others" i.e., four books
τὸν ἀριθμὸν: acc. of specification, "equal *in number*"

καὶ τέταρτον Περὶ τῆς δι' αὐτῶν Προγνώσεως τέτταρα, ἑκκαίδεκα τὰ πάντα, καὶ χωρὶς αὐτῶν τὸ Περὶ Χρείας Σφυγμῶν τοῖς Εἰσαγομένοις γεγραμμένον. ἐν ᾧ τινες ἐζήτησαν, διὰ τί τῶν πυρεττόντων ὁ ἴδιος οὐκ εἴρηται σφυγμός· οἷς ἀπεκρινάμεθα μεῖζον ἢ κατὰ τοὺς εἰσαγομένους εἶναι τὸ σκέμμα μεγάλης ζητήσεως τετευχός. ἀλλὰ τό γε τοσοῦτον εἴρηται κατὰ τὴν ἀρχὴν τοῦ βιβλίου τούτου, δύο δόξας γεγονέναι τοῖς ἰατροῖς, τὴν μὲν ἑτέραν τῶν ἡγουμένων αἰσθάνεσθαι καὶ τῆς συστολῆς τῶν ἀρτηριῶν, τὴν δὲ δευτέραν τῶν ἀναίσθητον αὐτὴν εἶναι

αἰσθάνομαι: to perceive
ἀναίσθητος, -ον: imperceptible
ἀποκρίνομαι: to answer
ἀρτηρία, ἡ: an artery
δόξα, ἡ: a notion, opinion
εἰσάγω: to introduce
ἑκκαίδεκα: sixteen
ζητέω: to seek, seek for
ζήτησις, -εως, ἡ: a seeking

ἡγέομαι: to consider, think
πρόγνωσις, -εως, ἡ: a prognosis
πυρέττω: to be ill of a fever
σκέμμα, -ατος, τό: a question
συστολή, ἡ: a contraction (i.e. the systolic)
σφυγμός, ὁ: a pulse
τεύχω: to make, to consist of
χρεία, ἡ: use
χωρίς: apart from (+ *gen.*)

ἑκκαίδεκα τὰ πάντα: "16 (books) altogether"
χωρὶς αὐτῶν: "apart from these," i.e. in addition
τοῖς εἰσαγομένοις: dat., "for beginners"
ἐν ᾧ: "in which book" i.e. the last one for beginners
διὰ τί ... οὐκ εἴρηται: perf. of λέγω in ind. quest. after ἐζήτησαν, "some asked *why* a pulse *was not mentioned*"
τῶν πυρεττόντων: pr. part. gen. after ἴδιος, "specific *to those with a fever*"
μεῖζον ἢ: "the topic was *greater than*"
εἶναι: pr. inf. in ind. st. after ἀπεκρινάμεθα, "I answered that the topic *was*"
τετευχός: perf. part. n. s. of τεύχω agreeing with σκέμμα, "consisting of" + gen.
τό γε τοσοῦτον: but so much at least"
εἴρηται: perf., "has been said"
γεγονέναι: perf. inf. in ind. st. after εἴρηται, "*that there are* two opinions"
αἰσθάνεσθαι: pr. inf. in ind. st. after ἡγουμένων, "those thinking *that they perceive*" + gen.
αὐτὴν εἶναι: ind. st. after λεγόντων, "those saying *that it is* imperceptible"

λεγόντων, ἠξιοῦμέν τε τὸν εἰσαγόμενον ἐπὶ τῆς ῥᾴονος πρότερον γυμνάσασθαι, καθ' ἣν ἀναίσθητος ἡ συστολὴ γίγνεται. κατὰ ταύτην δὲ τὴν αἵρεσιν ἡμεῖς ἐπεπείσμεθα πυρετοῦ σημεῖον ἴδιον ἐν σφυγμοῖς οὐδὲν εἶναι, κατὰ δὲ τὴν ἑτέραν, ἣν ἐν τῇ μεγάλῃ πραγματείᾳ τῶν ἑκκαίδεκα βιβλίων ἔγραψα, λέλεκται τὸ σημεῖον. ἀλλ' οἱ μὴ μαθόντες παρὰ διδασκάλοις, ἐοικότες δὲ κατὰ τὴν παροιμίαν τοῖς ἐκ βιβλίου κυβερνήταις τοιαῦτα ζητοῦσιν. ἐμοὶ δὲ καὶ κατ' ἀρχὰς εἴρηται τὴν μὲν τῶν εἰσαγομένων διδασκαλίαν ἑτέραν εἶναι, τὴν δὲ τῶν ἐκδιδασκομένων ἅπαντα τελέως ἑτέραν. γέγονε δ' οὖν μοι καὶ ἄλλο τι βιβλίον

ἀναίσθητος, -ον: imperceptible
ἀξιόω: to think worthy of
ἀρχή, ἡ: a beginning
γυμνάζω: to train, exercise
διδασκαλία, ἡ: teaching, instruction
διδάσκαλος, ὁ: a teacher, master
εἰσάγω: to introduce
ἐκδιδάσκω: to teach thoroughly
ἑκκαίδεκα: sixteen
ἔοικα: it seemed good
ζητέω: to seek

κυβερνήτης, -ου, ὁ: a steersman, pilot
παροιμία, ἡ: common saying, proverb, maxim
πείθω: to prevail upon, win over, persuade
πραγματεία, ἡ: a major work
πυρετός, ὁ: a fever
ῥᾴων, -ον: easier
σημεῖον, τό: a sign, a mark, token
συστολή, ἡ: a contraction
σφυγμός, ὁ: a pulse
τελέως: completely

ἠξιοῦμεν: impf. of ἀξιόω, "we deemed it worthy that X (acc.) do Y (inf.)"
ἐπὶ τῆς ῥᾴονος: "on the easier (opinion)"
γυμνάσασθαι: ao. inf., "that he practice"
ἐπεπείσμεθα: plupf. pas. of πείθω, "we had been persuaded"
οὐδὲν εἶναι: ind. st. after ἐπεπείσμεθα, "*that there is no* specific sign"
κατὰ δὲ τὴν ἑτέραν (sc. αἵρεσιν): "according to the second (choice)"
λέλεκται: perf. of λέγω, "the sign has been discussed"
οἱ μὴ μαθόντες: ao. part., μὴ gives the phrase a conditional sense, "if they have not learned"
ἐοικότες: part., "being like" + dat.
κατὰ τὴν παροιμίαν: "according to the proverb"
ἐκ βιβλίου: "navigates *from a book*," rather than from a teacher
ἐμοὶ: dat. of agent with εἴηται, "it was said *by me*"
ἑτέραν: pred. after εἶναι, "that instruction of beginners is *one (of two) things*"
τὴν δὲ (sc. διδασκαλίαν εἶναι): "but that (instruction is)"
ἅπαντα: acc. of resp., "*in all ways* the other (of two things)"
γέγονε: perf., "another book *came from*" + dat.

ἕν, ἐν ᾧ τὴν σύνοψιν ἐποιησάμην τῶν ἑκκαίδεκα βιβλίων· ἔξωθεν δὲ τούτων ἁπάντων ἐστὶν ὀκτὼ βιβλία τῆς Ἀρχιγένους περὶ σφυγμῶν πραγματείας ἐξήγησίν τε καὶ χρῆσιν ἔχοντα. ἐκ τούτου τοῦ μέρους τῆς τέχνης θείη ἄν τις καὶ τὰ Περὶ Δυσπνοίας τρία.

VI. Περὶ τῶν Ἱπποκρατείων ὑπομνημάτων.

Οὔτ' ἄλλο τι τῶν ὑπ' ἐμοῦ δοθέντων φίλοις ἤλπισα πολλοὺς ἕξειν οὔτε τὰ τῶν Ἱπποκρατείων συγγραμμάτων ἐξηγητικά· τὴν ἀρχὴν γὰρ οὐδὲν πρὸς ἔκδοσιν ἀλλ' ἐμαυτὸν γυμνάζων ἐγεγράφειν εἰς αὐτά ποθ' ὑπομνήματα, καθάπερ ἐποίησα

Ἀρχιγένης, ὁ: Archigenes
γυμνάζω: to train, exercise
δύσπνοια, ἡ: difficulty of breathing
ἔκδοσις, -εως, ἡ: an edition
ἑκκαίδεκα: sixteen
ἐλπίζω: to hope for, look for, expect
ἐξήγησις, -εως, ἡ: an explanation
ἐξηγητικός, -ή, -όν: of or for interpretation
ἔξωθεν: outside of, apart from (+ gen.)
Ἱπποκράτειος, -α, -ον: Hippocratic
πραγματεία, ἡ: a major work
σύγγραμμα, -ατος, τό: a writing
σύνοψις, -εως, ἡ: a general view, synopsis
σφυγμός, ὁ: a pulse
τίθημι: to set, put, place
ὑπόμνημα, -ατος, τό: a note
χρῆσις, -εως, ἡ: use, advantage

ἐποιησάμην: ao. mid., "*I made* a synopsis"
ἔξωθεν δὲ τούτων: , "in addition to these"
Ἀρχιγένους: Archigenes, a physician in Rome a generation earlier than Galen
ἔχοντα: pr. part. n. pl. with βιβλία, "eight books *having* explanation and use"
θείη ἄν: ao. opt. pot. of τίθημι, "one might put also"
Ἱπποκρατείων ὑπομνημάτων: referring to the corpus of works surviving under the semi-mythical name of Hippocrates of Cos (5th C).
οὔτ' ἄλλο ... οὔτε τὰ: acc. of resp. neither with any other ... nor with the Hippocratic commentaries"
δοθέντων: ao. pas. part. of δίδωμι, "of those books *given* by me"
ἤλπισα: ao., "I expected" + fut. inf.
πολλοὺς ἕξειν: fut. inf. of ἔχω after ἤλπισα, "I expected *many to have*"
τὴν ἀρχὴν: acc. resp., "in terms of their origin"
οὐδὲν: adv., "not at all"
πρὸς ἔκδοσιν: "for (formal) publication"
ἐγεγράφειν: plupf. 1 s., "I had written"
ἐποίησα: ao., "I made (writing notes)"

τῆς ἰατρικῆς θεωρίας ἁπάσης καθ' ἕκαστον μέρος ἐμαυτῷ παρασκευάσας οἷς ἅπαντα τὰ κατὰ τὴν ἰατρικὴν τέχνην ὑφ' Ἱπποκράτους εἰρημένα περιέχεται διδασκαλίαν ἔχοντα σαφῆ θ' ἅμα καὶ παντοίως ἐξειργασμένην· ἰδίᾳ μὲν γὰρ περὶ κρισίμων ἡμερῶν ἔγραψα κατὰ τὴν Ἱπποκράτους γνώμην, ἰδίᾳ δὲ περὶ κρίσεων, ἰδίᾳ δὲ περὶ δυσπνοίας ἑκάστου τε τῶν ἄλλων ὅλην τε τὴν θεραπευτικὴν μέθοδον ὡσαύτως ἐν τέσσαρσι καὶ δέκα βιβλίοις ἐποιησάμην. ἐξηγήσεις δὲ καθ' ἑκάστην αὐτοῦ λέξιν ἤδη πολλοῖς τῶν πρὸ ἐμοῦ γεγραμμένας οὐ φαύλως εἰδώς, εἴ τί μοι μὴ καλῶς ἐδόκουν εἰρηκέναι, περιττὸν ἡγούμην ἐλέγχειν·

γνώμη, ἡ: a knowledge
διδασκαλία, ἡ: teaching, instruction
δύσπνοια, ἡ: difficulty of breathing
ἐλέγχω: to refute
ἐξεργάζομαι: to work out completely
ἐξήγησις, -εως, ἡ: an explanation
ἡγέομαι: to consider
ἡμέρα, ἡ: day
κρίσιμος, -η, -ον: decisive, critical
κρίσις, ἡ: a turning point (in a disease)

λέξις, -εως, ἡ: a speaking, word
ὅλος, -η, -ον: whole, entire
παντοῖος, -α, -ον: of all sorts or kinds
παρασκευάζω: to get ready, prepare
περιέχω: to encompass, embrace, surround
περιττός, -ή, -όν: superfluous
σαφής, -ές: clear, plain, distinct, manifest
φαῦλος, -η, -ον: easy, slight
ὡσαύτως: in like manner, just so

τῆς ἰατρικῆς θεωρίας ἁπάσης: "of the whole medical science"
καθ' ἕκαστον μέρος: "part by part"
παρασκευάσας: ao. part. instr., "*by having prepared* for myself (writing notes)"
οἷς: dat. rel. pron., "with which (writing notes)"
ἅπαντα τὰ ... εἰρημένα: "*everything said* by H. is encompassed"
ἔχοντα: pr. part. n. pl., "everything said *including* elucidation"
σαφῆ: acc. s. f. pred. agreeing with διδασκαλίαν, "elucidation *that is clear*"
ἐξειργασμένην: perf. part. of ἐξεγγάζω, "and fully *worked out*"
ἰδίᾳ μὲν ... ἰδίᾳ δὲ: adv., "separately" or, "specifically"
ἑκάστου τε τῶν ἄλλων: "and about each of the other things (in medicine)"
ἐποιησάμην: ao. mid., "*I covered* the whole method"
ἐξηγήσεις ... γεγραμμένας: perf. part. acc. pl. after εἰδώς: "knowing *that explanations had been written*"
πολλοῖς: dat. of agent with γεγραμμένας, "*by many* of those before me"
καθ' ἑκάστην αὐτοῦ λέξιν: "*according to each word*," i.e. word by word commentary
οὐ φαύλως: "knowing them *not badly*," i.e. pretty well
εἰρηκέναι: perf. inf. after ἐδόκουν, "if they seemed *to have said*"
ἐλέγχειν: epexegetic inf. after περιττὸν, "superfluous *to refute*"

ἐνεδειξάμην δὲ τοῦτο δι' ὧν πρώην ἔδωκα τοῖς παρακαλέσασι,
σπανιάκις ἐν αὐτοῖς εἰπών τι πρὸς τοὺς ἐξηγουμένους αὐτούς.
τὴν ἀρχὴν γὰρ οὐδ' εἶχον αὐτῶν ἐν Ῥώμῃ τὰ ὑπομνήματα,
πάντων ὧν ἐκεκτήμην βιβλίων ἐν Ἀσίᾳ μεινάντων· εἴ που τοίνυν
ἐμεμνήμην ὑπό τινος αὐτῶν πάνυ τι μοχθηρῶς εἰρημένον, ὡς
μεγάλως βλάπτεσθαι περὶ τὰ τῆς τέχνης ἔργα τοὺς πιστεύσα-
ντας αὐτοῖς, ἐπεσημηνάμην τοῦτο, τὰ δ' ἄλλα πάντα κατὰ
τὴν ἐμαυτοῦ γνώμην εἶπον ἄνευ τοῦ μνημονεῦσαι τῶν ἄλλως

ἄλλως: in another way or manner
ἄνευ: without (+ *gen.*)
Ἀσία, ἡ: Asia
βλάπτω: to hinder, mislead
γνώμη, ἡ: a knowledge
εἶπον: to speak, say
ἐμαυτοῦ: of me, of myself
ἐνδείκνυμι: to mark, point out
ἐξηγέομαι: to explain
ἐπισημαίνω: to make a note, signal
κτάομαι: to acquire
μεγάλως: (*adv.*) greatly

μένω: to remain
μιμνήσκομαι: to remember
μνημονεύω: to note
μοχθηρός, -ά, -όν: wretched
παρακαλέω: to call to, request
πάνυ: altogether, entirely
πιστεύω: to trust (+ *dat.*)
πρώην: adv. earlier
Ῥώμη, ἡ: Rome
σπανιάκις: (*adv.*) seldom
τοίνυν: therefore, accordingly

ἐνεδειξάμην: ao. of ἐν-δείκνυμι, "I indicated"
τοῦτο: "this" i.e. whatever (τι) had not been said well
δι' ὧν: "through (the books) which," the pron. is attracted into the case of the antecedent.
τοῖς παρακαλέσασι: ao. part. dat. pl. ind. obj., "to those who had asked"
εἰπών: ao. part., "having said"
τοὺς ἐξηγουμένους: pr. part., "about *those commenting*"
τὴν ἀρχὴν: acc. of resp., "in the first place"
πάντων ... μεινάντων: ao. part. in gen abs., "all the books having remained"
ὧν ἐκεκτήμην: plupf., "all *which I had acquired*"
ἐμεμνήμην: plupf. of μιμνήσομαι, "if I remembered"
τι εἰρημένον: perf. part. obj. of ἐμεμνήμην, "if I remembered *anything that was said*"
ὡς βλάπτεσθαι: pr. inf. in res. cl, "so that they would be misled"
τοὺς πιστεύσαντας: ao. part. subj. of βλάπτεσθαι, "those who believed"
αὐτοῖς: dat. after πιστεύσαντας, "believed *them*" i.e. the commentators on Hippocrates
ἐπεσημηνάμην: ao. of ἐπι-σημαίνω, "I made a note of it"
τοῦ μνημονεῦσαι: ao. inf. art. gen after ἄνευ, "without having noted" + gen.

ἐξηγουμένων· καὶ τά γ' ΕΙΣ ΤΟΥΣ ἈΦΟΡΙΣΜΟΥΣ ὙΠΟΜΝΗΜΑΤΑ καὶ τὸ ΠΕΡΙ ἈΓΜΩΝ καὶ τὸ ΠΕΡΙ ἌΡΘΡΩΝ ἔτι τε Τὸ ΠΡΟΓΝΩΣΤΙΚΟΝ καὶ τὸ ΠΕΡΙ ΔΙΑΙΤΗΣ ὈΞΕΩΝ τό τε ΠΕΡΙ ἙΛΚΩΝ καὶ ΤΩΝ ΕΝ ΚΕΦΑΛῌ ΤΡΩΜΑΤΩΝ τό τε πρῶτον ΤΩΝ ἘΠΙΔΗΜΙΩΝ οὕτως ἐγράφη.

After encountering an incorrect interpretation of a Hippocratic aphorism, Galen determines to compose his commentaries on Hippocrates for general publication

μετὰ ταῦτα δέ τινος ἀκούσας ἐξήγησιν ἀφορισμοῦ μοχθηρὰν ἐπαινοῦντος, ὅσα τοῦ λοιποῦ τισιν ἔδωκα, πρὸς κοινὴν ἔκδοσιν ἀποβλέπων, οὐκ ἰδίαν ἕξιν ἐκείνων μόνων τῶν λαβόντων, οὕτως συνέθηκα· ταῦτα δ' ἐστὶν ἘΠΙΔΗΜΙΩΝ μὲν τὰ εἰς τὸ δεύτερον

ἀγμός, ὁ: a fracture
ἀποβλέπω: to look away from, to look at
ἄρθρον, τό: a joint
ἀφορισμός, ὁ: an aphorism
δίαιτα, ἡ: a regimen
ἔκδοσις, -εως, ἡ: an edition
ἕλκος, -εος, τό: a wound
ἐξηγέομαι: to explain
ἐξήγησις, -εως, ἡ: an explanation
ἕξις, -εως, ἡ: a possession

ἐπαινέω: to approve, applaud, praise
ἐπιδήμιος, -ον: epidemic
κεφαλή, ἡ: a head
κοινός, -ή, -όν: common, shared in common
λοιπός, -ή, -όν: remaining, the rest
μοχθηρός, -ά, -όν: miserable, wretched
ὀξύς, -εῖα, -ύ: sharp, keen
προγνωστικός, -ή, -όν: prognostic
συντίθημι: to put together
τραῦμα, -ατος, τό: a wound, hurt

καὶ (sc. τά ὑπομνήματα εἰς) τὸ περὶ…: "and (the commentary on) the *About Fractures*"
ὀξέων: "on the regimen *of acute (diseases)*"
τό τε πρῶτον τῶν ἐπιδημιῶν: "the first (book) of *Epidemics*"
ἐγράφη: ao. pas. with collective n. subj., "all these *were written* in this way"
ἀκούσας: ao. part., "having heard" + gen.
ἐπαινοῦντος: pr. part. gen. agreeing with τινος, "someone *praising*"
τοῦ λοιποῦ: gen. of time indicating the time *since* an action took place, "for the remaining time (since then)" i.e. from then on
ἔδωκα: ao., "whatever *I gave*"
κοινὴν ἔκδοσιν: "eyeing *a public edition*"
οὐκ (sc. πρὸς) ἰδίαν ἕξιν: "not just for individual possession"
λαβόντων: ao. part. gen. pl., "of those *who received*"
συνέθηκα· ao. of συν-τίθημι, I composed"
ἐπιδημιῶν: gen. pl., "the 2nd, 3rd and sixth books *of The Epidemics*"

καὶ τρίτον καὶ ἕκτον ὑπομνήματα γεγραμμένα, πρὸς τούτοις δὲ καὶ τοῦ Περι Χυμων καὶ Περι Τροφης καὶ Προρρητικου περι τε Φυσιος Ἀνθρωπου καὶ τοῦ Κατ' Ἰητρειον, ὥσπερ γε καὶ τοῦ Περι Τοπων, Ἀερων, Ὑδατων, ὃ ἐγὼ περὶ οἰκήσεων καὶ ὑδάτων καὶ ὡρῶν καὶ χωρῶν ἐπιγεγράφθαι φημὶ δεῖν. ἔστι δὲ τὰ μὲν εἰς Τους Ἀφορισμους ἑπτά, τὰ δ' εἰς τὰ Περι Ἀγμων τρία, τὰ δ' εἰς τὰ περὶ ἄρθρων τέτταρα, τὰ δ' εἰς Το Προγνωστικον τρία, τὰ δ' εἰς τὸ Περι Διαιτης Ὀξεων, τρία μὲν εἰς τὸ γνήσιον αὐτοῦ μέρος, δύο δ' εἰς τὰ προσκείμενα. τὸ δὲ Περι Ἑλκων καὶ τὸ Περι των εν Κεφαλῃ Τρωματων ἑκάτερον ἐξηγησάμην δι' ἑνὸς βιβλίου, τὸ δὲ πρῶτον Των Ἐπιδημιων, ὥσπερ γε καὶ τὸ τρίτον, διὰ τριῶν ἑκάτερον, τὸ δὲ δεύτερον δι' ἕξ, δι' ὀκτὼ δὲ τὸ ἕκτον· εἰς δὲ τὸ Περι Χυμων ὑπομνήματά μοι τρία γέγονεν, ὥσπερ γε καὶ εἰς Το

ἀγμός, ὁ: a fracture
ἀήρ, ἀέρος, ὁ: air
ἄρθρον, τό: a joint
ἀφορισμός, ὁ: an aphorism
γνήσιος, -α, -ον: authentic
δίαιτα, ἡ: a way of living, regime
ἑκάτερος: each of two
ἕλκος, -εος, τό: a wound
ἐξηγέομαι: to explain
ἐπιγράφω: to engrave, entitle
ἐπιδήμιος, -ον: epidemic
ἑπτά: seven
ἰητρεῖον, τό: surgery
κεφαλή, ἡ: a head
οἴκησις, -εως, ἡ: habitation
ὀξύς, -εῖα, -ύ: sharp, keen
προγνωστικός, -ή, -όν: prognostic
προρρητικός, -ή, -όν: predictive
πρόσκειμαι: to be placed or laid by
τόπος, ὁ: a place
τραῦμα, -ατος, τό: a wound, hurt
τροφή, ἡ: nourishment, food, victuals
ὕδωρ, ὕδατος, τό: water
φημί: to declare, make known
φύσις, ἡ: nature, condition
χυμός, ὁ: juice, humor
χώρα, ἡ: a place
ὥρα, ἡ: season

γεγραμμένα: perf. part., "the ones *written*"
ὃ ... φημὶ: "which I claim"
ἐπιγεγράφθαι: perf. inf. compl. δεῖν, "should *be titled*"
δεῖν: pr. inf. in ind. st. after φημί, "which I claim *should*" + inf.
τὸ γνήσιον: "*the authentic* part of it"
τὰ προσκείμενα: "the parts attached (by a later author)"
ἐξηγησάμην: ao., "I explicated"
γέγονεν: perf. of γίγνομαι, "three books *came* from me"

Προγνωστικον καὶ εἰς τὸ Κατ' Ἰητρειον καὶ εἰς τὸ Περι Τοπων και Ἀερων και Ὑδατων: εἰς δὲ τὸ Περι Τροφης ὑπομνήματά μοι τέτταρα γέγονεν, εἰς δὲ τὸ Περι Φυσιος Ἀνθρωπου δύο, ὧν ἤδη γεγονότων ἀκούσας ὑπό τινων διαβάλλεσθαι τὸ βιβλίον ὡς οὐ γνήσιον ἔγραψα τρία τὴν ἐπιγραφὴν ἔχοντα τήνδε Ὅτι και κατ' ἀλλα Συγγραμματα την αυτην Δοξαν Ἔχων ὁ Ἱπποκρατης Φαινεται τῃ κατα το Περι Φυσιος Ἀνθρωπου. τῷ δ' Ἱπποκράτει προσήκοντ' ἐστὶ καὶ ταῦτα· περὶ τῆς καθ' Ἱπποκράτην διαίτης ἐπὶ τῶν ὀξέων νοσημάτων, ὥσπερ γε καὶ ἡ τῶν παρ' αὐτῷ γλωττῶν ἐξήγησις, καὶ τὸ πρὸς Λύκον περὶ τοῦ ἀφορισμοῦ, οὗ ἡ ἀρχὴ 'τὰ αὐξανόμενα πλεῖστον ἔχει τὸ ἔμφυτον θερμόν',

---

ἀήρ, ἀέρος, ὁ: air
ἀρχή, ἡ: a beginning, origin, first cause
αὐξάνω, -ά: to increase, augment
ἀφορισμός, ὁ: aphorism
γλῶττα, -ης, ἡ: a tongue
γνήσιος, -α, -ον: genuine, authentic
διαβάλλω: to attack, slander
δίαιτα, ἡ: a way of living, regime
δόξα, ἡ: a notion, opinion
ἐξήγησις, -εως, ἡ: an explanation
ἔμφυτος, -ον: innate, natural
θερμός, -ή, -όν: hot, warm

ἰητρεῖον, τό: surgery
ὀξύς, -εῖα, -ύ: sharp, acute
πλεῖστος, -η, -ον: most, largest
προγνωστικός, -ή, -όν: prognostic
προσήκω: to be proper to (+ dat.)
σύγγραμμα, -ατος, τό: a writing
τόπος, ὁ: a place
τροφή, ἡ: nourishment, food, victuals
ὕδωρ, -ὕδατος, τό: water
φαίνω: to bring to light, make to appear
φύσις, ἡ: nature, natural qualities

ὧν ἤδη γεγονότων: perf. part. in gen. abs., "which (books) already having become"
ἀκούσας: "(I) having heard"
διαβάλλεσθαι: pr. pas. inf. after ἀκούσας, "having heard this book *to be attacked*"
ὡς οὐ γνήσιον: causal, "as not (being) genuine"
ἔχοντα (sc. βιβλία): n. pl., "three books *having* this title"
τὴν αὐτὴν δόξαν: "the same opinion"
ἔχων: pr. part. supplemental with φαίνεται, "H. seems *to have*" i.e., "H. clearly has"
τῇ (sc. δόξᾳ): dat. after αὐτὴν, "same *as the opinion* in *On the Nature of Man*"
προσήκοντα: "are *proper* to" + dat.
παρ' αὐτῷ γλωττῶν: "explanation *of the words by him*" (i.e. Hipp.)
Λύκον: Lycus of Macedon
οὗ ἡ ἀρχὴ: "*whose beginning* is"
τὰ αὐξανόμενα: pr. part. nom. pl., "things growing"

ὥσπερ γε καὶ τὸ πρὸς Ἰουλιανὸν τὸν μεθοδικὸν ὑπὲρ ὧν ἐνεκάλεσεν τοῖς Ἱπποκρατείοις ἀφορισμοῖς. Ἱπποκράτει δὲ προσήκει καὶ ἄλλο τι βιβλίον σμικρόν, ἐν ᾧ δείκνυμι τὸν ἄριστον ἰατρὸν πάντως εἶναι καὶ φιλόσοφον, ἐπιγράφεται δὲ τὸ βιβλίον καὶ διὰ συντομωτέρας ἐπιγραφῆς οὕτως· ὍΤΙ Ὁ ἌΡΙΣΤΟΣ ἸΑΤΡΟΣ ΚΑΙ ΦΙΛΟΣΟΦΟΣ.

VII. Περὶ τῶν εἰς Ἐρασίστρατον διαφερόντων.

Εἰς μὲν τὸ πρῶτον τῶν ΠΕΡΙ ΠΥΡΕΤΩΝ ὑπομνήματα γέγραπται τρία, τοῦ τρίτου δὲ περὶ πυρετῶν τὰ πρῶτα τῆς Ἐρασιστράτου θεραπευτικῆς πραγματείας ἐστὶν ὑπομνήματα· αὕτη δ᾽ ἡ θεραπευτικὴ πραγματεία τὴν μὲν ἐπιγραφὴν ἔχει ΠΕΡΙ ΤΩΝ ἘΡΑΣΙΣΤΡΑΤΟΥ ΘΕΡΑΠΕΥΤΙΚΩΝ ΛΟΓΙΣΜΩΝ, γέγονε δ᾽ ἐν ὑπομνήμασιν πέντε. ἔστι δὲ καὶ τὰ ΠΕΡΙ ἘΡΑΣΙΣΤΡΑΤΟΥ ἈΝΑΤΟΜΗΣ τρία βιβλία καὶ ΠΕΡΙ ΦΛΕΒΟΤΟΜΙΑΣ δύο, τό τε πρὸς Ἐρασίστρατον αὐτὸν γεγραμμένον καὶ τὸ πρὸς τοὺς ἐν Ῥώμῃ Ἐρασιστρατείους·

ἀφορισμός, ὁ: aphorism
δείκνυμι: to display, exhibit
διαφέρω: to differ
ἐγκαλέω: to call in
ἐπιγράφω: to engrave, entitle
Ἐρασιστρατεῖοι, οἱ: followers of Erisistratus
Ἱπποκράτειος, -α, -ον: Hippocratic
λογισμός, ὁ: a counting, reasoning
μεθοδικός, -ή, -όν: methodic

πάντως: altogether
πραγματεία, ἡ: a major work
προσήκω: to be related to + dat
πυρετός, ὁ: burning fever
Ῥώμη, ἡ: Rome
σμικρός, -ά, -όν: small, little
σύντομος, -ον: short
φλεβοτομία, ἡ: blood-letting

ὥσπερ γε καὶ: "and so also"
Ἰουλιανὸν: Julian the Methodist, a teacher of Galen in Alexandria
ὧν ἐνεκάλεσεν: ao. of ἐν-καλέω, "about *the things he criticized* in" + dat.
προσήκει: "is related to" + dat.
εἶναι: pr. inf. in ind. st. after δείκνυμι, "I show that the best doctor *is*"
τὸ πρῶτον τῶν: "the first of the (books)"
τοῦ τρίτου: "the commentary *of the third* (book) is the first (part)"
Ἐρασίστρατον αὐτὸν: "one addressed to *E. himself*"

προσήκει δ' Ἐρασιστράτῳ κἀκεῖνο τὸ βιβλίον, ἐν ᾧ ζητοῦμεν, εἰ Κατα Φυσιν Ἐν Ἀρτηριαις Αιμα Περιεχεται, καθάπερ γε καὶ τὸ Περι Χρειας Ἀναπνοης καὶ τὰ Των Φυσικων Δυναμεων τρία, ἃ περιέχει κρίσιν ἁπάντων ὧν ἔγραψεν Ἐρασίστρατος ἐν τοῖς καθόλου λόγοις ὑπὲρ τῶν φυσικῶν ἐνεργειῶν.

VIII. Περὶ τῶν Ἀσκληπιάδῃ προσηκόντων.

Ὀκτὼ μὲν Περι των Ἀσκληπιαδου Δογματων ἐπιγεγραμμένα, μικρὸν δ' ἄλλο τὴν ἐπιγραφὴν ἔχον Περι Ουσιας της Ψυχης κατ' Ἀσκληπιαδην.

IX. Περὶ τῶν τοῖς ἐμπειρικοῖς ἰατροῖς διαφερόντων.

τῆς Θεοδᾶ Εισαγωγης ὑπομνήματα πέντε: περὶ τῶν Μηνοδότου Σεβηρῳ ἕνδεκα: τῶν Σεραπίωνος πρὸς τὰς αἱρέσεις

αἷμα, -ατος, τό: blood
ἀναπνοή, ἡ: breathing
ἀρτηρία, ἡ: an artery
διαφέρω: to differ
εἰσαγωγή, ἡ: an introduction
ἐμπειρικός, -ή, -όν: experienced, empirical
ἐνέργεια, ἡ: action, operation
ἐπιγράφω: to engrave, entitle
ζητέω: to seek, seek for
Θεοδᾶς, -α, ὁ: Theodas
καθόλου: on the whole, in general

κρίσις, ἡ: a critique
Μηνοδότος, ὁ: Menodotus
μικρός, -ά, -όν: small, little
οὐσία, ἡ: substance, property
περιέχω: to encompass
προσήκω: to be related to (+ dat.)
Σεραπίων, -ονος, ὁ: Serapion
φυσικός, -ή, -όν: natural, native
φύσις, ἡ: nature, natural qualities
χρεία, ἡ: use, function
ψυχή, ἡ: soul

εἰ ... περιέχεται: ind. quest., "*whether* blood *is contained*"
ἁπάντων ὧν: with pron. attracted into the gen. case, "*of everything which* E. wrote"
καθόλου (=κατὰ ὅλου): adv., "in general"
Ἀσκληπιάδου: Asclepiades of Bithynia (1st C BCE), whose works have not survived
ἐπιγεγραμμένα: perf. part., "having been titled"
(sc. περὶ) τῆς Θεοδᾶ εἰσαγωγῆς: "(about) the *Introduction* of Theodas"
Θεοδᾶ: gen., "of Theodas (of Laodicea)"
Μηνοδότου: Menodotus of Nicomedia (2nd C. CE)
Σεβήρῳ: dat., "dedicated to Severus"
(sc. περὶ) τῶν Σεραπίωνος: "(about) the (works) of Serapion" of Alexandria (3rd. C BCE)

δύο Ὑποτυπώσεις Ἐμπειρικαί: Περὶ τῆς Ἰατρικῆς Ἐμπειρίας: Περὶ τῆς τῶν Ἐμπειρικῶν Διαφωνίας τρία: πρὸς τὰ ἀντειρημένα τοῖς περὶ τῆς διαφωνίας τῶν ἐμπειρικῶν τοῦ τε Θεοδᾶ κεφάλαια ὑπομνήματα τρία: Προτρεπτικὸς ἐπ' Ἰατρικήν: Σύνοψις τῶν Ἡρακλείδου περὶ τῆς Ἐμπειρικῆς Αἱρέσεως ἑπτά.

X. Περὶ τῶν τοῖς μεθοδικοῖς διαφερόντων.

Μεθοδικῆς Αἱρέσεως ἕξ: Πρὸς τὰ ὑπὸ Ἰουλιανοῦ Ἀντειρημενα τοῖς Ἱπποκράτους ἀφορισμοῖς.

XI. Περὶ τῶν εἰς τὰς ἀποδείξεις χρησίμων βιβλίων.

Ἅπαντας ἀνθρώπους ὁρῶν, ἐν οἷς ἀμφισβητοῦσιν, ἑαυτούς τ' ἀποδεικνύειν ἐπαγγελλομένους, ἐλέγχειν τε τοὺς πέλας

ἀμφισβητέω: to dispute
ἀντερῶ: to speak against, gainsay
ἀποδείκνυμι: to prove
ἀπόδειξις, -εως, ἡ: a proof, exhibiting
ἀφορισμός, ὁ: aphorism
διαφωνία, ἡ: discord, disagreement
ἐλέγχω: to refute
ἐμπειρικός, -ή, -όν: experienced, empiric
ἐπαγγέλλω: to tell, proclaim, announce
Ἡρακλείδης, ὁ: Heraclides

κεφάλαιος, -α, ον: of the head, main
μεθοδικός, -ή, -όν: belonging to the methodic school
ὁράω: to see
πέλας: adv. near
προτρεπτικός, -ή, -όν: persuasive, protreptic
σύνοψις, -εως, ἡ: a general view, synopsis
ὑποτύπωσις, -εως, ἡ: an outline
χρήσιμος, -η, -ον: useful

ὑποτυπώσεις ἐμπειρικαί: "empirical outlines"
πρὸς τὰ ἀντειρημένα: perf. part. of ἀντι-λέγω, "concerning the things said against (i.e. counter arguments to)" + dat.
(πρὸς) κεφάλαια ὑπομνήματα: " concerning the main ideas"
Ἡρακλείδου: Heraclides of Tarentum (2nd C. BCE)
Ἰουλιανοῦ: Julian the Methodist, a teacher of Galen in Alexandria
τὰ ... ἀντειρημένα: perf. of ἀντι-λέγω, "the things said against" i.e. the criticisms
εἰς τὰς ἀποδείξεις: "useful *for proofs*"
ἀνθρώπους: acc. subj. of ἐπαγγελλομένους in ind. st. after ὁρῶν, "seeing *that men profess*"
ἐν οἷς: rel. attracted into the dat., "*in* (the things) *which* they dispute"
ἀποδεικνύειν: pr. inf. in ind. st. after ἐπαγγελλομένους, "profess *that they are proving*"
τοὺς πέλας: "to refute *their neighbors*"

ἐπιχειροῦντας, οὐδὲν οὕτως ἐσπούδασα μαθεῖν ἁπάντων πρῶτον ὡς τὴν ἀποδεικτικὴν θεωρίαν ἠξίωσά τε παρὰ τῶν φιλοσόφων--ἐκείνους γὰρ ἤκουον αὐτὴν διδάσκειν,--εἰ μέν τι καὶ ἄλλο κατὰ τὸ λογικὸν μέρος τῆς φιλοσοφίας διδάσκεται, φυλάττειν εἰσαῦθις, τὴν δ᾽ ὠδῖνα τῆς περὶ τὰς ἀποδείξεις ἐπιθυμίας παῦσαι διδάξαντας, ἥτις ἄρα μέθοδός ἐστιν, ἣν ὁ μαθὼν ἑτέρου τε λέγοντος λόγον ἀποδεικτικὸν ἀκριβῶς γνωριεῖ, πότερον ὄντως ἐστὶ τοιοῦτος ἢ καθάπερ τι νόμισμα κίβδηλον ἔοικε μὲν τῷ δοκίμῳ, μοχθηρὸς δὲ κατ᾽ ἀλήθειάν ἐστιν, αὐτός τε

ἀκριβής, -ές: exact, accurate
ἀξιόω: to ask
ἀποδεικτικός, -ή, -όν: affording proof, demonstrative
γνωρίζω: to make known, point out, explain
δόκιμος, -ον: examined, tested
εἰσαῦθις: hereafter, afterwards
ἐπιθυμία, ἡ: desire, yearning, longing
ἐπιχειρέω: to attempt to (+ inf.)
κίβδηλος, -ον: spurious, base

μοχθηρός, -ά, -όν: miserable, wretched
νόμισμα, -ατος, τό: a coin
ὅστις: any one who, anything which
παύω: to make to cease
πότερος, -α, -ον: whether of the two?
σπουδάζω: to be eager to (+ inf.)
φιλόσοφος, ὁ: a philosopher
φυλάττω: to keep guard
ὠδίς, -ῖνος: pain (esp. of labor)

ἐπιχειροῦντας: pr. part. in ind. st. after ὁρῶν, "and seeing *that they try to*" + inf.
οὐδὲν οὕτως … ὡς: "nothing so much … as"
μαθεῖν: ao. inf. after ἐσπούδασα, "I was eager *to learn*"
ἠξίωσα: ao., "*I asked*" + inf.
ἤκουον: impf., "I used to hear that" + inf.
αὐτὴν: i.e. logical proof
τι ἄλλο … μέρος: subj. of διδάσκεται, "if *any other part* of philosophy is taught"
φυλάττειν: pr. inf. after ἠξίωσα, "I asked them *to keep* aside (this part)"
τῆς … ἐπιθυμίας: "the pain *of the desire*"
παῦσαι: ao. inf. also complementing ἠξίωσα, "I asked them *to stop*"
διδάξαντας: ao. part. instr. agreeing with the acc. subj. of παῦσαι, "I asked (them) *by teaching* to stop"
ἥτις ἄρα μέθοδός ἐστιν: obj. cl. after διδάξαντας, "teaching *what the method is*"
ὁ μαθὼν: ao. part., subj. of γνωριεῖ, , "*he who has learned* will discern"
ἑτέρου τε … αὐτός τε: "both when someone else … and when he himself"
ἑτέρου … λέγοντος: gen. abs., "*when someone else speaks* a logical argument"
πότερον ἐστι … ἤ: ind. quest. after γνωριεῖ, "*whether it is* really … or"
ἔοικε μὲν … μοχθηρὸς δὲ: "it seems to be (+ dat.) … but in fact is without value"
αὐτός: "and he himself" i.e. the investigator

δυνήσεται καθ' ἕκαστον τῶν ζητουμένων ὁδῷ τινι χρώμενος ἐπὶ τὴν εὕρεσιν αὐτοῦ παραγενέσθαι. πᾶσιν οὖν τοῖς κατ' ἐκεῖνον τὸν χρόνον ἐνδόξοις Στωϊκοῖς τε καὶ Περιπατητικοῖς ἐμαυτὸν ἐγχειρίσας πολλὰ μὲν ἔμαθον ἄλλα τῶν λογικῶν θεωρημάτων, ἃ τῷ μετὰ ταῦτα χρόνῳ σκοπούμενος ἄχρηστα πρὸς τὰς ἀποδείξεις εὗρον, ὀλίγιστα δὲ χρησίμως μὲν αὐτοῖς ἐζητημένα καὶ τοῦ προκειμένου σκοποῦ τυχεῖν ἐφιέμενα, διαπεφωνημένα δὲ καὶ

ἄχρηστος, -ον: useless
διαφωνέω: to be dissonant
ἐγχειρίζω: to apply oneself to
ἔνδοξος, -ον: of high repute
ἐφίημι: to send to, permit
εὕρεσις, -εως, ἡ: a finding, discovery
ζητέω: to seek, research
ὁδός, ἡ: a way, method
ὀλίγιστος, -η, -ον: very few

παραγίγνομαι: come near
περιπατητικός, -ή, -όν: Peripatetic, followers of Aristotle
πρόκειμαι: to be set before one
σκοπέω: to look at
σκοπός, ὁ: a goal
τυγχάνω: to happen upon (+ *gen.*)
χράομαι: to use (+ *dat.*)
χρήσιμος, -η, -ον: useful

δυνήσεται: fut., "will be able to" + inf.
τῶν ζητουμένων: pr. part., "each of the things being investigated"
χρώμενος: pr. part. instr., "*by using* some method"
αὐτοῦ: "the discovery *of it*," i.e. of the thing being investigated
παραγενέσθαι: ao. inf. compl. **δυνήσεται**, "he will be able *to come upon*"
Στωϊκοῖς: the Stoic school of philosophy was famous for its, "propositional logic"
Περιπατητικοῖς: the Peripatetic or Aristotelian School of philosophy had a rigorous logic based on the syllogism
ἐγχειρίσας: ao. part., "having applied myself to" + dat.
ἔμαθον: ao., "I learned"
ἄλλα: "many other (aspects of)" + gen.
τῷ ... χρόνῳ: dat. of time when, "*in the time* after these things"
σκοπούμενος: pr. part. instr., "by inspecting"
ἄχρηστα: pred., "which I found to be *useless*"
εὗρον: unaugmented ao., "I found"
αὐτοῖς: dat. of agent, "by them" i.e. the Stoics and Peripatetics
ἐζητημένα: perf. part., "very few *having been researched*"
τοῦ προκειμένου: pr. part. gen. after **τυχεῖν**, "to happen upon the goal *laid down before* one"
ἐφιέμενα: pr. part. also agreeing with **ὀλίγιστα**, "and permitting to" + inf.
διαπεφωνημένα: perf. part. of **δια-φωνέω**, modifying **ταῦτα**, "these *having become dissonant*"

On My Own Books

ταῦτα παρ' αὐτοῖς ἐκείνοις, ἔνια δὲ καὶ ταῖς φυσικαῖς ἐννοίαις ἐναντία, καὶ νὴ τοὺς θεούς, ὅσον ἐπὶ τοῖς διδασκάλοις, εἰς τὴν τῶν Πυρρωνείων ἀπορίαν ἐνεπεπτώκειν ἂν καὶ αὐτός, εἰ μὴ καὶ τὰ κατὰ γεωμετρίαν ἀριθμητικήν τε καὶ λογιστικὴν κατέσχον, ἐν αἷς ἐπὶ πλεῖστον ὑπὸ τῷ πατρὶ παιδευόμενος ἐξ ἀρχῆς προεληλύθειν ἀπὸ πάππου τε καὶ προπάππου διαδεδεγμένῳ τὴν θεωρίαν.

ὁρῶν οὖν οὐ μόνον ἐναργῶς ἀληθῆ φαινόμενά μοι τὰ κατὰ τὰς ἐκλείψεων προρρήσεις ὡρολογίων τε καὶ κλεψυδρῶν κατα-

---

ἀληθής, -ές: unconcealed, true
ἀπορία, ἡ: resourcelessness
ἀριθμητική, ἡ: arithmetic
ἀρχή, ἡ: a beginning
γεωμετρία, ἡ: geometry
διαδέχομαι: to receive
διδάσκαλος, ὁ: a teacher, master
ἔκλειψις, -εως, ἡ: eclipse
ἐμπίπτω: fall upon or into
ἐναντίος, -α, -ον: opposite, opposed to
ἐναργής, -ές: visible, palpable
ἔνιοι, -αι, -α: some
ἔννοια, ἡ: intuition
θεός, ὁ: god
κατέχω: to hold fast, possess

κλεψύδρα, ἡ: a water-clock
λογιστική, ἡ: mathematics
ὁράω: to see
παιδεύω: to bring up educate a child
πατήρ, ὁ: a father
πάππος, ὁ: a grandfather
πλεῖστος, -η, -ον: most, largest
προέρχομαι: to go forward, go on, advance
πρόπαππος, ὁ: a great-grandfather
πρόρρησις, -εως, ἡ: a prediction
Πυρρώνειος, -ον: of Pyrrho
φαίνω: to bring to light, make to appear
φυσικός, -ή, -όν: natural, native
ὡρολόγιον, τό: a sun-dial

ταῦτα: "these (elements of logical theory)"
ἐναντία: "some being *opposed to*" + dat.
νὴ τοὺς θεούς: "by the gods!"
ὅσον ἐπὶ τοῖς διδασκάλοις: "so far as it goes with teachers"
Πυρρωνείων: "the aporia of the Pyrrhonions," who were renowned for their extreme scepticism
ἐνεπεπτώκειν ἄν: plupf. of ἐν-πίπτω, contrafactual, "I myself might have fallen into"
εἰ μὴ ... κατέσχον: ao. in contrafactual protasis, "if I hadn't possessed"
παιδευόμενος: pr. part., "*from being educated* by my father"
προεληλύθειν: plupf. of προ-ἔρχομαι, "I had progressed"
διαδεδεγμένῳ: perf. part. dat. s. of δια-δέχομαι, "my father *having received*"
οὐ μόνον ... μοι: with φαινόμενα, "appearing *not only to me*," i.e. clear to everyone
ἀληθῆ φαινόμενα: pr. part. n. pl. acc. after ὁρῶν, "seeing the truth *appearing*"
τὰ κατά: acc. resp., "the truth *with respect to the things having to do with*" + acc.

σκευὰς ὅσα τ' ἄλλα κατὰ τὴν ἀρχιτεκτονίαν ἐπινενόηται, βέλτιον ᾠήθην εἶναι τῷ τύπῳ τῶν γεωμετρικῶν ἀποδείξεων χρῆσθαι· καὶ γὰρ καὶ αὐτοὺς τοὺς διαλεκτικωτάτους καὶ φιλοσόφους οὐ μόνον ἀλλήλοις ἀλλὰ καὶ ἑαυτοῖς ηὕρισκον διαφερομένους, ἐπαινοῦντας ὅμως ἅπαντας ὡσαύτως τὰς γεωμετρικὰς ἀποδείξεις· «ἀλλήλοις» μὲν λέγω διαφέρεσθαι τοὺς φιλοσόφους ἐν τῇ λογικῇ θεωρίᾳ, τοὺς Περιπατητικούς τε καὶ Στωϊκοὺς καὶ Πλατωνικούς, «ἑαυτοῖς» δὲ πάλιν ἰδίᾳ τοὺς καθ' ἑκάστην αἵρεσιν (μικρὰ μὲν δή πώς ἐστιν ἡ παρὰ τοῖς Περιπατητικοῖς διαφωνία, μεγάλη δὲ παρὰ τοῖς Στωϊκοῖς καὶ Πλατωνικοῖς). κατὰ τοῦτο τοίνυν ἔτι καὶ μᾶλλον ἔγνων δεῖν ἀποστῆναι μὲν

ἀρχιτεκτονία, ἡ: architecture, construction
βελτίων, -ον: better
γεωμετρικός, -ή, -όν: geometrical
διαλεκτικός, -ή, -όν: skilled in logical argument
διαφέρω: to differ
διαφωνία, ἡ: discord, disagreement
ἐπαινέω: to approve, praise
ἐπινοέω: to think on or of, contrive
εὑρίσκω: to find
κατασκευή, ἡ: preparation, construction
μικρός, -η, -ον: small

οἴομαι: to suppose, think
πάλιν: in turn, on the other hand
περιπατητικός, -ή, -όν: Peripatetic, Aristotelian
Πλατωνικός, -ή, -όν: Platonic
πως: somewhat
Στωϊκός, -η, -ον: Stoic
τοίνυν: therefore, accordingly
τύπος, ὁ: a type, kind
χράομαι: to use
ὡσαύτως: in like manner, just so

ὅσα ... ἐπινενόηται: perf. of ἐπι-νοέω, "and whatever is calculated"
ᾠήθην: ao. pas. of οἴομαι, "I supposed" + acc. + inf.
χρῆσθαι: pr. inf. epex. after βέλτιον, "better *to use*" + dat.
αὐτοὺς ... φιλοσόφους: acc. subj. of ηὕρισκον, "I found *these philosophers* differing"
ἀλλήλοις ... ἑαυτοῖς: dat with διαφερομένους, "differing *with each other* and *with themselves*"
διαφερομένους and ἐπαινοῦντας in ind. st. after ηὕρισκον, "I discovered *that they were differing, yet they were praising*"
«ἀλλήλοις» μὲν λέγω ... «ἑαυτοῖς» δὲ: "to differ 'among themselves' I mean... 'with themselves,'" an explanation of the two parts of the previous sentence
ἰδίᾳ: adv., "individually"
ἔγνων: ao., "*I decided* that it was necessary"
ἀποστῆναι: ao. inf. of ἀπο-ἵστημι complementing δεῖν, "necessary *to stand apart from*" + gen.

ὧν ἐκεῖνοι λέγουσιν, ἀκολουθῆσαι δὲ τῷ χαρακτῆρι τῶν γραμμικῶν ἀποδείξεων. ὅσοι τοίνυν ἐθέλουσι κατὰ τὰς γραμμικὰς ἀποδείξεις ἀσκηθῆναι, παιδευθῆναι μὲν αὐτοῖς ἐν ἐκείναις συμβουλεύω, μετ' ἐκείνας δὲ τὴν ἡμετέραν ἀναλέξασθαι Περὶ τῆς Ἀποδείξεως πραγματείαν, ἣν ἐν πεντεκαίδεκα βιβλίοις ἐποιησάμην. ἔγραψα δ' ἄλλα πολλὰ γυμνάζων ἐμαυτόν, ὧν ἔνια μὲν ἀπώλετο κατὰ τὴν γενομένην πυρκαϊάν, ἡνίκα τὸ τῆς Εἰρήνης τέμενος ἐκαύθη, τινὰ δὲ φίλοις δεδομένα διασωθέντα παρὰ πολλοῖς ἐστι νῦν, ὥσπερ καὶ τἆλλα τὰ ἡμέτερα. καὶ μέντοι καὶ τῶν ὑπομνημάτων ὧν ἔγραψα τὰ μὲν ὑπ' ἐμοῦ δοθέντα φίλοις, τὰ

ἀκολουθέω: to follow
ἀναλέγω: to read through
ἀπόλλυμι: to destroy utterly
ἀσκέω: to train
ἀφίστημι: to stand apart from
γραμμικός, -ή, -όν: geometrical
γυμνάζω: to train, exercise
διασῴζω: to preserve
εἰρήνη, ἡ: peace
ἐθέλω: to will, wish to (+ *inf.*)
ἔνιοι, -α,: some

ἡνίκα: at which time, when
καίω: to burn
παιδεύω: to educate
πεντεκαίδεκα: fifteen
πραγματεία, ἡ: a major work
πυρκαϊά, ἡ: a conflagration
συμβουλεύω: to advise, counsel (+ *inf.*)
τέμενος, -εος, τό: a sacred space, temple
τοίνυν: therefore, accordingly
χαρακτήρ, -ῆρος, ὁ: a type, kind

ἀκολουθῆσαι: ao. inf. also complementing δεῖν, "necessary *to follow*" + dat.
ἀσκηθῆναι: ao. pas. inf. complementing ἐθέλουσι, "those who wish *to train*"
παιδευθῆναι: ao. pas. inf. complementing συμβουλεύω, "I counsel them *to be educated*"
ἐν ἐκείναις ... μετ' ἐκείνας: "in these (geometrical) things ... and after these"
ἀναλέξασθαι: ao. mid. of ἀνα-λέγω also after συμβουλεύω, "I counseled them *to read through*"
γυμνάζων: "for exercising myself"
ἀπώλετο: ao., "some of which *were lost*"
τὸ τῆς Εἰρήνης τέμενος: "the temple of Peace" built by Vespasian in 75 CE
ἐκαύθη: ao. pas. of καίω, "was burned" (in the fire of 192)
δεδομένα: perf. part. nom. pl., "some books *having been given*"
διασωθέντα: ao. pas. part. nom. pl., "having been saved"
ὧν: gen. by attraction, "of the commentaries *which* I wrote"
δοθέντα: ao. pas., "some *having been given*"

δ' ὑπὸ τῶν οἰκετῶν κλεψάντων ἐκδοθέντα παρ' ἄλλων ἔλαβον ὕστερον· ἔστι δ' ἐν αὐτοῖς τρία μὲν εἰς τὸ Περι Ἑρμηνειας Ἀριστοτέλους, τέτταρα δ' εἰς τὸ πρότερον τῶν περὶ συλλογισμῶν, καθάπερ γε καὶ εἰς τὸ δεύτερον ἴσα τὸν ἀριθμόν· ἐπιγράφουσι δ' αὐτὰ σχεδὸν ἅπαντες οἱ νῦν Ἀναλυτικῶν Προτερων, ὥσπερ γε καὶ Δευτερων τὰ περὶ τῆς ἀποδείξεως. αὐτὸς δ' ὁ Ἀριστοτέλης τῶν μὲν προτέρων ὡς Περι Συλλογισμου γεγραμμένων αὐτῷ μέμνηται, τῶν δὲ δευτέρων ὡς Περι Ἀποδειξεως, ὧν ἐστι καὶ αὐτῶν ὑπομνήματα διασῳζόμενα τῶν ἐμῶν, εἰς μὲν τὸ πρότερον ἕξ, εἰς δὲ τὸ δεύτερον πέντε. τούτων τῶν ὑπομνημάτων

ἀναλυτικός, -ή, -όν: analytical
ἀριθμός, ὁ: number
διασῴζω: to preserve through
ἐκδίδωμι: to circulate, publish
ἐμός, -ή, -όν: mine
ἐπιγράφω: to engrave, entitle
ἑρμηνεία, ἡ: interpretation, explanation

ἴσος, -η, -ον: equal to, the same as
κλέπτω: to steal
μιμνήσκω: to remind
οἰκέτης, -ου, ὁ: a house-slave, menial
συλλογισμός, ὁ: syllogism
σχεδόν: nearly
ὕστερον: (*adv.*) later

κλεψάντων: ao. part., "by servants *who had stolen them*"
ἐκδοθέντα: ao. pas. part., "others *having been circulated*"
περὶ ἑρμηνείας: *On Interpretation* was the second of the six works comprising Aristotle's *Organon*, the, "tool-box" of logic
ἴσα τὸν ἀριθμόν: "the same number (of books)" i.e. four
ἅπαντες οἱ νῦν: "nearly *everyone today*"
Ἀναλυτικῶν Προτερων ... Δευτερων: the *Prior Analytics* and the *Posterior Analytics* of Aristotle, the third and fourth works of the Aristotle's *Organon*.
τῶν προτέρων ... γεγραμμένων: perf. part. used substantively, "of the prior (works) written" i.e. of the *Prior Analytics*
ὡς περὶ συλλογισμοῦ: i.e. Aristotle called it *On Syllogisms*
αὐτῷ μέμνηται: perf. of μιμνήσκω, "reminded himself of" i.e., made mention of" + gen.
τῶν δὲ δευτέρων: gen. also after μέμνηται, "but of the posterior (analytics)"
ὡς περὶ ἀποδείξεως: A. called his work *On Demonstrations*
εἰς μὲν ... εἰς δὲ: "*on the* first book, six volumes ... *on the* second, five volumes"

ἁπάντων οὐδὲν ὡς πρὸς ἔκδοσιν ἐγράφη, καθάπερ οὐδὲ τὰ ἓξ εἰς τὸ Θεοφράστου βιβλίον, ὃ Περι Καταφασεως και Αποφασεως ἔγραψε (τὰ δ᾽ εἰς τὸ Περι Λεξεως Εὐδήμου πρότερον ἑταίροις ἀξιώσασιν ἐποιησάμην): τοῦ δὲ τῶν Δεκα Κατηγοριων οὐκ ἐποιησάμην οὔτ᾽ ἐμαυτῷ τι τοιοῦτον ὑπόμνημα πρόσθεν οὔθ᾽ ἑτέροις ἔδωκα, καὶ διὰ τοῦθ᾽ ὕστερόν ποτε τῶν ἑταίρων τινὶ δεηθέντι ὑπομνήματ᾽ ἔχειν περιέχονθ᾽, ὅσα ἀνήκουσιν εἰς τὰς τῶν ἐν αὐτῷ ζητουμένων λύσεις, ἐποιησάμην καὶ κοινωνεῖν ἐκέλευσα τῶν ὑπομνημάτων ἐκείνοις μόνοις τοῖς ἀνεγνωκόσι

ἀνήκω: to be appropriate to
ἀξιόω: to request
ἀπόφασις, -εως, ἡ: a denial
δέομαι: to ask
ἔκδοσις, -εως, ἡ: a publication
ἑταῖρος, ὁ: a companion
ζητέω: to seek,
κατάφασις, -εως, ἡ: affirmation
κατηγορία, ἡ: a category

κελεύω: to order
κοινωνέω: to share
λέξις, -εως, ἡ: speech
λύσις, -εως, ἡ: a loosing, solution
περιέχω: to encompass
ποιέω: to do, make
πρόσθεν: before
ὕστερον: (*adv.*) later

ὡς πρὸς ἔκδοσιν: indicating an alleged purpose, "as though for (official) publication"
ἐγράφη: ao. pas., "none *was written*"
καθάπερ οὐδὲ: "*in the same way neither* the six volumes"
Θεοφράστου: Theophrastus of Eresos (371-287 BCE), a student of Aristotle and his successor as head of the Peripatetic School.
Εὐδήμου: Eudemus of Rhodes (370-300 BCE), student of Aristotle and editor of his works.
ἀξιώσασιν: ao. part. dat. pl., "for companions *who requested* it"
τοῦ δὲ τῶν δέκα κατηγοριῶν (sc. περί): "about the (book) of the *Ten Categories*," the first work of Aristotle's *Organon*.
οὔτ᾽ ἐμαυτῷ ... οὔθ᾽ ἑτέροις: "neither for myself ... nor for others"
τινὶ δεηθέντι: ao. pas. part. dat., "to someone who had asked" + inf.
ἔχειν: pr. inf. after δεηθέντι, "asked *to have*"
περιέχονθ᾽: pr. part. n. pl. agreeing with ὑπομνήματ᾽, "commentary *containing*"
ὅσα ἀνήκουσιν: obj. cl. after περιέχοντα, "containing *whatever things are appropriate*"
εἰς τὰς ... λύσεις: "appropriate *to the solutions*"
ζητουμένων: pr. part. gen. pl., "of the questions posed"
κοινωνεῖν: pr. inf. with ἐκέλευσα, "I ordered them *to share* X (gen.) with Y (dat.)"
τοῖς ἀνεγνωκόσι: perf. part. dat., "with those only *who have read*"

Galen

παρὰ διδασκάλῳ τὸ βιβλίον ἢ πάντως γε προεισηγμένοις δι᾽ ἑτέρων ἐξηγητικῶν, ὁποῖα τά τ᾽ Ἀδράστου καὶ Ἀσπασίου ἐστίν. ἔτι δὲ παῖς ὢν ἡνίκα πρῶτον ὁ πατήρ μέ τινι τὴν λογικὴν θεωρίαν Χρυσίππου τε καὶ τῶν ἐνδόξων Στωϊκῶν διδάξαντι παρέδωκεν, ἐποιησάμην ἐμαυτῷ τῶν Χρυσίππου συλλογιστικῶν βιβλίων ὑπομνήματα καὶ ταῦθ᾽ ὕστερον ἐφάνησαν ἔχοντές τινες ἐν Περγάμῳ μὲν καταλειφθέντα μετὰ πολλῶν ὑπομνημάτων, ἃ μειράκιον ὢν ἐποιησάμην, δοθέντα δ᾽ ὑπ᾽ οἰκέτου τισὶ τῶν αἰτησάντων. ἃ δ᾽ ἐγὼ μετὰ τὴν Περὶ τῆς Ἀποδείξεως πραγ-

---

αἰτέω: to ask, beg
Ἄδραστος, ὁ: Adrasus
Ἀσπασίος, ὁ: Aspasius
διδάσκαλος, ὁ: a teacher, master
ἐξηγητικός, -ή, -όν: of or for interpretation
ἔνδοξος, -ον: of high repute
ἡνίκα: at which time, when
καταλείπω: to leave behind
μειράκιον, τό: a boy
οἰκέτης, -ου, ὁ: a house-slave
ὁποῖος: of what sort or quality
παῖς, ὁ: a child

παραδίδωμι: to hand over to another
πατήρ, ὁ: a father
πάντως: altogether
Πέργαμον: Pergamum, the home town of Galen
πραγματεία, ἡ: a major work
προεισάγω: to introduce before
Στωϊκός, -η, -ον: Stoic
συλλογιστικός, -ή, -όν: syllogistic
φαίνω: to bring to light, make to appear
Χρύσιππος, ὁ: Chrysippus

τὸ βιβλίον: i.e. *The Categories*
προεισηγμένοις: perf. part. dat. of προ-εις-άγω, "with those who have been already introduced"
δι᾽ ἑτέρων ἐξηγητικῶν: "through other exegetical (works)"
Ἀδράστου: Adrastus of Aphrodisias (2nd C CE), a Peripatetic philosopher
Ἀσπασίου: Aspasius (80-150 CE), a Peripatetic philosopher, whose commentary on the *Nicomachean Ethics* is the earliest surviving commentary on Aristotle
Χρυσίππου: Chrysippus of Soli (3C BCE), a famous Stoic philosopher
τινι ... διδάξαντι: ao. part. dat. after παρέδωκεν, "handed me over *to someone who taught*"
ἐφάνησαν: ao. pas., "some possessing them *brought to light* these (commentaries)"
καταλειφθέντα: ao. pas. part. of κατα-λείπω, "having been left behind"
μειράκιον ὢν: pr. part., "being a boy"
δοθέντα: ao. pas. part., "having been given out to" + dat.
αἰτησάντων: ao. part., "to some *of those who asked*"
ἃ δ᾽ ἐγώ ... ἔγραψα: "which I wrote," the antecedent of ἃ is ταῦτα at the end of the sentence

ματείαν ἔγραψα πλατύτερον ἐξειργασμένα τῶν ἐν ἐκείνοις συντόμως εἰρημένων, ταῦτ' ἐστί: Περι των Αναγκαιων εις τας Αποδειξεις ἕν: Περι των Παραλειπομενων Προτασεων ἑν τῇ Λεξει των Αποδειξεων ἕν: Περι των Ισοδυναμουσων Προτασεων ἕν: Περι των κατα το «Διοτι» Αποδειξεων ἕν: Περι του των Συλλογισμων Αριθμου ἕν: Περι Παραδειγματος δύο: Περι Επαγωγης ἕν: Περι Εικινος ἕν: Περι Ομοιοτητος τρία: Περι των Εξ Υποθεσεων Αρχων ἕν: Περι των κατα το Γενος και το Ειδος και των Συζυγουντων αυτοις Σημαινομενων Ημιν κατα την Αυτοματον Φωνην ἕν: Περι του Δυνατου: Περι των Πολλαχως Λεγομενων τρία: Περι των Εν ταις Τεχναις Κοινων και

ἀναγκαῖος, -α, -ον: necessary
ἀριθμός, ὁ: number
ἀρχή, ἡ: a beginning
αὐτόματος, -η, -ον: spontaneous
γένος, -ους, τό: genus
διότι: for the reason that, since
δυνατός, -ή, -όν: possible
εἶδος, -εος, τό: species
εἰκών, -όνος, ἡ: simile, likeness
ἐξεργάζομαι: to work out to perfection
ἐπαγωγή, ἡ: induction
ἰσοδυναμέω: to have equal power
κοινός, -ή, -όν: common

λέξις, -εως, ἡ: a speaking
ὁμοιότης, -ητος, ἡ: likeness, resemblance
παραλείπω: to leave behind, omit
παράδειγμα, -ατος, τό: an example
πλατύς, -εῖα, -ύ: wide, broad
πολλαχῶς: in many ways
πρότασις, -εως, ἡ: a proposition, premiss
σημαίνω: to indicate, point out
συζυγέω: to join together
συλλογισμός, ὁ: computation
σύντομος, -ον: a short
ὑπόθεσις, -εως, ἡ: hypothesis, supposition
φωνή, ἡ: a sound, voice, speech

πλατύτερον: adv., "in greater detail"
ἐξειργασμένα: perf. part. n. pl. agreeing with ἃ ... ταῦτα, "things worked out"
τῶν ... εἰρημένων: perf. part. of λέγω, "of the things said"
ἐν ἐκείνοις: i.e. in *Logical Demonstrations*
παραλειπομένων: pr. part. pas., "on *omitted* premises"
ἰσοδυναμουσῶν: "on *equally valid* premises"
κατὰ τὸ διότι: "on proofs *with 'because' in them*"
συζυγούντων: pr. part., "*and things joined* to them," i.e. to 'species' and 'genus'
κατὰ τὴν αὐτόματον φωνὴν: "in ordinary speech"
πολλαχῶς: "in more than one sense"

Ἰδίων ἕν: Περὶ τῶν Ἑαυτοὺς Περιτρεπόντων Λόγων ἕν: Περὶ τῶν Ἐνδεχομένων Προτάσεων ἕν: Περὶ τῶν Ἐκ Μικτῶν Προτάσεων Συλλογισμῶν ἕν: Ὅπως Χρὴ Διακρίνειν τὴν Πραγματικὴν Ζήτησιν τῆς κατ' Ὄνομα καὶ Σημαινόμενον ἕν: Περὶ Κλειτομάχου καὶ τῶν τῆς Ἀποδείξεως αὐτοῦ Λύσεων ἕν: Περὶ τοῦ Κοινοῦ Λόγου δύο: Περὶ τῆς Ἀρίστης Διδασκαλίας πρὸς Φαβωρῖνον: Ὑπὲρ Ἐπικτήτου πρὸς Φαβωρῖνον ἕν: Περὶ Χρείας Συλλογισμῶν: Περὶ τῆς Ἀρίστης Αἱρέσεως ἕν: Περὶ Ὀνομάτων Ὀρθότητος τρία: Περὶ τοῦ τῶν Ὄντων Ἕκαστον Ἕν τ' Εἶναι καὶ Πολλά: Περὶ τοῦ Ὅτι τοῖς Ἀντικειμένοις Ἓν καὶ Ταὐτὸν

ἀντίκειμαι: to be opposite, contradictory
διακρίνω: to separate, distinguish
διδασκαλία, ἡ: teaching, instruction
ἐνδέχομαι: to receive, accept
ζήτησις, -εως, ἡ: inquiry
κοινός, -ή, -όν: common
λύσις, -εως, ἡ: a solution
μικτός, -ή, -όν: mixed, blended, compound
ὀρθότης, -ητος, ἡ: correctness
ὄνομα, τό: name

περιτρέπω: to reverse, contradict
πραγματικός, -ή, -όν: practical
πρότασις, -εως, ἡ: a proposition, premiss
σημαίνω: to indicate
συλλογισμός, ὁ: syllogism
ταυτός, -ή, -όν: identical
Φαβωρῖνος, ὁ: Favorinus
χρεία, ἡ: use
χρή: it is necessary

περιτρεπόντων: pr. part., "arguments *undermining* themselves"
ἐνδεχομένων: pr. part., "on *acceptable* premises"
τῆς (sc. ζητήσεως) κατ' ὄνομα: gen. after διακρίνειν, "to distinguish practical inquiry from verbal (inquiry)"
σημαινόμενον: pr. part., "indicating" i.e. merely *semantic* inquiry
Κλειτομάχου: Clitomachus of Carthage (187-110 BCE), a member of the skeptic school
Φαβωρῖνον: Favorinus of Arelate, a sophist and philosopher contemporary to Galen
Ἐπικτήτου: Epictetus (55-135), a famous Stoic philosopher
τοῦ ... εἶναι: art. inf. gen., "on each thing *being*"
ἕκαστον: acc. subj. of εἶναι, "*each* of existing things"
ἕν τε ... καὶ πολλά: pred., "both one and many"
περὶ τοῦ: "about the (proposition) that..., "
τοῖς ἀντικειμένοις: pr. part. dat. after ἀκολουθεῖν, "to follow from *opposites*"

ἘΞ ἈΝΑΓΚΗΣ ἈΚΟΛΟΥΘΕΙΝ ἈΔΥΝΑΤΟΝ ἘΣΤΙΝ ἕν: ΠΕΡΙ ΤΗΣ ἈΠΟΔΕΙΚΤΙΚΗΣ ΕὙΡΕΣΕΩΣ ἕν: ΔΙΑΛΟΓΟΙ ΠΡΟΣ ΦΙΛΟΣΟΦΟΝ ἸΔΙΩΣ ΠΕΡΙ ΤΟΥ ΚΑΤΑ ΤΑΣ ΚΟΙΝΑΣ ἘΝΝΟΙΑΣ: ΠΡΟΣ ΤΟΥΣ ἘΠΗΡΕΑΣΤΙΚΩΣ ἈΚΟΥΟΝΤΑΣ ΤΩΝ ὈΝΟΜΑΤΩΝ ἕν: ΠΕΡΙ ΤΗΣ ΤΩΝ ΤΕΧΝΩΝ ΣΥΣΤΑΣΕΩΣ τρία: ΠΕΡΙ ΤΩΝ ΣΗΜΑΙΝΟΜΕΝΩΝ ἘΚ ΤΗΣ ΚΑΤ᾽ ΕἸΔΟΣ ΚΑΙ ΓΕΝΟΣ ΦΩΝΗΣ ΚΑΙ ΤΩΝ ΠΑΡΑΚΕΙΜΕΝΩΝ ΑΥΤΟΙΣ: ΣΥΝΟΨΙΣ ΤΗΣ ἈΠΟΔΕΙΚΤΙΚΗΣ ΘΕΩΡΙΑΣ ἕν: ΠΕΡΙ ΤΗΣ ΚΡΙΣΕΩΣ ΤΩΝ ΔΙΑΦΩΝΟΥΝΤΩΝ ἘΝ ΤΟΙΣ ΔΟΓΜΑΣΙΝ: ὍΤΙ ΤΗΣ ΠΡΩΤΗΣ ΟΥΣΙΑΣ ἈΧΩΡΙΣΤΟΣ Ἡ ΠΟΣΟΤΗΣ ἕν: ΠΕΡΙ ΤΗΣ ΔΙ᾽ ἈΔΥΝΑΤΟΥ ἈΠΟΔΕΙΞΕΩΣ ἕν: ΠΕΡΙ ΤΩΝ ἝΝΕΚΑ ΤΟΥ ΓΙΓΝΟΜΕΝΩΝ ἕν: ΠΕΡΙ ΤΗΣ ΚΑΤ᾽ ὌΝΟΜΑ ΚΑΙ ΣΗΜΑΙΝΟΜΕΝΟΝ ΖΗΤΗΣΕΩΣ.

ἀδύνατος, -ον: impossible (+ *inf.*)
ἀκολουθέω: to follow
ἀνάγκη, ἡ: necessity
ἀποδεικτικός, -ή, -όν: affording proof, demonstrative
ἀχώριστος, -ον: indivisible
γένος, -ους, τό: genus
γίγνομαι: to happen
διαφωνέω: to be dissonant
διάλογος, ὁ: a conversation, dialogue
εἶδος, -εος, τό: species
ἕνεκα: on account of, for the sake of
ἔννοια, ἡ: intuition
ἐπηρεαστικῶς: insolently

εὕρεσις, -εως, ἡ: a finding, discovery
ζήτησις, -εως, ἡ: a seeking
ἰδίως: privately
κοινός, -ή, -όν: common
κρίσις, -εως, ἡ: a power of distinguishing
οὐσία, ἡ: substance
ὄνομα, τό: a name, word
παράκειμαι: to lie beside
ποσότης, -ητος, ἡ: quantity
σημαίνω: to indicate, make known
σύνοψις, -εως, ἡ: a general view
σύστασις, -εως, ἡ: a composition
φωνή, ἡ: a sound, expression

ἀκολουθεῖν: pr. inf. epex. after ἀδύνατόν, "it is impossible that one and the same thing *follows logically*," with acc. subj. ἓν καὶ ταὐτόν, "one and the same thing"
τοὺς ... ἀκούοντας: pr. part., "those hearing," i.e. interpreting + gen.
τῶν σημαινομένων: pr. part. pas., "on the things *signified*"
ἐκ τῆς ... φωνῆς καὶ τῶν παρακειμένων: "*from the expression and the things related* to those words"
κατ᾽ εἶδος καὶ γένος: "according to *species* and *genus*"
ἕνεκά του: "for some reason or purpose"
τῶν γιγνομένων: pr. part., "the things that happen"

XII. Περὶ τῶν τῆς ἠθικῆς φιλοσοφίας βιβλίων.

Περὶ τῶν τῆς ἠθικῆς φιλοσοφίας ἐζητημένων ὅσα μοι δοκεῖ, διὰ τῶν ὑπογεγραμμένων βιβλίων ἀπεφηνάμην: Περι των Ἰδιων Ἑκαστῳ Παθων και Ἁμαρτηματων της Διαγνωσεως δύο: Περι Ἠθων τέτταρα: Προς τον Φαβωρινον κατα Σωκρατους: Περι Ἀλυπιας ἕν, Περι του κατα Φιλοσοφιαν Τελους ἕν: Περιτης των Ἐπιδεικνυμενων προς τους Ἀκουοντας Συνουσιας ἕν: Περι των Ἀναγιγνωσκοντων Λάθρα ἕν: Περι Ἁμαρτηματων και Κολασεως Ἰσοτητος ἕν: Περι Παραμυθιας ἕν: Περι της Ἐν Αυλῇ Μεναρχου Διατριβης προς Βακχιδην και Κυρον ἕν: Περι

ἀλυπία, ἡ: freedom from pain or grief
ἁμάρτημα, -ατος, τό: a failure
ἀποφαίνω: to display, produce
αὐλή, ἡ: courtyard
Βακχίδης, ὁ: Bacchides
διατριβή, ἡ: a diatribe
διάγνωσις, -εως, ἡ: a diagnosis
ζητέω: to seek, seek for
ἠθικός, -ή, -όν: ethical, moral
ἦθος, -εος, τό: moral behavior, ethics
ἰσότης, -ητος, ἡ: equivalence

κόλασις, -εως, ἡ: punishment
Κῦρος, ὁ: Cyrus
λάθρη, -α: secretly
Μενάρχος, ὁ: Menarchus
παραμυθία, ἡ: encouragement
πάθος, τό: affection
συνουσία, ἡ: social intercourse, relationship
Σωκράτης, ὁ: Socrates
τέλος, -εος, τό: an end, goal
ὑπογράφω: to write below
Φαβωρῖνος, ὁ: Favorinus

Most of these moral works are not extant. A Greek text of περὶ ἀλυπίας was recently discovered and published in 2007 in the Budé series.

ἐζητημένων: perf. part., "about *the things questioned*" i.e. the matter of inquiry
ὅσα μοι δοκεῖ: "what I think"
ὑπογεγραμμένων: perf. part., "the books *written down below*"
ἀπεφηνάμην: ao. mid. of ἀπο-φαίνω, "I made clear"
περὶ ... τῆς διαγνώσεως: "about the diagnosis"
ἰδίων: "affections *particular to*" + dat.
κατὰ Σωκράτους: "against Socrates"
ἐπιδεικνυμένων: pr. part., "of those making demonstrations'

ΤΗΣ ἘΝ ΤΟΙΣ ΔΙΑΛΟΓΟΙΣ ΣΥΝΟΥΣΙΑΣ *ἕν*: ΠΡΟΣ ΤΟΥΣ ἈΓΟΡΑΙΟΥΣ ῬΗΤΟΡΑΣ *ἕν*: ΠΕΡΙ ἩΔΟΝΗΣ ΚΑΙ ΠΟΝΟΥ *ἕν*: ΠΕΡΙ ΤΩΝ ἈΚΟΛΟΥΘΩΝ ἙΚΑΣΤῼ ΤΕΛΕΙ ΒΙΩΝ *ἕν*: ΠΕΡΙ ΤΩΝ ΔΗΜΟΣΙᾼ ῬΗΘΕΝΤΩΝ ΠΡΟΣ ΤΟΥΣ ἈΠΟ ΤΩΝ ΑΙΡΕΣΕΩΝ *ἕν*: ΠΕΡΙ ὉΜΟΝΟΙΑΣ *ἕν*: ΠΕΡΙ ΑΙΔΟΥΣ *δύο*: ΠΕΡΙ ΤΩΝ ΔΗΜΟΣΙᾼ ῬΗΘΕΝΤΩΝ ΚΑΤΑ ΚΟΛΑΚΩΝ *δύο*: ΠΕΡΙ ΤΗΣ ΔΙΑΒΟΛΗΣ, *ἐν ᾧ καὶ περὶ τοῦ ἰδίου βίου*: ΚΡΟΝΙΣΚΟΙ *ἑπτὰ ἐν ἑνί*: ΠΕΡΙ ΤΩΝ ἘΠΙ ΠΕΡΤΙΝΑΚΟΣ ΔΗΜΟΣΙᾼ ῬΗΘΕΝΤΩΝ *ἕν*: ΜΕΧΡΙ ΠΟΣΟΥ ΤΗΣ ΠΑΡΑ ΤΟΙΣ ΠΟΛΛΟΙΣ ΤΙΜΗΣ ΚΑΙ ΔΟΞΗΣ ΦΡΟΝΤΙΣΤΕΟΝ ἘΣΤΙΝ: ΠΕΡΙ ΔΙΑΘΗΚΩΝ ΠΟΙΗΣΕΩΣ.

ἀγοραῖος, -ον: in, of, or belonging to the forum
αἰδώς, -οῦς: a sense of shame, self-respect
ἀκόλουθος, -ον: following, attending on
βίος, ὁ: life
δημοσίᾳ: publicly
διαβολή, ἡ: false accusation, slander
διαθήκη, ἡ: a disposition, will
διάλογος, ὁ: a dialogue
δόξα, ἡ: opinion, reputation
ἑπτά: seven
ἡδονή, ἡ: pleasure
κόλαξ, -ακος, ὁ: a flatterer, fawner

Κρονίσκος, ὁ: an obscure term for a kind of composition
μέχρι: up to (+ *gen.*)
ὁμόνοια, ἡ: unity, concord
Περτίναξ, -ακος, ὁ: Pertinax
ποίησις, -εως, ἡ: a making, creation
πόνος, ὁ: work
πόσος, -η, -ον: how much?
ῥήτωρ, -ορος, ὁ: a public speaker
συνουσία, ἡ: social intercourse, attendance
τέλος, -εος, τό: purpose, end
τιμή, ἡ: honor
φροντίζω: to consider

συνουσίας: "on *the relationship* towards (πρὸς)"
τοὺς ἀκούοντας: "the hearers," i.e. one's audience
περὶ ... ἰσότητος: "about the equivalence" i.e. equity or appropriateness
τῶν ἀκολούθων: "on the consequences"
ῥηθέντων: ao. pas. part. of ἐρέω, "of things spoken"
τοὺς ἀπὸ τῶν αἱρέσεων: "those who are from the sects" i.e. adherents of a sect
κατὰ κολάκων: "against flatterers"
ἐν ᾧ (sc. βιβλίῳ): "in which (book)"
τοῦ ἰδίου βίου: "about my own life"
ἑπτὰ ἐν ἑνί: "seven *kroniskoi* in one volume," an obscure genre
Περτίνακος: Pertinax, emperor for three months in 193
μέχρι πόσου: "up to how much"
φροντιστέον: verbal adj. of φροντίζω, used periphrastically with ἐστίν, "it ought to be considered" + gen.

XIII. Τὰ πρὸς τὴν Πλάτωνος φιλοσοφίαν ἀνήκοντα.

Περι της Πλατωνος Αιρεσεως ἕν: Περι των Ἐν τῳ Πλατωνος Τιμαιῳ Ἰατρικως Ειρημενων Ὑπομνηματα τέτταρα: Προς τους Ἐταιρους Ἢ Πλατων: Περι των Ἰδιων Δοξαντων τρία: Περι της κατα Πλατωνα Λογικης Θεωριας: Πλατωνικων Διαλογων Συνοψεως ὀκτώ: Περι των Ἐν Φιληβῳ Μεταβασεων ἕν: Περι των της Ψυχης Μερων και Δυναμεων τρία: Ὅτι ταις του Σωματος Κρασεσιν αι της Ψυχης Ἕπονται Δυναμεις: Περι των Ἱπποκρατους και Πλατωνος Δογματων ἐννέα.

XIV. Περὶ τῶν πρὸς τὴν Ἀριστοτέλους φιλοσοφίαν ἀνηκόντων.

Εἰς τὸ Περι Ἑρμηνειας ὑπομνήματα τρία: Προτερων Ἀναλυτικων τοῦ προτέρου ὑπομνήματα τέτταρα, τοῦ δευτέρου τέτταρα, Δευτερων δὲ τοῦ προτέρου ἕξ, τοῦ δευτέρου ὑπομνήματα πέντε: εἰς τὰς Δεκα Κατηγοριας ὑπομνήματα

ἀναλυτικός, -ή, -όν: analytical
ἀνήκω: to be related, be concerned with (πρός)
Ἀριστοτέλης, ὁ: Aristotle
διάλογος, ὁ: a conversation, dialogue
ἕπομαι: to follow
ἑρμηνεία, ἡ: interpretation, explanation
ἑταῖρος, ὁ: a comrade, companion, mate
Ἱπποκράτης, ὁ: Hippocrates
κατηγορία, ἡ: category

κρᾶσις, -εως: a mixture
μετάβασις, -εως, ἡ: analogy
Πλάτων, -ωνος, ὁ: Plato
Πλατωνικός, -η, -ον: Platonic
σύνοψις, -εως, ἡ: a general view
σῶμα, τό: a body
Τιμαῖος, ὁ: Timaeus, a Platonic dialogue
Φιλήβος, ὁ: Philebus, a Platonic dialogue
ψυχή, ἡ: soul

εἰρημένων: perf. part. of λέγω, "of the things said"
τῶν ἰδίων δοξάντων: ao. part., "about *those having their own opinions*"
ταῖς ... κράσεσιν: dat. after ἕπονται, "follow *the mixtures of the body*"
τοῦ προτέρου ... τοῦ δευτέρου: "on the first book ... on the second book"
δευτέρων δὲ τοῦ προτέρου: "six (books) *on the first book of* The Posterior (Analytics)"
τοῦ δευτέρου ... πέντε: "*five on the second* (book of The Posterior Analytics)"

τέτταρα: εἰς τὸ Περι Καταφασεως και Ἀποφασεως Θεοφραστου ὑπομνήματα ἕξ: εἰς τὸ Περι του Ποσαχως ὑπομνήματα τρία: εἰς τὸ Πρωτον Κινουν Ἀκινητον Αυτο: εἰς τὸ Περι Λεξεως Ευδημου ὑπομνήματα τρία: περὶ τῶν Κατα το «Διοτι» Ἀποδειξεων ἕν: Περι των Ἐκ Μικτων Προτασεων Συλλογισμων ἕν: Περι των παρα την Λεξιν Σοφισματων.

XV. Τὰ πρὸς τὴν τῶν Στωϊκῶν φιλοσόφων διαφέροντα.

Περι της κατα Χρυσιππον Λογικης Θεωριας τρία: Της Χρυσιππου Συλλογιστικης Πρωτης ὑπομνήματα τρία, Δευτερας ἕν: Περι της Λογικης Δυναμεως και Θεωριας ἑπτά: Περι της Χρειας των εις τους Συλλογισμους Θεωρηματων πρῶτον καὶ δεύτερον: Ὅτι ἡ Γεωμετρικη Ἀναλυτικη Ἀμεινων της των Στωικων ἕν:

ἀκίνητος, -ον: unmoved, motionless
ἀμείνων, -ον: better (+ *gen.*)
ἀναλυτική, ἡ: analytical science
ἀπόφασις, -εως, ἡ: denial
γεωμετρικός, -ή, -όν: geometrical
διότι: for the reason that, because
ἑπτά: seven
κατάφασις, -εως, ἡ: affirmation
κινέω: to set in motion, to move
λέξις, -εως, ἡ: speech
μικτός, -ή, -όν: mixed
ποσαχῶς: in how many ways?
πρότασις, -εως, ἡ: a proposition, the premiss
σόφισμα, -ατος, τό: sophism
συλλογισμός, ὁ: a syllogism
συλλογιστικός, -ή, -όν: syllogistic
χρεία, ἡ: use of (+ *gen.*)
Χρύσιππος, ὁ: Chrysippus

περὶ τοῦ ποσαχῶς: "On the Number of Different Ways"
πρῶτον κινοῦν: pr. part., "the first mover"
κατὰ τὸ διότι: "proofs *using 'because'*"
τῆς (sc. ἀναλυτικῆς) τῶν Στωϊκῶν: gen. after ἀμείνων, "better than *the (analytical science) of the Stoics*"

XVI. Τὰ πρὸς τὴν Ἐπικούρου φιλοσοφίαν ἀνήκοντα.}

Περι της κατ' Επικουρον Ευδαιμονος και Μακαριου Βιου δύο: Περι της κατ' Επικουρον Αμαυρουμενης Ηδονης: Ὅτι τα Ποιητικα της Ηδονης Ελλιπως Επικουρῳ Λελεκται ἕν: Περι της Ηδονικης Αιρεσεως: Ει ἡ Φυσιολογια Χρησιμος εις την Ηθικην Φιλοσοφιαν ἕν: περὶ τῶν Προς τους Σοφιστας ἐννέα Μητροδώρου: Επιστολη προς Κελσον Επικουρειον: Επιστολη Πουδεντιανου Επικουρειου.

ἀμαυρόω: to make dim, faint
βίος, ὁ: life
ἐλλιπῶς: defectively
Ἐπικούρειος, -ον: Epicurean
Ἐπίκουρος, ὁ: Epicurus
ἐπιστολή, ἡ: a message, command
εὐδαίμων, -ον: happy
ἠθικός, -ή, -όν: ethical, moral
ἡδονή, ἡ: pleasure

ἡδονικός, -ή, -όν: for pleasure, hedonistic
Κέλσος, ὁ: Celsus
μακάριος, -α, -ον: blessed
Μητροδώρος, ὁ: Metrodorus
ποιητικός, -ή, -όν: productive
Πουδεντιανός, ὁ: Pudentianus
σοφιστής, -οῦ, ὁ: a sophist
φυσιολογία, ἡ: inquiry into natural causes
χρήσιμος, -η, -ον: useful

Ἐπίκουρον: Epicurus (341-270 BCE), founder of his eponymous school of philosophy
ἀμαυρουμένης: pr. part., "*diminished* pleasure"
τὰ ποιητικὰ: "the efficient causes"
Ἐπικούρῳ: dat. of agent after λέλεκται, "by Epicurus"
λέλεκται: perf. pas. of λέγω, "have been described"
χρήσιμος: pred., "is *useful*"
τῶν ... ἐννέα: "on the seven (books)"
Μητροδώρου: Metrodorus of Lampsacus (331-287 BCE), a major proponent of Epicureanism
Κέλσον: Celsus the Epicurean (2nd. CE)

XVII. Τὰ τοῖς γραμματικοῖς καὶ ῥήτορσι κοινά.

τῶν παρὰ τοῖς Ἀττικοῖς συγγραφεῦσιν ὀνομάτων τεσσαράκοντα ὀκτώ: Τῶν παρ' Εὐπολιδι Πολιτικῶν Ὀνοματων τρία: Τῶν παρ' Ἀριστοφανει Πολιτικῶν Ὀνοματων πέντε: Τῶν παρα Κρατινῳ Πολιτικῶν Ὀνοματων δύο: Τῶν Ἰδιων Κωμικῶν Ὀνοματων Παραδειγματα ἕν: Ει Χρησιμον Ἀναγνωσμα τοις Παιδευομενοις Ἡ Παλαια Κωμῳδια: Προς τους Ἐπιτιμωντας τοις Σολοικιζουσι τῃ Φωνῃ ἕξ: Ἀττικων Παρασημος ἕν: Περι Σαφηνειας και Ἀσαφειας: Ει Δυναται τις Ειναι Κριτικος και Γραμματικος ἕν.

ἀνάγνωσμα, τό: a reading
Ἀριστοφάνης, ὁ: Aristophanes
ἀσάφεια: indistinctness, obscurity
Ἀττικός, -ή, -όν: Attic, Athenian
γραμματικός, ὁ: a grammarian
ἐπιτιμάω: to criticize
Εὔπολις, ὁ: Eupolis
Κρατῖνος, ὁ: Cratinus
κριτικός, ὁ: literary critic
κωμικός, -ή, -όν: comic
κωμῳδία, ἡ: a comedy
ὄνομα, τό: name, word
παιδεύω: to educate
παλαιός, -ά, -όν: old
παράδειγμα, -ατος, τό: example
παράσημος, -ον: inauthentic
πολιτικός, -ή, -όν: political
σαφήνεια, ἡ: distinctness, perspicuity
σολοικίζω: to commit a solecism
συγγραφεύς, -έως, ὁ: prose writer
τεσσαράκοντα: forty
φωνή, ἡ: a sound, speech
χρήσιμος, -η, -ον: useful

τῶν ... ὀνομάτων: 48 (books) *of words*
συγγραφεῦσιν: dat. pl., "among Attic *prose writers*"
Εὐπόλιδι: Eupolis (446-411 BCE), a poet of, "old comedy," which was famous for its political criticism
Ἀριστοφάνει: Aristophanes (466-386 BCE), only poet of old comedy whose works have survived
Κρατίνῳ: Cratinus (519-422), a famous poet of, "old comedy"
ἰδίων κωμικῶν: "of words *specific to the comic poets*"
ἀνάγνωσμα: pred. nom., "whether comedy is a useful *reading*"
παιδευομένοις: pr. part. pas. dat., "for those being educated"
ἐπιτιμῶντας: pr. part., "those criticizing"
σολοικίζουσι: pr. part. dat. after ἐπιτιμῶντας, "criticizing *those who use solecisms* in speech"
κριτικὸς καὶ γραμματικός: pred., "can be a *literary critic and a grammarian*"

ΓΑΛΗΝΟΥ
Περι της Ταξεως των Ιδιων Βιβλιων

Galen's
On the Order of My Own Books

ΠΕΡΙ ΤΗΣ ΤΑΞΕΩΣ ΤΩΝ ΙΔΙΩΝ ΒΙΒΛΙΩΝ

Galen reflects on the need for a handbook to explain the order of his books.

Καλῶς μοι δοκεῖς, ὦ Εὐγενιανέ, γενέσθαι τι βιβλίον ἠξιωκέναι τὴν τάξιν τῶν ὑπ' ἐμοῦ γεγραμμένων ἐξηγούμενον· οὔτε γὰρ εἷς αὐτῶν ἁπάντων ὁ σκοπὸς οὔτε δύναμις οὔτ' ἐπαγγελία. τὰ μὲν γὰρ φίλων, ὡς οἶσθα, δεηθέντων ἐγράφη τῆς ἐκείνων μόνον ἕξεως στοχαζόμενα, τινὰ δὲ μειρακίοις εἰσαγομένοις ὑπηγορεύθη, σκοπὸν ἐπ' οὐδετέρων ἔχοντός μου διαδοθῆναι

ἀξιόω: to request
βιβλίον, τό: a paper, scroll, letter
γράφω: to write
δέομαι: to ask
διαδίδωμι: to distribute
δοκέω: to seem (+ *inf.*)
δύναμις, -εως, ἡ: power, might
εἷς, μία, ἕν: one
εἰσάγω: to introduce
ἐξηγέομαι: to explain

ἕξις, -εως, ἡ: state of mind
ἐπαγγελία, ἡ: subject matter
καλός, -ή, όν: good
μειράκιον, τό: a boy
οὐδέτερος, -α, -ον: neither of the two
σκοπός, ὁ: purpose
στοχάζομαι: to aim or shoot at
τάξις, -εως, ἡ: an arranging
ὑπαγορεύω: to dictate

καλῶς: adv. with ἠξιωκέναι, "to have asked *well*"
Εὐγενιανέ: the addressee of this and other works by Galen, but unknown otherwise
γενέσθαι: ao. inf. after ἠξιωκέναι, "asked that some book *be*"
ἠξιωκέναι: perf. inf. of ἀξιόω complementing δοκεῖς, "you seem *to have asked*"
γεγραμμένων: perf. part. gen. pl., "of the things written"
ἐξηγούμενον: pr. part. agreeing with βιβλίον, "a book *explaining*"
εἷς: nom. pred., "the purpose is not *one*"
φίλων δεηθέντων: ao. pas. part. of δέομαι in gen. abs., "friends having asked"
ἐγράφη: ao. pas., "some *were written*"
τῆς ... ἕξεως: gen. after στοχαζόμενα, "aimed at *their state of mind*"
στοχαζόμενα: pr. pas. part., "some books *being aimed at*" + gen.
τινὰ δὲ: "while other (books)"
εἰσαγομένοις: pr. part., "for youths *who were beginning*"
ὑπηγορεύθη: ao. pas. of ὑπο-ἀγορεύω, "others *were dictated for*" + dat.
ἐπ' οὐδετέρων: "in neither of the two cases"
ἔχοντός: pr. part. in gen. abs., "me *having* the purpose"
διαδοθῆναι: ao. pas. inf. in implied ind. st., "the purpose *that they would be distributed*"

τοῖς ἀνθρώποις αὐτὰ φυλαχθῆναί τε τῷ μετ' ἐμὲ χρόνῳ διὰ τὸ θεάσασθαί με καὶ τῶν ἐν τοῖς ἔμπροσθεν γεγραμμένων βιβλίων ὀλίγους πάνυ τῶν ἀνθρώπων αἰσθανομένους.

αἰσθάνομαι: to perceive, understand
ἔμπροσθεν: before, in front
θεάομαι: to look on, see

πάνυ: altogether, entirely
φυλάττω: to guard, preserve

φυλαχθῆναί: ao. pas. part. of φυλάττω, also in ind. st., "that they would be preserved"
τῷ χρόνῳ: dat., "*in the time* after me"
τὸ θεάσασθαι: ao. inf. art., "because of me *having seen*"
γεγραμμένων: perf. part. gen. after αἰσθανομένους, "understand books *written*"
αἰσθανομένους: pr. part. acc. agreeing with ὀλίγους in ind. st. after θεάσασθαι, "that few men *understand*"

Indirect Statement

The term indirect statement (ind. st.) is used in our commentary not only for reported speech, but other complements of verbs of perception, belief, etc.

1. Verbs of saying can take ὅτι or ὡς plus the indicative to express indirect statement:

   εἴρηται τοῖς παλαιοῖς ὡς εἰς μὲν τὰς πράξεις οὐδὲν ἐπιστήμης ἀπολείπεται: "It has been said by the ancients that nothing of knowledge with respect to actions is left behind."

When the main verb is a past tense, the indicative in indirect statement can be changed to the corresponding tense of the optative.

   τὴν πόλιν ἐπλήρωσαν τῆς μοχθηρᾶς φήμης, ὡς ... γράψαιμι: "They filled the city with the rumor that I had written." (for ὡς ... ἔγραψα)

2. Verbs of knowing, perceiving, hearing or showing take the accusative + participle construction.

   διὰ τὸ θεάσασθαί με καὶ τῶν ἐν τοῖς ἔμπροσθεν γεγραμμένων βιβλίων ὀλίγους πάνυ τῶν ἀνθρώπων αἰσθανομένους: "because I saw that few men understood the books written previously"
   εὑρίσκω δὴ καὶ σύμπαντα κατορθούμενα: "I find that all things are successful"
   δείξας δημοσίᾳ πολλαῖς ἡμέραις ἐμαυτὸν μὲν οὐδὲν ἐψευσμένον: "having demonstrated publicly in the course of many days that I had not falsified anything."

3. Verbs of thinking, believing and saying can take the accusative plus infinitive construction.

   ἀλλά τις ἴσως αὐτῶν ἐρεῖ ... τὴν τόλμαν ἐν ἐμοὶ μᾶλλον εἶναι. "But perhaps some will say that the arrogance is in me."
   φησι ψεύδεσθαι τὸν ἄνδρα. "He claims that the man lies."

θαυμάζουσι γοῦν ἄλλος ἄλλον ἰατρῶν τε καὶ φιλοσόφων οὔτε τὰ αὐτῶν μεμαθηκότες οὔτε ἐπιστήμην ἀσκήσαντες ἀποδεικτικήν, ᾗ διακρῖναι δυνήσονται τοὺς ψευδεῖς λόγους τῶν ἀληθῶν, ἀλλ' ἔνιοι μὲν ὅτι πατέρας ἔσχον ἤτοι γ' ἐμπειρικοὺς ἢ δογματικοὺς ἢ μεθοδικούς, ἔνιοι δ' ὅτι διδασκάλους, ἄλλοι δ' ὅτι φίλους ἢ διότι κατὰ τὴν πόλιν αὐτῶν ἐθαυμάσθη τις ἀπὸ τῆσδε τῆς αἱρέσεως. οὕτω δὲ κἀπὶ τῶν φιλοσοφίας αἱρέσεων ἄλλος κατ' ἄλλην αἰτίαν ἤτοι Πλατωνικὸς ἢ Περιπατητικὸς ἢ Στωικὸς ἢ Ἐπικούρειος ἐγένετο, νυνὶ δ' ἀφ' οὗ

αἰτία, ἡ: a cause
αἵρεσις, -εως, ἡ: a sect
ἀληθής, -ές: unconcealed, true
ἀποδεικτικός, -ή, -όν: demonstrative, exact
ἀσκέω: to train, practice
γοῦν: at least then, at any rate, any way
διακρίνω: to distinguish
διδάσκαλος, ὁ: a teacher, master
διότι: for the reason that, since
δογματικός, -ή, -όν: dogmatic
ἐμπειρικός, -ή, -όν: empirical
ἔνιοι, -αι, -α: some
Ἐπικούρειος, -ον: Epicurean

ἐπιστήμη, ἡ: understanding, knowledge
ἤτοι ... ἤ: either ... or
θαυμάζω: to wonder, marvel, be astonished
ἰατρός, ὁ: a physician, doctor
μεθοδικός, -ή, -όν: methodic
νυνί: now, at this moment
πατήρ, ὁ: a father
Περιπατητικός, -ή, -όν: Peripatetic
Πλατωνικὸς, -η, ον: Platonic
πόλις, ἡ: a city
Στωικός, -η, ον: Stoic
ψευδής, -ές: lying, false

ἄλλος ἄλλον: "*one* admires *another*"
τὰ αὐτῶν: "their (doctrines)"
μεμαθηκότες: perf. part. of μανθάνω, "neither *having learned*"
ἀσκήσαντες: ao. part., "nor *having practiced*"
ᾗ: rel. pron. dat. of means, "the method *by which*"
διακρῖναι: ao. inf. compl. δυνήσονται, "they will be able *to distinguish*"
τῶν ἀληθῶν: gen. of separation, "false arguments *from true*"
ἔσχον: ao. of ἔχω, "because *they had* fathers"
ἤτοι γε ... ἤ: "either X, for example, ... or Y"
ἐμπειρικοὺς: pred., "who were *Empirics*" i.e. of the Empiric sect
ὅτι διδασκάλους (sc. ἔσχον): "others because (they had) teachers"
ἐθαυμάσθη: ao. pas., "because someone *was wondered at*" i.e. was famous
κἀπὶ (=καὶ ἐπὶ)", "also among" + gen.
Πλατωνικὸς: pred., "someone became *a Platonist*"
ἀφ' οὗ: "from which (state of affairs)"

Galen

καὶ διαδοχαὶ τῶν αἱρέσεών εἰσιν, οὐκ ὀλίγοι κατὰ τήνδε τὴν πρόφασιν ἀναγορεύουσιν ἑαυτοὺς ἀπὸ τῆς αἱρέσεως, ὅθεν ἀνατρέφονται, μάλισθ' ὅταν ἀπορῶσιν ἀφορμῆς ἑτέρας βίου.

The importance of logical demonstration in the pursuit of the truth

ἐγὼ μὲν δὴ πεπεικὼς ἐμαυτόν, ὡς οὐδ' ἂν ὑπὸ τῶν Μουσῶν αὐτῶν γραφῇ τι βιβλίον, ἐντιμότερον ἔσται τοῦτο τῶν τοῖς ἀμαθεστάτοις γεγραμμένων, οὐκ ὠρέχθην οὐδεπώ-

ἀμαθής, -ές: unlearned, ignorant	ἔντιμος, -η, -ον: in honour, honoured
ἀναγορεύω: to proclaim publicly	Μοῦσα, -ης, ἡ: a Muse
ἀνατρέφω: to educate	οὐδεπώποτε: nor yet at any time
ἀπορέω: to be at a loss for (+ *gen.*)	ὀρέγω: to reach our for
ἀφορμή, ἡ: a starting-point	πείθω: to persuade
διαδοχή, ἡ: a successor	πρόφασις, -εως, ἡ: a pretext

οὐκ ὀλίγοι: "not a few" i.e. many
ὅθεν: rel. pron., "the sect *whence*"
ὅταν ἀπορῶσιν: pr. subj. in gen. temp. cl., "when(ever) they are at a loss for" + gen.
πεπεικὼς: perf. part. of πείθω, "*having persuaded* myself"
ἂν ... γραφῇ: ao. subj. pas. in fut. more vivid protasis, "if a book is written"
οὐδ' ... ἔσται: fut. more vivid apodosis, "this *will not be* more honored"
τοῖς ἀμαθεστάτοις: dat. of agent, "by the most ignorant people"
τῶν ... γεγραμμένων: perf. part. gen. of comp. after ἐντιμότερον, "more honored than those written"
ὠρέχθην: ao. pas. of ὀρέγω, "nor did I seek"

General Conditions and General Clauses

A present general condition has ἐάν (Attic ἤν) + subj. in the protasis; present indicative in the apodosis.

κἂν τοῦτο ποιῶμεν, οὐδὲν κωλύει. "If we do this, nothing prevents us.

However, Galen sometimes uses the optative in the protasis of such conditions, especially when the premise is unlikely to be fulfilled:

εἴ τις αἱμορραγίαν ἢ ἱδρῶτα προείποι, γόητά τε καὶ παραδοξολόγον ἀποκαλοῦσι. "If anyone ever does predict a hemorage, they disparage him as a wizard."

A general or indefinite temporal clause in the present has a similar form, with ὅταν or ἐπειδάν (whenever) instead of ἐάν.

ἀναγορεύουσιν ἑαυτοὺς ... μάλισθ' ὅταν ἀπορῶσιν. "They proclaim themselves ... especially when they are at a loss."

A general relative clause also has a similar form:

ὅστις ἂν ἄριστος ἰατρὸς ᾖ, πάντως οὗτός ἐστι καὶ φιλόσοφος. "Whoever is the best doctor, in every way this one is also a philosopher."

ποτε τῶν ἐμῶν ὑπομνημάτων οὐδὲν ἐν τοῖς ἀνθρώποις εἶναι· διαδοθέντων δ' εἰς πολλοὺς αὐτῶν ἄκοντος ἐμοῦ, καθάπερ οἶσθα, πρὸς τὸ διδόναι τι τοῦ λοιποῦ τοῖς φίλοις ὑπόμνημα λίαν ὀκνηρῶς ἔσχον, ἠναγκάσθην δὲ διὰ ταῦτα καὶ βιβλίον τι γράψαι περὶ τῆς ἀρίστης αἱρέσεως, οὐ τοιοῦτον οἷον πολλοὶ τῶν ἔμπροσθεν ἔγραψαν ἰατρῶν τε καὶ φιλοσόφων ὀνομαστὶ τὴν ἑαυτῶν αἵρεσιν ἐπαινοῦντες, ἀλλὰ τὴν ὁδὸν αὐτὴν μόνον ἐνδεικνύμενος, ᾗ τις ἂν χρώμενος τὴν ἀρίστην αἵρεσιν συστήσαιτο ἢ κατ' ἰατρικὴν ἢ τιν' ἄλλην τέχνην. εἴρηται δ' ἐν αὐτῷ καὶ δέδεικται τὸ λεγόμενον ὀλίγον ἔμπροσθεν,

---

ἀέκων, -ουσα, -ον: unwilling
ἀναγκάζω: to force, compel
δείκνυμι: to show, prove
διαδίδωμι: to distribute
ἐμός, -ή, -όν: mine
ἔμπροσθεν: before
ἐνδείκνυμι: to demonstrate
ἐπαινέω: to approve, applaud, commend
ἰατρικός, -ή, -όν: of healing
καθάπερ: as, just as

λίαν: very, exceedingly
λοιπός, -ή, -όν: remaining, the rest
ὁδός, ἡ: a way, path
ὀκνηρός, -ά, -όν: shrinking, anxious
ὀνομαστί: by name
συνίστημι: to set together, establish
τέχνη, ἡ: art, skill
ὑπόμνημα, -ατος, τό: a commentary
χράομαι: to use

οὐδὲν ... εἶναι: acc. + inf. after ὠρέχθην, "seek *that any* of my books *would be*"
διαδοθέντων ... αὐτῶν: ao. part. pas. in gen. abs., "these having been distributed"
ἄκοντος ἐμοῦ: gen. abs., "with me unwilling"
τὸ διδόναι: pr. inf. art., "about *giving*"
τι τοῦ λοιποῦ: "any of the rest"
τοῖς φίλοις: dat. ind. obj. after διδόναι, "giving *to friends*"
ὀκνηρῶς ἔσχον: ao. of ἔχω + adv., "I was anxious"
ἠναγκάσθην: ao. pas. of ἀναγκάζω, "I was compelled" + inf.
οὐ τοιοῦτον οἷον: "not such a one as"
ἔγραψαν: ao., "many *had written*"
ᾗ: rel. pron. dat. after χρώμενος, "the way, using *which*"
χρώμενος: pr. part. representing a fut. less vivid protasis, (= εἰ χρᾶιτο), "*if someone were to use*"
ἂν ... συστήσαιτο: ao. opt. of συν-ίστημι in fut. less vivid apodosis, "he might establish"
εἴρηται: perf. of λέγω, "it was said"
δέδεικται: perf. of δείκνυμι, "it was shown"
τὸ λεγόμενον: subj. of εἴρηται and δέδεικται, "*the thing spoken* earlier"

ὡς ἀποδείξεως ἐπιστήμονα χρὴ γεγονέναι πρότερον, ὅστις ἂν μέλλῃ κριτὴς ὀρθὸς ἔσεσθαι τῶν αἱρέσεων. οὐκ ἀρκεῖ δ' οὐδὲ τοῦτο μόνον ἀλλὰ καὶ πάθους ἀπηλλάχθαι χρή, καθ' ὃ φιλοῦντες ἢ μισοῦντες τὰς αἱρέσεις οἱ πολλοὶ τυφλώττουσιν

ἀπαλλάττω: to set free, release
ἀπόδειξις, -εως, ἡ: demonstration, proof
ἀρκέω: to ward off, keep off
ἐπιστήμων, -ον: knowledgeable about (+ *gen*.)
κριτής, -οῦ, ὁ: a decider, critic
μέλλω: to intend to, to be about to (+ *inf*.)
μισέω: to hate

ὀρθός, -ή, -όν: correct, reliable
πάθος, τό: affection
πρότερον: previously
τυφλώττω: to be blind
φιλέω: to love
χρή: it is necessary

ὡς ... χρὴ γεγονέναι: appositional clause to τὸ λεγόμενον, "namely, that it is necessary to have become"

ἂν μέλλῃ: pr. subj. in gen. rel. cl., "whoever *is about to*" + fut. inf.

ἔσεσθαι: fut. inf. of εἰμι after μέλλῃ

ἀπηλλάχθαι: ao. inf. pas. of ἀπο-αλλάττω after χρή, "it is necessary to be set free from, " + gen.

καθ' ὃ: rel. pron., "the affection *according to which*"

φιλοῦντες ἢ μισοῦντες: supplemental part. with τυφλώττουσιν, "they are blind *in loving and hating*"

Future Conditions

The future less vivid condition indicates a future action as a mere possibility; the future more vivid condition indicates a future action as a probability.

More vivid: ἐάν (Attic contraction = ἤν or ἄν) plus subjunctive in the protasis, future indicative or equivalent in the apodosis: in English, "if he does... then he will...."

> ἐπισημανοῦμαι δὲ ταῦτα καὶ διὰ τῶν ἑξῆς, ἐάν που γένηται χρεία.
> "I will explain more about these things in order, if there is any need."

Less vivid: εἰ plus optative in the protasis, ἄν plus the optative in the apodosis: in English, "if he were to... then he would..."

> εἰ γάρ τις ... ἐθελήσειεν ... αὐτὸς ζητῆσαι τἀληθές ... μόνος ἂν οὗτος ἐξεύροι τὴν ἀρίστην αἵρεσιν.
> For if someone were to wish to see the truth himself ... this one alone would find the best sect.

Note the following examples of mixing forms:

> ταῦτά τ' οὖν εἴ τις ἀναγιγνώσκειν ἐθέλοι πρῶτα πάντων, ὀρθῶς ποιήσει, καὶ εἰ πεισθεὶς αὐτοῖς ἀποδεικτικὸς γενέσθαι βουληθείη ... ἔχει πραγματείαν τὴν ὑφ' ἡμῶν γεγραμμένην.
> *If someone (ever) wishes* to read these first of all, *he will be doing* well, and if, having been persuaded by these, *he wishes* to become expert in logic, *he has* the commentary written by us.

ἀμφ' αὐτάς· εἰ γάρ τις μὴ τοῦτ' ἔχων ἐθελήσειεν ἤτοι κατὰ μέθοδον ἐπιστημονικὴν αὐτὸς ζητῆσαι τἀληθὲς ἢ τὰ τοῖς ἄλλοις εἰρημένα κρῖναι, μόνος ἂν οὗτος ἐξεύροι τὴν ἀρίστην αἵρεσιν.

Most doctors and philosophers eschew logical demonstration

ἐπίστασαι δὲ καὶ σὺ τοὺς πολλοὺς τῶν ἰατρῶν τε καὶ φιλοσόφων, ὅταν ἐξελέγχωνται, ὡς μηδὲν ἀποδεικτικὴν μέθοδον ἠσκηκότας, ἐπ' ἐναντίας ὁδοὺς ἐκτρεπομένους καὶ τοὺς μὲν αὐτῶν μηδ' εἶναι φάσκοντας ἀπόδειξιν, ἐνίους δ' οὐ μόνον ὑπάρχειν ἀπόδειξιν ἀλλὰ καὶ γιγνώσκεσθαι

ἀληθής, -ές: unconceated, true
ἀμφί: concerning (+ *acc.*)
ἀποδεικτικός, -ή, -όν: affording proof, demonstrative
ἀσκέω: to work curiously, form by art, fashion
ἐθέλω: to will, wish, purpose
ἐκτρέπω: to turn aside
ἐναντίος, -α, -ον: opposite
ἔνιοι, -αι, -α: some
ἐξελέγχω: to test, refute

ἐξευρίσκω: to find out, discover
ἐπιστημονικός, -ή, -όν: scientific
ἐπίσταμαι: to know
ζητέω: to seek, seek for
ἤτοι ... ἤ: either ... or
κρίνω: to choose, judge
μέθοδος, ἡ: a pursuit, method
ὁδός, ἡ: a way, path
ὑπάρχω: to exist from the beginning
φάσκω: to say, affirm, assert

μὴ τοῦτ' ἔχων: μὴ gives the participle a conditional force, "*if someone does not have this (affection)*"

εἰ ... ἐθελήσειεν: ao. opt. in fut. less vivid protasis, "if someone were to wish" + inf.

αὐτὸς ζητῆσαι: ao. inf. after ἐθελήσειεν, "wish *himself to seek*"

τὰ ... εἰρημένα: perf. part. pas., "the things said"

κρῖναι: ao. inf. also after ἐθελήσειεν, "wish *to judge*"

ἂν ... ἐξεύροι: ao. opt. in fut. less vivid apososis, "this one *could find*"

ἐπίστασαι: 2 s., "you know"

ὅταν ἐξελέγχωνται: pr. subj. in gen. temp. cl., "whenever they are tested"

ὡς ... ἠσκηκότας: perf. part. in ind. st. after ἐπίστασαι, "you know *that many have practiced*"

ἐκτρεπομένους: pr. part. also after ἐπίστασαι, "you know *that they have turned away*"

τοὺς μὲν ... φάσκοντας: pr. part. also after ἐπίστασαι, "know *that some claim*"

μηδ' εἶναι ἀπόδειξιν: ind. st. after φάσκοντας, "claiming *that logical proof does not exist*"

ἐνίους δ' οὐ (sc. φάσκοντας): "and that others (claim that)" + acc. + inf.

οὐ μόνον ... ἀλλὰ καί: "not only ... but also"

ὑπάρχειν ... γιγνώσκεσθαι: pr. inf. after φάσκοντας, "that it exists ... that it is known"

φύσει πᾶσιν, ὡς μηδὲν εἰς τοῦτο μήτε μαθήσεως δεῖσθαί τινα μήτ' ἀσκήσεως: οἷς πῶς ἂν ἔτι διαλέγοιτό τις εἰς τοσοῦτον ἐμπληξίας ἥκουσιν; ἀλλά τις ἴσως αὐτῶν ἐρεῖ -- καὶ γὰρ τολμηρότατοί πώς εἰσι περὶ ὧν οὐκ ἴσασιν ἀποφαίνεσθαι -- τὴν τόλμαν ἐν ἐμοὶ μᾶλλον εἶναι. ἵν' οὖν μήτ' αὐτὸς ἀκούω ταῦτα μήτε πρὸς ἑτέρους ἀναγκάζωμαι λέγειν, ἐγνώκειν μηδὲν ἐκδιδόναι βιβλίον.

A starting point for reading the works of Galen.

ἀλλὰ τῶν γε τοῖς φίλοις δοθέντων ἐκπεσόντων εἰς πολλοὺς, ἐγράφη μὲν ἐξ ἀνάγκης δι' ἐκεῖνα καὶ τὸ Περὶ τῆς Ἀρι-

---

ἀναγκάζω: to force, compel
ἀνάγκη, ἡ: necessity
ἀποφαίνομαι: to display opinions
ἄσκησις, -εως, ἡ: exercise, practice, training
δέομαι: to need
διαλέγομαι: to converse
ἐκδίδωμι: to publish
ἐκπίπτω: to fall into
ἐμπληξία, ἡ: amazement, stupidity
ἥκω: to have come to, arrive

ἵνα: in order to (+ *subj.*)
ἴσως: adv. perhaps
μάθησις, -εως, ἡ: learning
μήτε ... μήτε: neither ... nor
πως: in any way, at all
πῶς: how?
τολμηρός, -ά, -όν: hardihood
τοσοῦτος, -αύτη, -οῦτο: such a one
τόλμα, -ης, ἡ: courage, arrogance
φύσις, ἡ: nature, natural power

φύσει: dat. of manner, "that it is known *naturally*"
ὡς ... δεῖσθαί: pr. inf. in res. cl., "so that no one needs" + gen.
μηδὲν: adverbial acc, "not at all"
οἷς: rel. pron. dat., "to whom" i.e. to people who believe such things
πῶς ἂν διαλέγοιτο: pot. opt., "how could anyone converse?"
ἥκουσιν: pr. part. dat. pl. agreeing with οἷς, "to whom, *arriving* to such a degree of stupidity"
ἐρεῖ: fut. of λέγω, "someone *will say*"
περὶ ὧν: the rel. is gen. by attraction, "about (things) which"
ἀποφαίνεσθαι: pr. inf. epex. after τολμηρότατοί, "very arrogant *to give opinions*"
τὴν τόλμαν ... εἶναι: ind. st. after ἐρεῖ, "say *that the arrogance is* in me"
ἵνα ... ἀκούω: pr. subj. in purpose clause, "in order not to hear"
ἵνα ... ἀναγκάζωμαι: pr. subj. in purpose clause, "in order not to be compelled" + inf.
ἐγνώκειν: plupf., "I decided" + inf.
τῶν ... δοθέντων: ao. part. pas. in gen. abs., " those (books) having been given to" + dat.
ἐκπεσόντων: ao. part. also in gen. abs., " those (books) having fallen into"
εἰς πολλοὺς: i.e. into the hands of many
ἐγράφη: ao. pas., "On the Best Sect *was written*"

ΣΤΗΣ ΑΙΡΕΣΕΩΣ, εἴρηται δ' ἐν αὐτῷ καὶ ἡ τῆς γραφῆς αἰτία. ταῦτά τ' οὖν εἴ τις ἀναγιγνώσκειν ἐθέλοι πρῶτα πάντων, ὀρθῶς ποιήσει, καὶ εἰ πεισθεὶς αὐτοῖς ἀποδεικτικὸς γενέσθαι βουληθείη, πρὶν ἐπὶ τὴν μάθησίν τε καὶ κρίσιν ἥκειν ἁπασῶν τῶν αἱρέσεων, ἔχει πραγματείαν τὴν ὑφ' ἡμῶν γεγραμμένην, τὴν ΠΕΡΙ ἈΠΟΔΕΙΞΕΩΣ, ἧς ἐὰν μὴ μόνον μάθῃ τὰς μεθόδους ἀλλὰ καὶ γυμνάσηται κατ' αὐτάς, ἐπὶ πάσης ὕλης πραγμάτων ἐξευρήσει τὴν ἀλήθειαν, ἐάν γ' ἐραστὴς ὑπάρχῃ καὶ μὴ κατὰ πάθος ἄλογον αἱρῆταί τι, καθάπερ οἱ περὶ τὰς διαφορὰς

αἱρέομαι: to take for oneself, choose
ἄλογος, -ον: irrational
ἀναγιγνώσκω: to read
ἀποδεικτικός, -ή, -όν: expert in logic
βούλομαι: to will, wish, be willing
γυμνάζω: to train, exercise
διαφορά, ἡ: difference, distinction
ἐθέλω: to will, wish, purpose
ἐξευρίσκω: to find out, discover
ἐραστής, -οῦ, ὁ: a lover
ἥκω: to have come to
καθάπερ: just as
κρίσις, ἡ: a power of distinguishing
μάθησις, -εως, ἡ: learning
ὀρθός, -ή, -όν: straight, correct
πάθος, -εως, τό: an affection
πείθω: to prevail upon, persuade
πραγματεία, ἡ: a major work
πρᾶγμα, τό: a deed, matter
πρίν: before (+ *inf.*)
ὑπάρχω: to become
ὕλη, ἡ: subject matter

εἴρηται: perf. of λέγω, "the cause *was stated*"
εἴ τις ... ἐθέλοι: ao. opt. in pr. gen. protasis, "if someone wishes to" + inf.
ποιήσει: fut. ind. in fut. more vivid apodosis, "he will do well"
πεισθεὶς: ao. part. pas. circum., "having been persuaded"
εἰ ... βουληθείη: ao. opt. pas. in pr. gen. protasis, "if someone wishes to" + inf.
πρὶν ... ἥκειν: pr. inf., "before coming to"
τὴν ... γεγραμμένην: perf. part. attrib., "the one *written* by us"
τὴν περὶ ἀποδείξεως: "the *Logical Demonstrations*"
ἧς: rel. pron. gen. referring to πραγματείαν, "the methods *of which*"
ἐὰν ... μάθῃ: ao. subj. in fut. more vivid protasis, "if he learns"
μὴ μόνον ... ἀλλὰ καὶ: "not only ... but also"
ἐὰν ... γυμνάσηται: ao. subj. also in fut. more vivid protasis, "if he also practices"
πάσης ὕλης: of the matters *of any subject*"
ἐξευρήσει: fut. in fut. more vivid apodosis, "he will find"
ἐὰν ... ὑπάρχῃ: pr. subj. in additional protasis, "*if he becomes* a lover"
μὴ ... αἱρῆταί: pr. subj. in additional protasis, "*if he does not choose* anything"
καθάπερ οἱ ... ἐσπουδακότες: perf. part., "like those who have become zealous"

τῶν χρωμάτων ἐν ταῖς ἱπποδρομίαις ἐσπουδακότες: ὁ δ' αὐτὸς οὗτος ἐπὶ τοῖς ἔμπροσθεν εἰρημένοις παραγενόμενος ἐξευρήσει τά τ' ἀληθῶς ἄλλοις ἐγνωσμένα καὶ ψευδῶς ὑπειλημμένα.

The difference between truth and correct opinion

II. Μία μὲν οὖν ἥδε τῶν ἡμετέρων ὑπομνημάτων ἐστὶν ἀρχὴ τῆς ἀναγνώσεως ἐκείνοις τῶν ἀνδρῶν, ὅσοι καὶ φύσει συνετοὶ καὶ ἀληθείας ἑταῖροι: χωρὶς δὲ ταύτης ἐάν τις ἡμῶν αὐτῶν ᾖ πεπειραμένος ἐπί τε τοῦ βίου παντὸς καὶ κατὰ τὰ τῆς τέχνης ἔργα, ὥστε πεπεῖσθαι περὶ μὲν τοῦ τρόπου τῆς ψυχῆς

ἀλήθεια, ἡ: truth
ἀνάγνωσις, -εως, ἡ: reading, studying
ἀνήρ, ὁ: a man
ἀρχή, ἡ: a beginning, origin, first cause
βίος, ὁ: life
ἔμπροσθεν: before
ἐξευρίσκω: to find out, discover
ἔργον, τό: work
ἑταῖρος, ὁ: a comrade, companion, mate
ἡμέτερος, -α, -ον: our
ἱπποδρομία, ἡ: a chariot race
παραγίγνομαι: to be near

πειράω: to attempt, test
πείθω: to prevail upon, persuade
σπουδάζω: to be eager
συνετός, -ή, -όν: intelligent, sagacious, wise
τρόπος, ὁ: a course, way, manner
ὑπολαμβάνω: to take up, understand
φύσις, -εως, ἡ: nature, natural quality
χρῶμα, -ατος, τό: color
χωρίς: apart from (+ gen.)
ψευδής, -ές: lying, false
ψυχή, ἡ: soul

τῶν χρωμάτων: "the colors" that distinguished different teams in chariot racing
ὁ δ' αὐτὸς οὗτος: "but this same person" i.e. the person who followed the course of study outlined above
παραγενόμενος: ao. part., "having come upon" + ἐπί + dat.
τοῖς ... εἰρημένοις: perf. part. of λέγω, "upon *the things said* previously"
ἐξευρήσει: fut., "he will find out"
τά ... ἐγνωσμένα: perf. part., "*the things known* truly"
ὑπειλημμένα: perf. part. of ὑπο-λαμβάνω, "the things taken up"
μία ... ἀρχή: pred., "this is *one beginning point*"
ἐκείνοις ... ὅσοι: for those ... who"
ἐάν τις ... ᾖ πεπειραμένος: perf. periphrastic subj. in fut. more vivid protasis, "if anyone has tested" + gen.
ὥστε πεπεῖσθαι: perf. inf. in res. cl., "so that he is persuaded'

ὅτι χωρὶς ἔχθρας ἢ φιλονεικίας ἢ φιλίας ἀλόγου πρὸς αἵρεσίν τινα πάντα πράττομεν ἀεί, περὶ δὲ τῶν ἔργων τῶν κατὰ τὴν τέχνην ὅπως μαρτυρεῖ τῇ τῶν δογμάτων ἀληθείᾳ, καὶ χωρὶς τῆς ἀποδεικτικῆς θεωρίας οὗτος ὠφελεῖσθαι δυνήσεται πρὸς τῶν ἡμετέρων ὑπομνημάτων, οὐ κατ' ἐπιστήμην ἀκριβῆ τῶν πραγμάτων (τοῦτο γὰρ ὑπάρχει μόνοις τοῖς ἀποδεικτικοῖς) ἀλλὰ κατὰ δόξαν ὀρθήν, ὑπὲρ ἧς εἰκότως εἴρηται τοῖς παλαιοῖς ὡς εἰς μὲν τὰς πράξεις οὐδὲν ἐπιστήμης ἀπολείπεται, τὸ μόνιμον δ' αὐτῇ καὶ βέβαιον οὐ πρόσεστιν.

ἀεί: always
ἀκριβής, -ές: exact, accurate
ἄλογος, -ον: irrational
ἀποδεικτικός, -ή, -όν: demonstrative, practiced in logical demonstration
ἀπολείπω: to leave over or behind
βέβαιον, τό: certainty
δόγμα, -ατος, τό: an opinion, dogma
δόξα, ἡ: an opinion, notion
εἰκότως: suitably
ἐπιστήμη, ἡ: understanding, knowledge
ἔχθρα, ἡ: hatred, enmity
ἡμέτερος, -α, -ον: our

θεωρία, ἡ: a theory, science
μαρτυρέω: to bear witness
μόνιμον, τό: stability
ὀρθός, -ή, -όν: straight
παλαιός, -ά, -όν: old in years
πρᾶγμα, -ατος, τό: matter
πρᾶξις, -εως, ἡ: a doing, transaction, action
πρόσειμι: to be present
ὑπάρχω: to become, happens to (+ dat.)
φιλία, ἡ: affection
φιλονεικία, ἡ: competitiveness
χωρίς: apart from (+ gen.)
ὠφελέω: to help, aid, assist

ὅτι ... πράττομεν: noun cl. after πεπεῖσθαι, "persuaded *that we act*"
πρὸς αἵρεσίν τινα: "towards any sect"
ὅπως μαρτυρεῖ: fut. in noun cl. also after πεπεῖσθαι, "persuaded *that the facts witness to*" + dat.
καὶ χωρὶς: "even without" + gen.
ὠφελεῖσθαι: pr. pas. inf. complementing δυνήσεται, "to be helped"
δυνήσεται: fut. in fut. more vivid apodosis, "this one *will be able to*" + inf.
ἐπιστήμην ἀκριβῆ ... δόξαν ὀρθήν: "not *accurate knowledge* ... but *correct opinion*," a distinction made by Plato and other, "ancients"
ὑπὲρ ἧς: "about which," referring to correct opinion
εἴρηται: perf. of λέγω, "it was said"
τοῖς παλαιοῖς: dat. of agent, "by the ancient (philosophers)"
ὡς ... ἀπολείπεται: ind. st. after εἴρηται, "that nothing of knowledge *is left behind*"
εἰς μὲν τὰς πράξεις: "with respect to actions" i.e. practical matters
αὐτῇ: dat. with πρόσεστιν, "but stability is not also present *to it*" i.e. correct opinion

Galen

Introductory books are for those satisfied with correct opinion

ἀναγνώσεται τοιγαροῦν οὗτος ἁπάντων πρῶτα τὰ τοῖς εἰσαγομένοις γεγραμμένα, τό τε περὶ τῶν αἱρέσεων, ὃ δὴ καὶ κατὰ τήνδε τὴν λέξιν ἐπιγέγραπται Περὶ Αἱρέσεων τοῖς Εἰσαγομένοις καὶ τὸ περὶ τῶν σφυγμῶν, ὃ δὴ καὶ αὐτὸ παραπλησίως ἐπιγέγραπται Περὶ Σφυγμῶν τοῖς Εἰσαγομένοις, καὶ τρίτον, ὃ Περὶ Ὀστῶν τοῖς Εἰσαγομένοις ἐπιγέγραπται, τῆς ἀνατομικῆς πραγματείας ὑπάρχον πρῶτον, ἣν δὴ καὶ πᾶσαν εἴ τις βούλοιτο διελθεῖν, ἐπὶ τὴν Τῶν Ἀνατομικῶν Ἐγχειρήσεων ἡκέτω πρὸ τῶν ἄλλων· αὕτη γὰρ διδάσκει τὰ φαινόμενα μόρια κατὰ τὰς ἀνατομὰς

ἀνατομή, ἡ: dissection
ἀνατομικός, -ή, -όν: relating to anatomy
βούλομαι: to will, wish (+ *inf.*)
διέρχομαι: to go through, pass through
ἐγχείρησις, -εως, ἡ: undertaking, procedure
εἰσάγω: to introduce
ἐπιγράφω: to entitle
ἥκω: to have come, be present, be here

λέξις, -εως, ἡ: a speaking
μόριον, τό: a part, section
ὀστέον, τό: bone
παραπλησίως: similarly
σφυγμός, ὁ: pulse
τοιγαροῦν: so for this very reason
ὑπάρχω: to begin, make a beginning
φαίνω: to bring to light, make to appear

ἀναγνώσεται: fut., "he will read"
τοῖς εἰσαγομένοις: pr. part. dat. of advantage, "for those being introduced" i.e. for beginners
ὃ δή: "which in fact"
κατὰ τήνδε τὴν λέξιν: "according to this very kind of speaking"
ἐπιγέγραπται: perf., "has been titled"
ὑπάρχον: pr. part. n. s., "*being the* first *beginning*"
ἣν δή: "which very thing" i.e. the anatomical treatise
καὶ πᾶσαν: "also all (of the anatomical treatise)"
εἴ τις βούλοιτο: pr. opt. in pr. gen. protasis, "if someone wishes to" + inf.
διελθεῖν: ao. inf. of δια-ἔρχομαι, "to go through"
τὴν (sc. πραγματείαν) τῶν ἀνατομικῶν ἐγχειρήσεων: "the (treatise) of anatomical procedures"
ἡκέτω: pr. imper. 3. s., "let him advance to"
φαινόμενα: pr. part. attrib., "the parts *that appear*"

ὡς ἔχει μεγέθους τε καὶ θέσεως καὶ διαπλάσεως καὶ πλοκῆς καὶ τῆς πρὸς ἄλληλα κοινωνίας. ὁ δ' ἐν τῇ τούτων θέᾳ κατὰ τὰς ἀνατομὰς γυμνασάμενος ἑξῆς αὐτῶν τὰς ἐνεργείας μαθήσεται, τὰς μὲν φυσικὰς ἐν τρισὶν ὑπομνήμασι γεγραμμένας, ἃ Περι Φυσικων Δυναμεων ἐπιγέγραπται, τὰς ψυχικὰς δ' ὀνομαζομένας ἐν ἄλλοις πλείοσιν, ὧν προηγεῖται τό τε Περιτησ Ἐπι των Τεθνεωτων Ἀνατομησ καὶ δύο ἐφεξῆς τῷδε, τὰ Περι τησ Ἐπι των Ζωντων, καὶ δύο ἐπ' αὐτοῖς ἄλλα, τὰ Περι τησ Ἀνατομικησ Διαφωνιασ: ἐφεξῆς δὲ τούτοις ἐστὶ τρία μὲν Περι Θωρακοσ και Πνευμονοσ Κινησεωσ, δύο δὲ Περι των τησ Ἀναπνοησ Αἰτιων καὶ τούτων ἐφεξῆς τέτταρα Περι Φωνησ: ἐκ ταὐτοῦ δὲ γένους ἐστὶ καὶ τὰ Περι Μυων

αἰτία, ἡ: cause
ἀλλήλων: one another
ἀναπνοή, ἡ: breathing
γένος, -ους, τό: category, group
γυμνάζω: to train, practice
διαφωνία, ἡ: discord, disagreement
διάπλασις, -εως, ἡ: construction
ἐνέργεια, ἡ: action, operation
ἑξῆς: next in order
ἐπιγράφω: to entitle
ἐφεξῆς: in order after (+ *dat.*)
ζάω: to live
θέα, ἡ: a seeing, looking at, view
θέσις, -εως, ἡ: a placing, position

θώραξ, -ακος, ὁ: chest
κίνησις, -εως, ἡ: movement, motion
κοινωνία, ἡ: association, relationship
μέγεθος, -εος, τό: magnitude, size
μῦς, ὁ: muscle
ὀνομάζω: to name
πλείων, -ον: more
πλοκή, ἡ: formation
πνεύμων, ὁ: lung
προηγέομαι: to be the leader
φυσικός, -ή, -όν: natural, native
φωνή, ἡ: voice
ψυχικός, -ή, -όν: of the soul or life, spiritual

ὡς ἔχει: noun cl. after **διδάσκει**, "teaches *how they are* in" + gen.
ὁ ... γυμνασάμενος: ao. part. attrib.., "the one having practiced"
μαθήσεται: fut., "he will learn"
τὰς μὲν φυσικὰς ... τὰς ψυχικὰς δέ: attrib. phrases modifying ἐνεργείας, "the operations, *both natural and spiritual*"
ἐν ἄλλοις πλείοσιν (sc. **ὑπομνήμασι**): "in many more (commentaries)"
ὧν: "of which (commentaries)"
τεθνεώτων: perf. part. of θνήσκω, "the dissection *of the dead*"
περὶ τῆς (sc. **ἀνατομῆς**): "*about the* (dissection) of living"
τούτων ἐφεξῆς: "next after these" note the variation of case with **ἐφεξῆς**
ταὐτοῦ (=τοῦ αὐτοῦ): "from *the same* category"

ΚΙΝΗΣΕΩΣ. ὑπὲρ ἡγεμονικοῦ δὲ καὶ τῶν ἄλλων ἁπάντων, ὅσα περὶ φυσικῶν ἢ ψυχικῶν ἐνεργειῶν ζητεῖται, διὰ πολυβίβλου πραγματείας ἐδηλώσαμεν, ἣν Περι των Ἱπποκρατους και Πλατωνος Δογματων ἐπιγράφομεν. ἐκ τούτου δὲ τοῦ γένους ἐστὶ τῆς θεωρίας καὶ τὰ Περι Σπερματος ἰδίᾳ γεγραμμένα καὶ προσέτι τὰ Περι της Ἱπποκρατους Ἀνατομης, οἷς ἅπασιν ἡ Περι Χρειας Μοριων ἕπεται πραγματεία.

Books on the four elements and their mixtures.

αἱ δ' ἀρχαὶ τῆς γενέσεως ἅπασι τοῖς οὖσιν ὕλην ἔχουσι τὰ τέτταρα στοιχεῖα, κεράννυσθαί τε πεφυκότα δι' ὅλων ἀλλήλων καὶ δρᾶν εἰς ἄλληλα: ὑπὲρ ὧν ἐν τῷ πρώτῳ Περι

ἀλλήλων: one another
ἀρχή, ἡ: a principal, first cause
γένεσις, -εως, ἡ: generation
γένος, -ους, τό: genus, category
δηλόω: to show, make clear
δράω: to do
ἐνέργεια, ἡ: action, operation
ἐπιγράφω: to entitle
ἕπομαι: to follow + dat
ζητέω: to seek, seek for
ἡγεμονικός, -ή, -όν: commanding
ἰδίᾳ: specifically
κεράννυμι: to mix, mingle

κίνησις, -εως, ἡ: movement, motion
μόριον, τό: a part, portion, section
ὅλος, -η, -ον: whole, entire
Πλάτων, -ωνος, ὁ: Plato
πολύβιβλος, -ον: in many books
προσέτι: in addition
σπέρμα, -ατος, τό: sperm
στοιχεῖον, τό: element
ὕλη, ἡ: matter
φυσικός, -ή, -όν: natural, native
φύω: to bring forth, produce, put forth
χρεία, ἡ: use
ψυχικός, -ή, -όν: of the soul or life, spiritual

ὑπὲρ ἡγεμονικοῦ: "about the commanding (faculty)" i.e. the source of volition and cognition
ἐδηλώσαμεν: ao., 'we have clarified'
τὰ γεγραμμένα: perf. part., "those written"
αἱ δ' ἀρχαὶ τῆς γενέσεως: "the principles of generation"
ἔχουσι: pr. part. circum. dat. agreeing with τοῖς οὖσιν, itself a pr. part., "to all beings *having* matter"
τὰ τέτταρα στοιχεῖα: pred., "are *the four basic elements*"
πεφυκότα: perf. part. of φύω, agreeing with στοιχεῖα, "having been naturally formed to" + inf.
δι' ὅλων ἀλλήλων: "to be mixed *with each other completely*"
δρᾶν: pr. inf. also after πεφυκότα, "*to act* on each other"
ὑπὲρ ὧν: "about which things" i.e. the four elements

τῶν Ἰατρικῶν Ὀνομάτων κἀν τῷ Περὶ τῶν καθ' Ἱπποκράτην Στοιχείων ἐπιδέδεικται. καὶ αὐτὰ μὲν τὰ περὶ τῆς ἀποδείξεως τῶν στοιχείων οὐ πάντ' εἴρηται κατὰ τὸ βιβλίον ἀλλ' ὅσοις αὐτὸς Ἱπποκράτης ἐχρήσατο· πρὸς δὲ τὸ τελεώτατον τῆς ἐπιστήμης τῶν τοῦ σώματος στοιχείων ἀναλέξασθαι προσήκει τά τ' ἐν τῷ τρισκαιδεκάτῳ Περὶ Ἀποδείξεως εἰρημένα καὶ κατὰ τὸ πέμπτον καὶ ἕκτον Περὶ τῶν Ἀσκληπιάδου Δογμάτων. ἀλλὰ καὶ περὶ τῆς τῶν καθαιρόντων φαρμάκων δυνάμεως εἴρηται μέν τινα κἀν τῷ Περὶ τῶν καθ' Ἱπποκράτην Στοιχείων, γέγραπται δὲ καὶ κατὰ μόνας ἐν ἑτέρῳ βιβλίῳ. τῷ δὲ Περὶ τῶν καθ' Ἱπποκράτην Στοιχείων ἕπεται τὰ Περὶ Κράσεων ὑπομνήματα τρία καὶ τούτοις ἡ Περὶ τῆς τῶν Ἁπλῶν Φαρμάκων Δυνάμεως πραγματεία κἀκείνη πάλιν ἡ Περὶ Συνθέσεως Φαρμάκων. ἐν μὲν οὖν τοῖς πρώτοις Περὶ Κράσεων αἱ ἐν τοῖς ζῴοις κράσεις λέγονται

ἀναλέγομαι: to read
ἁπλόος, -η, -ον: simple
ἐπιδείκνυμι: to show, point out
ἐπιστήμη, ἡ: knowledge
ἕπομαι: to follow
ζῷον, τό: a living being, animal
καθαίρω: to purge
κρᾶσις, -εως, ἡ: a mixture
ὄνομα, τό: a name

πάλιν: again
προσήκω: to be fitting to (+ *inf.*)
στοιχεῖον, τό: element
σύνθεσις, -εως, ἡ: a composition
τέλειος, -α, -ον: finished, complete
τρισκαιδέκατος, -η, -ον: thirteen
φάρμακον, τό: a drug, medicine
χράομαι: to use (+ *dat.*)

ἐπιδέδεικται: perf., "has been treated"
αὐτὰ: intensive, "the matters of the demonstrations *themselves*"
εἴρηται: perf. of λέγω, "are not stated completely"
ὅσοις: dat. after ἐχρήσατο, "but *whatever* Hippocrates himself used"
ἀναλέξασθαι: ao. inf. complementing προσήκει, "it is fitting *to read*"
τά ... εἰρημένα: perf. part., "the things stated"
εἴρηται μέν τινα κἀν (=καὶ ἐν): "some things are stated also in"
κατὰ μόνας: "as a single subject," i.e. separately
τῷ δὲ: dat. after ἕπεται
καὶ τούτοις (sc. ἕπεται): "*and* the treatise (follows) *these*"
κἀκείνη (=καὶ ἐκείνη): also after ἕπεται, "and the treatise on composition follows *that one*"

μετὰ τῶν ἰδίων ἑκάστης γνωρισμάτων, ἐν δὲ τῷ τρίτῳ Περι τῆς τῶν Φαρμακων Κρασεως ὁ λόγος ἐστίν. ἐάν τ' οὖν μετὰ τὰ δύο βουληθῇ τις ἐάν τε μετὰ τὰ τρία τό τε περὶ τῆς ἀρίστης κατασκευῆς τοῦ σώματος ἀναγνῶναι καὶ τὸ περὶ τῆς εὐεξίας καὶ τὸ περὶ ἀνωμάλου δυσκρασίας, ἐν τῇ προσηκούσῃ τάξει πράξει τοῦτο. μικρὰ δ' ἐστὶ πάνυ τὰ τρία ταῦτα βιβλία φίλοις ἀξιώσασιν ὑπαγορευθέντα κἄπειτ' ἐκδοθέντα πρὸς ἐκείνων· ἐπεί τοι καὶ τούτων ἡ δύναμις ἐν τῇ τῶν ὑγιεινῶν πραγματείᾳ περιέχεται, καθ' ἣν αἱ διαφοραὶ τῆς τοῦ σώματος ἡμῶν κατασκευῆς [...]

ἀνώμαλος, -ον: uneven, irregular
ἀξιόω: to think or deem worthy of
βούλομαι: to will, wish
γνώρισμα, τό: an indication, mark
διαφορά, ἡ: difference, distinction
δυσκρασία, ἡ: bad mixture
ἐκδίδωμι: to circulate publicly
ἐπεί: after that
ἔπειτα: thereupon
εὐεξία, ἡ: a good habit of body
κατασκευή, ἡ: preparation, predisposition
κρᾶσις, -εως, ἡ: a mixture

λόγος, ὁ: a account
μικρός, -ά, -όν: small, little
πάνυ: very
περιέχω: to encompass, contain
προσήκω: to belong to, to be proper to
σῶμα, τό: body
τάξις, -εως, ἡ: an arranging, order
τοι: let me tell you, surely, verily
ὑγιεινός, -ή, -όν: sound, healthy
ὑπαγορεύω: to dictate
φάρμακον, τό: a drug, medicine

ἑκάστης: "*of each* (mixture)"
περὶ ... κράσεως: pred. phrase, "the account is *about the mixture*"
ἐάν ... βουληθῇ τις: ao. pas. subj. of βούλομαι in fut. more vivid protasis, "if someone wishes to" + inf.
μετὰ τὰ δύο: "after the two (books of the *Mixtures*)"
μετὰ τὰ τρία: "after the three (books of the *Mixtures*)"
ἀναγνῶναι: ao. inf. after βουληθῇ, "wishes *to read*"
προσηκούσῃ: pr. part., "in the *proper* order"
πράξει: fut. of πράττω, in fut. more vivid apodosis, "*he will do* this"
ἀξιώσασιν: ao. part. dat. pl. agreeing with φίλοις, "for friends *who had requested* them"
ὑπαγορευθέντα: ao. part. pas. agreeing with βιβλία, "books *which had been dictated*"
ἐκδοθέντα: ao. part. pas. agreeing with βιβλία, "books *which had been published*"
τούτων: "the function *of these* three books"
τοῦ σώματος ἡμῶν: "of our (human) body"
[...]: There is a substantial lacuna after which Galen is talking about his commentaries on Hippocrates.

The following summary is based on the restored text of Boudon-Millot (2007):

The purpose of the treatise (i.e. *On Health*) is to show how the parts of the body must each be kept healthy, after which comes *On Therapeutic Method*. But prior to *On Health* and *On Therapeutic Method* are those mentioned above, and to them should be added *On the Differences of Diseases, On the Causes of Symptoms, On the Nature of Tumors, On Mass, On the Differences of Fevers*.

Other therapeutic works are *On Blood-letting, On Antecedent Causes, On Continuous Causes*. Works that are refutations include *Against the New Opinion on the Secretion of Urine, On the Beliefs of Asclepiades, On the Methodic Sect*.

Books on the nature of the disciplines include *On the Constitution of the Arts, Patrophilos: On the Constitution of Medicine, Thrasyboulos: Whether Health is Part of Medicine or Gymnastics, The Medical Art*.

Works on the semiotics of medicine include *On the Critical Days* and *On Crises*. The work *On Pulses* is divided into four parts: *On the Differences of Pulses, On Diagnosis, On the Causes of Pulses, On the Prognosis of Pulses*.

Next come his commentaries on Hippocrates. These include commentaries on specific works, as well as comprehensive treatments such as *On the Anatomy of Hippocrates* and *On the Elements of Hippocrates*.

The Greek text resumes at this point...

III. εὔκολος γὰρ ἡ κρίσις αὐτῶν γενήσεται τῶν ἐξηγήσεων ὅσαι τ' ὀρθῶς λέγονται καὶ ὅσαι μή, προγεγυμνασμένῳ κατὰ τὰς ἡμετέρας πραγματείας. ἕξεις δ' εἰς ἔνια τῶν Ἱπποκράτους καὶ τὰ ἡμέτερα καὶ ἐπειδὴ ταῦτ' ἤδη γέγραπται, προσθεῖναι πειράσομαι τὰ λοιπά. τοῦτο μέν,

εὔκολος, -ον: easy to understand, easy	ἔνιοι, -α: some
κρίσις, -εως, ἡ: distinction, judgement	ἡμέτερος, -α, -ον: our
ἐξήγησις, -εως, ἡ: an explanation	προστίθημι: to add to
ὀρθός, -ή, -όν: correct	πειράω: to attempt, endeavour, try
προγυμνάζω: to exercise or train beforehand	λοιπός, -ή, -όν: remaining, the rest

ὅσαι τ' ... καὶ ὅσαι μή: "*which* of the expositions are stated correctly and *which are not*"
προγεγυμνασμένῳ: perf. part. dat., "to one who has been trained previously"
ἕξεις: fut. of ἔχω, "you will have," addressed to Eugenianus, the addressee of this work
τὰ ἡμέτερα (sc. ὑπομνήματα): "*our* commentaries on some works"
ἐπειδὴ ... γέγραπται: perf., "*since* these already *have been written*"
προσθεῖναι: ao. inf. after πειράσομαι, "I will try *to add* the rest"

Galen

ἐὰν ζήσωμεν, ἔσται· φθάσαντος δ' ἀποθανεῖν ἐμοῦ, πρὶν ἐξηγήσασθαι τὰ κυριώτατα τῶν Ἱπποκράτους συγγραμμάτων, ἕξουσιν οἱ βουλόμενοι τὴν γνώμην γνῶναι αὐτοῦ καὶ τὰς ἡμετέρας μέν, ὡς εἴρηται, πραγματείας ἅμα τοῖς ἤδη γεγονόσιν ὑπομνήμασι καὶ τῶν ἐξηγησαμένων δὲ τὸν ἄνδρα τά τε τοῦ διδασκάλου Πέλοπος καί πού τι καὶ τῶν Νουμισιανοῦ — ἔστι δ' ὀλίγα τὰ διασῳζόμενα — καὶ πρὸς τούτοις τά τε Σαβίνου καὶ Ῥούφου τοῦ Ἐφεσίου. Κόϊντος

ἅμα: together with (+ dat.)
ἀποθνήσκω: to die
βούλομαι: to will, wish to (+ inf.)
γνώμη, ἡ: a means of knowing
διασῴζω: to preserve
διδάσκαλος, ὁ: a teacher, master
ἐξηγέομαι: to explain
ζάω: to live
ἡμέτερος, -α, -ον: our

Κόϊντος, ὁ: Quintus
κύριος, -α, -ον: authentic
Νουμισιανός, ὁ: Numisianus
Πέλοψ: Pelops
πρίν: before (+ inf.)
Ῥοῦφος, ὁ: Rufus
σύγγραμμα, -ατος, τό: a writing
φθάνω: to come or do first or before

ἐὰν ζήσωμεν: pr. subj. in fut. more vivid protasis, "if I live"

φθάσαντος ... ἐμοῦ: ao. part. of φθάνω in gen. abs. taking the place of a protasis, "if me anticipating" + inf. i.e., "if I die before"

ἀποθανεῖν: ao. inf. supplementing φθάσαντος

πρὶν ἐξηγήσασθαι: ao. inf. of ἐξ-ηγέομαι, "before having explicated"

ἕξουσιν: fut. of ἔχω, "they will have"

οἱ βουλόμενοι: "those wishing to" + inf.

γνώμην: cognate acc. with γνῶναι, "to know *the knowledge*"

γνῶναι: ao. inf. with βουλόμενοι, "wishing *to know* the thought of him (i.e. Hipp.)"

τὰς ... πραγματείας: acc. obj. of ἕξουσιν, "will have both *my major works*"

γεγονόσιν: perf. part. attrib., "with those already *produced* commentaries"

τῶν ἐξηγησαμένων: ao. part. gen., "*of those who have explicated* the man" i.e. Hipp.

τά τε τοῦ ... Νουμισιανοῦ: also the obj. of ἕξουσιν, "will have *the (commentaries) of Pelops and Numisianus*"

Πέλοπος: Pelops of Smyrna was one of the teachers of Galen

πού τι καὶ: "anything there is"

Νουμισιανοῦ: Numisianus of Corinth, whose lectures Galen attended

τὰ διασῳζόμενα: pr. part., "*those that have been preserved* are few"

Σαβίνου: Sabinus the Hippocratic, who taught Galen's own teacher, Stratonicus

Ῥούφου τοῦ Ἐφεσίου: Rufus of Ephesus (1st C. CE). A few of his many works have survived in translation

Κόϊντος: Quintus, a Roman doctor who instructed Galen's own teacher Satyrus

δὲ καὶ οἱ Κοΐντου μαθηταὶ τὴν Ἱπποκράτους γνώμην οὐκ ἀκριβῶς ἐγνώκασι, διὸ καὶ πολλαχόθι τὰς ἐξηγήσεις οὐκ ὀρθῶς ποιοῦνται: Λύκος δ' ἐνίοτε καὶ προσεγκαλεῖ τῷ Ἱπποκράτει καί φησι ψεύδεσθαι τὸν ἄνδρα μὴ γιγνώσκων αὐτοῦ τὰ δόγματα:καίτοι τά γε τοῦ Λύκου βιβλία φανερῶς πάντα γέγονεν. ὁ δ' ἡμέτερος διδάσκαλος Σάτυρος — τούτῳ γὰρ πρώτῳ συγγενόμενοι μετὰ ταῦτ' ἠκούσαμεν Πέλοπος — οὐ τὰς αὐτὰς ἐξηγήσεις ἐποιεῖτο τῷ Λύκῳ τῶν Ἱπποκρατείων βιβλίων: ὁμολογεῖται δὲ Σάτυρος ἀκριβέστατα διασῴζειν τὰ Κοΐντου δόγματα μήτε προσθεὶς αὐτοῖς τι μήτ' ἀφελών: Αἰφικιανὸς μὲν γάρ τι καὶ

Αἰφικιανὸς, ὁ: Aiphicianus
ἀκριβής, -ές: exact, accurate
ἀφαιρέω: to take from, take away from
γνώμη, ἡ: knowledge
διασῴζω: preserve through
διδάσκαλος, ὁ: a teacher, master
διό: wherefore, on which account
ἐνίοτε: sometimes
ἐξήγησις, -εως, ἡ: an explanation
ἡμέτερος, -α, -ον: our
Ἱπποκράτειος, -α, -ον: Hippocratic
καίτοι: and yet
Λύκος, ὁ: Lycus

μαθητής, -οῦ, ὁ: a learner, pupil
ὀρθός, -ή, -όν: straight
ὁμολογέω: to agree
Πέλοψ, ὁ: Pelops
πολλαχόθι: in many places
προσεγκαλέω: accuse besides (+ dat.)
προστίθημι: to add to
Σάτυρος, ὁ: Satyrus
συγγίγνομαι: to be with
φανερός, -ά, -όν: manifest, evident
φημί: to declare, claim
ψεύδω: to lie

ἐγνώκασι: perf. of γιγνώσκω, "they have not understood"
Λύκος: Lycus, another student of Quintus about whom Galen has nothing good to say
ψεύδεσθαι: pr. inf. in ind. st. after φησι, "he claims *that the man lies*"
μὴ γιγνώσκων: pr. part. causal, "since he does not understand," the use of μὴ gives the participle a generalizing force, "does not *ever*"
Σάτυρος: Satyrus of Pergamum, a teacher of Galen
συγγενόμενοι: ao. part., "having been with" i.e. as a student + dat.
ἠκούσαμεν: ao., "we listened to" i.e. studied with + gen.
τῷ Λύκῳ: dat. with the idea of similarity from αὐτὰς, "the same expositions *as Lycus*"
διασῴζειν: pr. inf. after ὁμολογεῖται, "S. is agreed *to preserve*"
μήτε προσθεὶς: ao. part. of προσ-τίθημι, "neither having added"
μήτ' ἀφελών: ao. part. of ἀπο-αιρέω, "nor having removed" the use of μήτε gives it a generalizing force, "not *ever*"
Αἰφικιανὸς: Stoic philosopher and teacher of Galen.

μετερρύθμισεν ἐπὶ τὸ Στωϊκώτερον. ἡμεῖς οὖν ἑτέρως μὲν ἔμπροσθεν ἀκηκοότες Σατύρου τὰς ἐξηγήσεις Κοΐντου, μετὰ χρόνον δ' ὕστερον ἀναγνόντες τινὰ τῶν τοῦ Λύκου κατέγνωμεν ἀμφοτέρων ὡς οὐκ ἀκριβῶς ἐγνωκότων τὴν Ἱπποκράτους γνώμην. ἄμεινον δ' ἔγνωσαν οἱ περὶ Σαβῖνόν τε καὶ Ῥοῦφον· ὁ δ' ἐν ταῖς ἡμετέραις πραγματείαις προγεγυμνασμένος ἱκανὸς καὶ τὰ τούτων κρίνειν καὶ φωρᾶσαι τά τε καλῶς ὑπ' αὐτῶν εἰρημένα καὶ εἴ που τύχοιεν ἐσφαλμένοι.

ἀκριβῶς: accurately
ἀμείνων, -ον: better
ἀμφότερος, -α, -ον: each or both of two
γνώμη, ἡ: knowledge
ἔμπροσθεν: before
ἐξήγησις, -εως, ἡ: an explanation
ἡμέτερος, -α, -ον: our
ἱκανός: sufficient, ready to (+ *inf.*)
καταγιγνώσκω: to judge
κρίνω: to pick out, judge

μεταρρυθμίζω: to change the rhythm of
προγυμνάζω: to exercise or train beforehand
Ῥοῦφος, ὁ: Rufus
Σαβῖνός, ὁ: Sabinus
Στωϊκώτερος, -α, -ον: more Stoic
σφάλλω, -ά: to make to fall, trip up
τυγχάνω: to happen to (+ *part.*)
ὕστερον: later
φωράω: to search after

μετερρύθμισεν: impf. of μετα-ἐν-ρυθμίζω, "he changed the rhythm," i.e. modified the form
ἑτέρως: "in one of two ways" i.e. first (**ἔμπροσθεν**) from Satyrus, then later (**ὕστερον**) from Lycus
ἀκηκοότες: perf. part., "*having heard* X (acc.) from Y (gen.)"
ἀναγνόντες: ao. part., "having read"
κατέγνωμεν: ao., "I judged" + gen.
ὡς ἐγνωκότων: perf. part. in ind. st. after **κατέγνωμεν** agreeing with **ἀμφοτέρων**, "I judged both *that they had understood*"
γνώμην: cognate acc. after **ἐγνωκότων**, "understood *the knowledge*"
ἔγνωσαν: ao., "they understood"
ὁ ... προγεγυμνασμένος: perf. part., "he who has trained beforehand"
ἱκανὸς: pred. adj., "is prepared to" + inf.
φωρᾶσαι: ao. inf. after **ἱκανός**, "prepared to judge and *to search out*"
τά ... εἰρημένα: perf. part., "to search out *the things said* well"
εἴ που τύχοιεν: ao. opt. in ind. quest. after **φωρᾶσαι**, "search *whether they happened to*" + part.
ἐσφαλμένοι: perf. part. of **σφάλλω** supplementing **τύχοιεν**, "happend to *have been tripped up*"

His remaining logical texts for those interested in philosophy

IV. Ἀλλ' ἐπεὶ καὶ περὶ τῶν Ἱπποκράτους ἐξηγήσεων αὐτάρκως εἴρηται, μεταβῶμεν ἐπὶ τὰ λοιπὰ τῶν ἡμετέρων ὑπομνημάτων, ὅσα τῆς λογικῆς ἐστι πραγματείας. ἔστι δ' ἐξ αὐτῶν σοὶ μέν, ὦ Εὐγενιανέ, καὶ ὅσοι τὴν ἰατρικὴν μόνην ἐσπουδάκατε, τὰ Περὶ τῆς Ἀποδείξεως αὐτάρκη, τοῖς δ' ἄλλοις, ὅσοι φιλοσοφίᾳ σχολάζουσι, καὶ τἆλλα, πλὴν εἴ τις ἀμφοτέρας δύναιτο καλῶς μετέρχεσθαι τὰς θεωρίας ἰατρικῆς τε καὶ φιλοσοφίας. εἶναι δὲ χρὴ τοῦτον ἀγχίνουν θ' ἅμα καὶ μνήμονα καὶ φιλόπονον, ἔτι δὲ πρὸς τούτοις εὐτυχηκότα τοιαύτην εὐτυχίαν οἵαν ἡμεῖς εὐτυχήσαμεν ὑπὸ πατρὶ

ἀγχίνοος, -ον: sagacious, shrewd
ἀμφότερος, -α, -ον: each or both of two
αὐτάρκης, -ες: sufficient
αὐτάρκως: sufficiently
ἐξήγησις, -εως, ἡ: an explanation
εὐτυχέω: to be successful, have good fortune
εὐτυχία, ἡ: good luck, success, prosperity
ἡμέτερος, -α, -ον: our
ἰατρική, ἡ: medical art
λογικός, -ή, -όν: logical
λοιπός, -ή, -όν: remaining, the rest

μεταβαίνω: to pass over from one place to another
μετέρχομαι: to go among
μνήμων, -ον: mindful
πατήρ, ὁ: a father
πλήν: except
σπουδάζω: to be eager for, be serious
σχολάζω: to have leisure, study (+ *dat.*)
φιλόπονος, -ον: industrious, diligent
χρή: it is necessary

εἴρηται: perf. of λέγω, "*it has been spoken* sufficiently"
μεταβῶμεν: ao. subj. hortatory of μετα-βαίνω, "let us change direction"
ἔστι ... αὐτάρκη: "*is sufficient for*" + dat.
καὶ ὅσοι: "and (to those of you) who"
ἐσπουδάκατε: perf., "(you) who have become serious about" + acc.
τὰ περὶ τῆς ἀποδείξεως: *The Logical Demonstrations*, the subject of ἔστι above
τοῖς δ' ἄλλοις: "but to others"
καὶ τἆλλα: "also the other (logical) works"
πλὴν εἴ τις ... δύναιτο: pr. opt. in pr. gen. protasis, "unless someone is able to" + inf.
ἀμφοτέρας ... τὰς θεωρίας: acc. obj. of μετέρχεσθαι, "to pursue both disciplines"
τοῦτον: acc. subj. of εἶναι, "it is necessay for *this one* to be"
εὐτυχηκότα: perf. part. circum. agreeing with τοῦτον, "also having had the good fortune"
τοιαύτην ... οἵαν: correlative, "*such* good fortune *as*"
εὐτυχίαν: cognate acc. with εὐτυχηκότα
εὐτυχήσαμεν: ao., "such good fortune as I had"

παιδευθέντες, ὃς ἀριθμητικῆς τε καὶ λογιστικῆς καὶ γραμματικῆς θεωρίας ἐπιστήμων ἡμᾶς ἐν τούτοις τε κἂν τοῖς ἄλλοις, ὅσα παιδείας μαθήματα, θρέψας, ἡνίκα πεντεκαιδέκατον ἔτος ἤγομεν, ἐπὶ τὴν διαλεκτικὴν θεωρίαν ἦγεν ὡς μόνῃ φιλοσοφίᾳ προσέξοντας τὸν νοῦν, εἶτ' ἐξ ὀνειράτων ἐναργῶν προτραπεὶς ἑπτακαιδέκατον ἔτος ἄγοντας καὶ τὴν ἰατρικὴν ἐποίησεν ἀσκεῖν ἅμα τῇ φιλοσοφίᾳ. ἀλλὰ καὶ τοιαύτην ἐγὼ τὴν εὐτυχίαν εὐτυχήσας ἐκμανθάνων τε καὶ θᾶττον ἁπάντων τῶν ἄλλων ὅ τι περ ἐδιδασκόμην, εἰ μὴ

ἄγω: to do, steer
ἅμα: together with (+ *dat.*)
ἀριθμητικός, -ή, -όν: arithmetical
ἀσκέω: to practice
γραμματικός, -ή, -όν: grammatical
διαλεκτικός, -ή, -όν: dialectical
ἐκμανθάνω: to learn thoroughly
ἐναργής, -ές: visible, vivid
ἐπιστήμων, -ον: knowing, wise, prudent
ἑπτακαιδέκατος, -η, -ον: seventeenth
ἔτος, -εος, τό: a year
εὐτυχέω, -ήσω: to successful
εὐτυχία, ἡ: good fortune

ἡνίκα: at which time, when
θάττων, -ον: quicker, swifter
λογιστική, -όν: mathematical
μάθημα, -ατος, τό: a lesson
νοῦς, ὁ: mind, attention
ὄνειραρ, -ατος, τό: a dream
παιδεία, ἡ: education
παιδεύω: to bring up or rear a child
πεντεκαιδέκατος, -η, -ον: fifteenth
προσέχω: to hold to (+ *dat.*)
προτρέπω: to urge forwards
τρέφω: to rear, raise (a child)

παιδευθέντες: ao. part. pas. supplemental with εὐτυχήσαμεν, "the good fortune to have been educated"
ὅς ... ἐπιστήμων: "who, being learned in" + gen.
ὅσα παιδείας μαθήματα: whatever are the lessons of education"
θρέψας: ao. part. of τρέφω also agreeing with ὅς, "who, *having reared* me in these"
ἤγομεν: impf. of ἄγω, "when *I did* my fifteenth year," i.e. when I turned fifteen
ἦγεν: impf. and the main verb for ὅς, "who *steered* me"
προσέξοντας: fut. part. of προσ-έχω agreeing with ἡμᾶς, expressing purpose, "*so that I would concentrate* my attention on" + dat.
προτραπεὶς: ao. part., "then having been turned"
ἄγοντας: pr. part. agreeing with ἡμᾶς, "me *turning* seventeen"
ἐποίησεν: ao., "*he caused* me to" + inf
εὐτυχήσας: ao. part. concessive, "even having had such good fortune"
ἁπάντων τῶν ἄλλων: gen. of comp. after θᾶττον, "more quickly *than others*"
ἐδιδασκόμην: impf. pas., "what *I was being taught*"
εἰ μὴ ... καθεστήκειν: plupf. in past contrafactual protasis, "If I had not been devoted to (εἰς)" + acc.

τὸν ὅλον μου βίον εἰς τὴν τῶν ἐν ἰατρικῇ τε καὶ φιλοσοφίᾳ θεωρημάτων ἄσκησιν καθεστήκειν, οὐδὲν ἂν ἔγνων μέγα. μηδὲν τοίνυν μηδὲ τοῦτο θαῦμα, διότι πολὺ πλῆθος ἀνθρώπων ἀσκούντων ἰατρικήν τε καὶ φιλοσοφίαν ἐν οὐδετέρᾳ κατορθοῦσιν· ἢ γὰρ οὐκ ἔφυσαν καλῶς ἢ οὐκ ἐπαιδεύθησαν ὡς προσῆκεν, ἢ οὐ κατέμειναν ἐν ταῖς ἀσκήσεσιν ἀλλ' ἐπὶ τὰς πολιτικὰς πράξεις ἀπετράποντο. ταῦτα μὲν οὖν μοι κατὰ τὸ πάρεργον εἰρήσθω καίτοι γ' οὐκ ὄντα πάρεργα. τὰ γοῦν τῆς φιλοσόφου θεωρίας ἡμέτερα βιβλία μετὰ τὴν ΠΕΡΙ ΤΗΣ ἈΠΟΔΕΙΞΕΩΣ πραγματείαν ἀναγιγνώσκειν χρή· τίνες δ' αὐτῶν εἰσιν αἱ ὑποθέσεις καὶ πόσαι, καθ' ἕκαστον μὲν

ἀναγιγνώσκω: to read
ἀποτρέπω: to turn
ἀσκέω: to train, exercise
ἄσκησις, -εως, ἡ: practice, training
βίος, ὁ: life
γοῦν: at least then, at any rate, any way
διότι: for the reason that, since
ἡμέτερος, -α, -ον: our
θαῦμα, τό: a wonder, marvel
θεώρημα, -ατος, τό: theorem
καθίστημι: to place oneself into, devote oneself to
καταμένω: to stay
κατορθόω: to accomplish successfully

ὅλος, -η, -ον: whole, entire
οὐδέτερος, -α, -ον: neither of the two
παιδεύω: to educate
πάρεργον, τό: incidental matter
πλῆθος, -εος, τό: a great number
πολιτικός, -ή, -όν: political
πόσος, -η, -ον: how many?
πρᾶξις, -εως, -ἡ: business
προσήκω: to be proper
τοίνυν: therefore, accordingly
ὑπόθεσις, -εως, ἡ: hypothesis, supposition
φύω: to grow naturally
χρή: it is necessary

τὸν ὅλον μου βίον: acc. of duration of time, "during my whole life"
ἂν ἔγνων: ao. in contrafactual apodosis, "I would have come to know"
μηδὲν ... μηδὲ: the double negative is cumulative, "this is no wonder at all"
οὐκ ἔφυσαν: ao., "they were not fit by nature"
οὐκ ἐπαιδεύθησαν: ao. pas., "they were not educated"
οὐ κατέμειναν: ao., "they did not remain"
ἀπετράποντο: ao. mid., "they turn themselves toward"
μοι: dat. of agent, "be said *by me*"
εἰρήσθω: perf. imper. 3 s., "let these things be said"
καίτοι γ' οὐκ ὄντα: pr. part. concessive, "even though not really"
τίνες ... καὶ πόσαι: ind. quest. dependent on γέγραπται and δειχθήσεται, "*what* the hypotheses are *and how many*"
καθ' ἕκαστον: "*in each one* of them"

Galen

αὐτῶν γέγραπται, δι' ἐκείνου δὲ δειχθήσεται τοῦ γράμματος, ἐν ᾧ τὴν γραφὴν ποιήσομαι ἁπάντων τῶν ἐμῶν βιβλίων.

γραφή, ἡ: a written account
γράμμα, -ατος, τό: a writing

δείκνυμι: to bring to light, display, exhibit

δι' ἐκείνου τοῦ γράμματος: "and also through that writing"
δειχθήσεται: fut. pas. of δείκνυμι, "will be demonstrated"
ἐν ᾧ: "that book *in which*"
ποιήσομαι: fut., "*I will make* a written account," referring to Galen's, "*On My Own Books*"

Circumstantial Participles

Circumstantial participles are added to a noun or a pronoun to set forth some circumstance under which an action takes place. The circumstances can be of the following types: time, manner, means, cause, purpose, concession, condition or attendant circumstance. Although sometimes particles can specify the type of circumstance, often only the context can clarify its force. Here are some examples:

Time: εἶτ' ἐξ ὀνειράτων ἐναργῶν <u>προτραπεὶς</u> "then *having been turned* by vivid dreams"

Means: ἀπορράψαι τὴν βάσκανον γλῶτταν αὐτῶν ἐβουλήθην οὔτε <u>φθεγγόμενός</u> τι περαιτέρω τῶν ἀναγκαίων οὔτε <u>διδάσκων</u> ἐν πλήθει: "I wished to sew up the slanderous tongue *by neither speaking* anything more than necessary *nor by teaching* in crowds."

Purpose: ὁπότε προῆλθον <u>ἐπιδείξων</u>: "when I approached *in order to demonstrate*"

ἦγεν ὡς μόνῃ φιλοσοφίᾳ <u>προσέξοντας</u> τὸν νοῦν: "he steered us *so that we would pay* attention to philosophy alone." ὡς is often used in these cases to indicate an alleged purpose.

Concession: ταῦτα μὲν οὖν μοι κατὰ τὸ πάρεργον εἰρήσθω καίτοι γ' οὐκ <u>ὄντα</u> πάρεργα "let these be called my avocation, *even though they are not* really avocations"

Cause: φησι ψεύδεσθαι τὸν ἄνδρα μὴ <u>γιγνώσκων</u> αὐτοῦ τὰ δόγματα: "he claims that the man lies, *since he does not (ever) know* his beliefs" μὴ in this case gives the participle a generalizing force

Condition: τις ἂν <u>χρώμενος</u>, τὴν ἀρίστην αἵρεσιν συστήσαιτο: "*if someone were to use it*, he would establish the best sect"

εἰ γάρ τις μὴ τοῦτ' <u>ἔχων</u> ἐθελήσειεν: "for if someone, *if not having this*, were to wish." Note that μὴ is used instead of οὐ when the participle is conditional.

Attendant circumstance: αἱ δ' ἀρχαὶ τῆς γενέσεως ἅπασι τοῖς οὖσιν ὕλην <u>ἔχουσι</u>: "the elements of reproduction to all beings *which have matter*"

διαδοθέντων δ' εἰς πολλοὺς αὐτῶν <u>ἄκοντος</u> ἐμοῦ: "these *having been distributed* with me *unwilling*"

Note that this last example has two genitive absolutes, of which there are a large number in Galen (see p. 121)

His dictionaries and other books on language

V. Ἐπεὶ δ' ἐπύθου μου καὶ περὶ τῆς πραγματείας, ἐν ᾗ τὰ παρὰ τοῖς Ἀττικοῖς συγγραφεῦσιν ὀνόματα κατὰ τὴν τῶν πρώτων ἐν αὐτοῖς γραμμάτων ἤθροισται τάξιν, ἅπερ ἀπεκρινάμην σοι, βέλτιον ἡγοῦμαι κἀνταῦθα γράψαι σοι· πρόδηλον γάρ, ὅτι καὶ ἄλλοι πολλοὶ ζητοῦσιν, ἥτις ποτ' ἐστὶν αὐτῆς ἡ ὑπόθεσις. οὐ γὰρ δὴ τοῦτ' ἀξιοῦμεν ἡμεῖς, ὅπερ ἔνιοι τῶν νῦν κελεύουσιν, ἅπαντας ἀττικίζειν τῇ φωνῇ, κἂν ἰατροὶ τυγχάνωσιν ὄντες ἢ φιλόσοφοι καὶ γεωμετρικοὶ καὶ μουσικοὶ καὶ νομικοὶ κἂν μηδὲν τούτων ἀλλ' ἁπλῶς ἤτοι

ἀθροίζω: to gather together
ἀξιόω: to demand (+ *inf.*)
ἁπλῶς: simply, in one way
ἀποκρίνομαι: to answer
ἀττικίζω: to Atticize
Ἀττικός, -ή, -όν: Attic, Athenian
βελτίων, -ον: better
γεωμετρικός, -ή, -όν: geometrical
γράμμα, -ατος, τό: letter
ἔνιοι, -αι, -α: some
ἐπεί: since
ζητέω: to seek, seek for

ἡγέομαι: to consider, think
κελεύω: to exhort, order
μουσικός, -ή, -όν: musical
νομικός, -ή, -όν: legal
ὄνομα, τό: name, word
πρόδηλος, -ον: clear
πυνθάνομαι: to learn
συγγραφεύς, -έως, ὁ: a writer
τάξις, -εως, ἡ: an arranging
τυγχάνω: to happen to (+ *part.*)
ὑπόθεσις, -εως, ἡ: hypothesis, supposition
φωνή, ἡ: a voice

ἐπύθου: ao. of πυνθάωομαι, "*you have learned* from me"
κατὰ τὴν τῶν πρώτων γραμμάτων τάξιν: "according to the order of the first letters," i.e. alphabetically
ἤθροισται: perf. of ἀθροίζω, "the words *have been collected*"
ἅπερ ἀπεκρινάμην: ao. in ind. quest. after γράψαι, "to write *what I answered* to you"
κἀνταῦθα (=καὶ ἐνταῦθα): "also here (in this book)"
γράψαι: ao. inf. epex. after βέλτιον, "better *to write* to you"
ἥτις ποτ' ἐστὶν: ind. quest. after ζητοῦσιν, "are seeking *what is* its hypothesis"
ἀττικίζειν: complementing ἀξιοῦμεν, "I do not demand *to Atticize*" i.e. to use Attic vocabulary consistently, an affectation of imperial Greek literature
τῇ φωνῇ: dat. of specification, "in language"
κἂν (=καὶ ἐάν) τυγχάνωσιν: pr. subj. in pr. gen. protasis, "even if they happen" + part.
ἰατροὶ: pred. after ὄντες, "happen to be *doctors*"
κἂν (sc. τυγχάνωσιν ὄντες) μηδὲν, "and even if (they happen to be) none of these"

πλουτοῦντές τινες ἢ μόνον εὔποροι· τοὐναντίον γὰρ ἀπαξιῶ μηδενὶ μέμφεσθαι τῶν σολοικιζόντων τῇ φωνῇ μηδ' ἐπιτιμᾶν· ἄμεινον γάρ ἐστι τῇ φωνῇ μᾶλλον ἢ τῷ βίῳ σολοικίζειν τε καὶ βαρβαρίζειν. ἐγράφη δέ μοί ποτε καὶ πραγματεία πρὸς τοὺς ἐπιτιμῶντας τοῖς σολοικίζουσι τῇ φωνῇ· τοσούτου δέω παιδείας τι μόριον ὑπολαμβάνειν τὸ ἀττικίζειν. ἀλλὰ διὰ τὸ πολλοὺς ἰατροὺς καὶ φιλοσόφους, ἐν οἷς αὐτοὶ νομοθετοῦσι καινὰ σημαινόμενα τῶν Ἑλληνικῶν ὀνομάτων, ἐν τούτοις ἑτέροις μέμφεσθαι, διὰ τοῦτο καὶ τῶν ὀνομάτων τὴν

ἀμείνων, -ον: better
ἀπαξιόω: to disclaim as unworthy, disown
ἀττικίζω: to Atticize
βαρβαρίζω: to be like a barbarian
βίος, ὁ: life
δέω: to lack (+ *inf.*)
ἐναντίον, τό: opposite
ἐπιτιμάω: to rebuke
Ἑλληνικός, -ή, -όν: Hellenic, Greek
εὔπορος, -ον: well-resourced
καινός, -ή, -όν: new, fresh

μέμφομαι: to blame, censure (+ *dat.*)
μόριον, τό: a piece, portion, section
νομοθετέω: to make law, establish
ὄνομα, τό: name, word
παιδεία, ἡ: education
πλουτέω: to be rich, wealthy
σημαίνω: to indicate, signify
σολοικίζω: to commit a solecism
τοσοῦτος, -αύτη, -οῦτο: so much
ὑπολαμβάνω: to understand
φωνή, ἡ: a voice

πλουτοῦντές: pr. part. also suppl. τυγχάνωσιν, "but simply happen *to be rich*"
τοὐναντίον: adv., "on the contrary"
μέμφεσθαι: pr. inf. complementing ἀπαξιῶ, "I deem it unworthy *to blame*" + dat.
τῶν σολοικιζόντων: pr. part., "anyone *of those committing solecisms*"
μηδ' ἐπιτιμᾶν: pr. inf. also after ἀπαξιῶ, "nor to rebuke"
μᾶλλον ἢ τῷ βίῳ: "in language *rather than in life*"
σολοικίζειν: inf. epex. after ἄμεινον, "better *to commit solecisms*"
ἐγράφη: ao. pas., "*was written* by me"
τοὺς ἐπιτιμῶντας: pr. part., "against *those rebuking*" + dat.
τοσούτου δέω: "so much do I lack," + inf., i.e., "*so far from* understanding"
τὸ ἀττικίζειν: art. inf. obj. of ὑπολαμβάνειν, "understanding *Atticizing* to be a part"
διὰ τὸ ... μέμφεσθαι: pr. inf. art., "because of the blaming," i.e., because doctors blame
ἐν οἷς αὐτοὶ: philosophers *among whom they themselves*
καινὰ σημαινόμενα: pr. part. used substantively, "new significations"
ἐν τούτοις ἑτέροις: "blame *in other (doctors)*"
διὰ τοῦτο: "for this reason"

On the Order of My Own Books

ἐξήγησιν ἐποιησάμην ἐν ὀκτὼ καὶ τεσσαράκοντα βιβλίοις ἀθροισάμενος ἐκ τῶν Ἀττικῶν συγγραφέων αὐτά, καθάπερ ἐκ τῶν κωμικῶν ἄλλα. γέγραπται μὲν οὖν, ὡς ἔφην, ἡ πραγματεία διὰ τὰ σημαινόμενα· σὺν τούτῳ δ᾽ εὐθέως ὑπάρχει τοῖς ἀναγνωσομένοις αὐτὰ καὶ ἡ τῶν Ἀττικῶν ὀνομάτων γνῶσις, οὐδὲν αὐτὴ καθ᾽ ἑαυτὴν ἄξιον ἔχουσα μεγάλης σπουδῆς· ἀλλά γε διὰ τοὺς κακῶς χρωμένους τοῖς ὀνόμασιν ἄλλη μοι γέγραπται πραγματεία περὶ τῆς ὀρθότητος αὐτῶν, ἣν δὴ καὶ πρώτην ἁπασῶν ἄμεινον ἀναγιγνώσκειν.

ἀθροίζω: to gather together
ἀμείνων, -ον: better
ἀναγιγνώσκω: to read
ἄξιος, -ία, -ον: worthy of (+ *gen*.)
Ἀττικός, -ή, -όν: Attic, Athenian
γνῶσις, -εως, ἡ: knowledge
ἐξήγησις, -εως, ἡ: an explanation
εὐθέως: correctly
καθάπερ: just as
κακός, -ή, -όν: bad

κωμικός, -ή, -όν: comic
ὀρθότης, -ητος, ἡ: properness, right use
ὄνομα, τό: name, word
σημαίνω: to indicate, signify
σπουδή, ἡ: seriousness
συγγραφεύς, -έως, ὁ: a writer
τεσσαράκοντα: forty
ὑπάρχω: to begin, become
φημί: to declare, say
χράομαι: to use (+ *dat.*)

ἐποιησάμην: ao. mid., "*I made* this explanation"
ἀθροισάμενος: ao. part., "having gathered"
καθάπερ ... ἄλλα: "*just as* (I did) *others* from the comic poets"
διὰ τὰ σημαινόμενα: "on account of the (new) meanings of the words"
σὺν τούτῳ: "along with this" i.e. at the same time
τοῖς ἀναγνωσομένοις: "*to those reading* these (new meanings)"
αὐτὰ καὶ ἡ ... γνῶσις: nom. subj. of ὑπάρχει, "*the things themselves and the knowledge arises*," i.e. the meanings of the words and the Attic vocabulary
αὐτὴ: "this itself" i.e. the Attic vocabulary
οὐδὲν: acc. of resp., "not at all"
ἄξιον ἔχουσα: pr. part., "this *having worth*" + gen.
διὰ τοὺς κακῶς χρωμένους: pr. part., "on account of those using badly" + dat.
αὐτῶν: "about the right use *of them*" i.e. of Attic words
ἣν δὴ: "which very work"
ἀναγιγνώσκειν: pr. inf. epex. after ἄμεινον, "better *to read*"

ΓΑΛΗΝΟΥ
ΟΤΙ Ο ΑΡΙΣΤΟΣ ΙΑΤΡΟΣ ΚΑΙ
ΦΙΛΟΣΟΦΟΣ

Galen's
*That the Best Physician is also
a Philosopher*

ΟΤΙ Ο ΑΡΙΣΤΟΣ ΙΑΤΡΟΣ ΚΑΙ ΦΙΛΟΣΟΦΟΣ

1. Οἷόν τι πεπόνθασιν οἱ πολλοὶ τῶν ἀθλητῶν ἐπιθυμοῦντες μὲν ὀλυμπιονῖκαι γενέσθαι, μηδὲν δὲ πράττειν, ὡς τούτου τυχεῖν, ἐπιτηδεύοντες, τοιοῦτόν τι καὶ τοῖς πολλοῖς τῶν ἰατρῶν συμβέβηκεν. ἐπαινοῦσι μὲν γὰρ Ἱπποκράτην καὶ πρῶτον ἁπάντων ἡγοῦνται, γενέσθαι δ' αὐτοὺς ἐν ὁμοίοις ἐκείνῳ πάντα μᾶλλον ἢ τοῦτο πράττουσιν. ὁ μὲν γὰρ οὐ σμικρὰν μοῖραν εἰς ἰατρικήν φησι συμβάλλεσθαι τὴν ἀστρονομίαν καὶ δηλονότι τὴν ταύτης ἡγουμένην ἐξ ἀνάγκης γεωμετρίαν·

ἀθλητής, ὁ: an athlete
ἀνάγκη, ἡ: necessity
ἀστρονομία, ἡ: astronomy
γεωμετρία, ἡ: geometry
δηλονότι: quite clearly
ἐπαινέω: to approve, applaud, commend
ἐπιθυμέω: to desire
ἐπιτηδεύω: to practise, to take to (+ *inf.*)
ἡγέομαι: to consider, think, precede
ἰατρικός, -ή, -όν: medical
ἰατρός, ὁ: a doctor, physician

Ἱπποκράτης, ὁ: Hippocrates
μοῖρα, -ας, ἡ: a part, portion
Ὀλυμπιονίκης, -ου, ὁ: Olympic champion
ὅμοιος, -α, -ον: like, same
πάσχω: to experience, suffer
σμικρός, -ά, -όν: small, little
συμβαίνω: to come together, to happen
συμβάλλω: to throw together, contribute
τυγχάνω: to hit upon (+ *gen.*)
φημί: to declare, make known

οἷόν τι ... τοιοῦτόν τι: correlatives, "like the thing ... just such a thing"
πεπόνθασιν: perf. of πάσχω, "many *have experienced*"
γενέσθαι: ao. inf. after ἐπιθυμοῦντες, "desiring *to become*"
πράττειν: pr. inf. after ἐπιτηδεύοντες, "taking care *to do*"
ὡς τούτου τυχεῖν: ao. inf. of τυγχάνω with ὡς expressing intended result, "in order to achieve this"
συμβέβηκεν: perf. of συν-βαίνω, "the same *has happened*"
πρῶτον (sc. εἶναι): pred. in ind. st. after ἡγοῦνται, "they consider him *to be the first*"
γενέσθαι δ' αὐτοὺς: ao. inf., "*but for them to become*," in apposition to τοῦτο below
ἐν ὁμοίοις: "in the same ranks with" + dat.
μᾶλλον ἢ τοῦτο: "everything *rather than this*" τοῦτο refers to the cl. γενέσθαι ... ἐκείνῳ
ὁ μὲν: "for that one" i.e. Hippocrates
συμβάλλεσθαι: pr. inf. in ind. st. after φησι, "he says *that astronomy contributes*"
δηλονότι (=δηλον [ἐστι] ὅτι): "clearly"
τὴν ταύτης ἡγουμένην: "the one preceding this" i.e. astronomy presupposes geometry

οἱ δ' οὐ μόνον αὐτοὶ μετέρχονται τούτων οὐδετέραν ἀλλὰ καὶ τοῖς μετιοῦσι μέμφονται. καὶ μὲν δὴ καὶ φύσιν σώματος ὁ μὲν ἀκριβῶς ἀξιοῖ γιγνώσκειν, ἀρχὴν εἶναι φάσκων αὐτὴν τοῦ κατ' ἰατρικὴν λόγου παντός· οἱ δ' οὕτω καὶ περὶ τοῦτο σπουδάζουσιν, ὥστ' οὐ μόνον ἑκάστου τῶν μορίων οὐσίαν ἢ πλοκὴν ἢ διάπλασιν ἢ μέγεθος ἢ τὴν πρὸς τὰ παρακείμενα κοινωνίαν ἀλλ' οὐδὲ τὴν θέσιν ἐπίστανται. καὶ μὲν γε καὶ ὡς ἐκ τοῦ μὴ γιγνώσκειν κατ' εἴδη τε καὶ γένη διαιρεῖσθαι

ἀκριβής, -ές: exact, accurate
ἀξιόω: to deem worthy of (+ *inf.*)
ἀρχή, ἡ: beginning
γένος, -ους, τό: genus, category
διαιρέω: to distinguish
διάπλασις, -εως, ἡ: formation
εἶδος, -εος, τό: species
ἐπίσταμαι: to know
θέσις, -εως, ἡ: a position
ἰατρική, ἡ: medical art
κοινωνία, ἡ: a relationship, association
μετέρχομαι: to go among

μέγεθος, -εος, τό: size, magnitude
μέμφομαι: to blame, censure (+ *dat.*)
μόριον, τό: a piece, portion, section
οὐδέτερος, -α, -ον: neither of the two
οὐσία, ἡ: substance, property
παράκειμαι: to lie beside or before
πλοκή, ἡ: structure
σπουδάζω: to endeavor, be eager
σῶμα, -ατος, τό: body
φάσκω: to say, affirm, assert
φύσις, ἡ: nature, natural condition

οἱ δέ: "but these (modern doctors)"
τούτων οὐδετέραν: "neither of these," i.e. astronomy and geometry
τοῖς μετιοῦσι: pr. part. dat. pl. of **μετέρχομαι** after **μέμφονται**, "they blame *those who do partake*"
καὶ μὲν δὴ καί: indicating a climax, "moreover"
ὁ μὲν ... ἀξιοῖ: pr., "while he (Hippocrates) deems it worthy" + inf.
εἶναι: inf. in ind. st. after **φάσκων**, "claiming this *to be* the beginning"
οἱ δέ: "but these (modern doctors)"
οὕτω ... σπουδάζουσιν: "in such a way they endeavor"
ὥστε ... οὐδὲ ἐπίστανται: res. cl., "with the result that they neither know," the indicative emphasizes the actual occurrence of the result
ἑκάστου τῶν μορίων οὐσίαν: "the substance of each of the parts"
πρὸς τὰ παρακείμενα: "the relationship *to the nearby parts*"
ἀλλ' οὐδὲ ... ἐπίστανται: "*but neither know* the position (in the body)" the **οὐδὲ** must be understood with the list before as well
καὶ μὲν γε καί: "furthermore"
ὡς ... συμβαίνει: "(H. says) *that it happens*"
ἐκ τοῦ μὴ γιγνώσκειν: art. inf. gen., "from *the not knowing how to*" + inf.
κατ' εἴδη τε καὶ γένη: "according to species and genus"
διαιρεῖσθαι: pr. inf. of **δια-αἱρέω** after **γιγνώσκειν**, "know how *to distinguish*"

That the Best Physician is also a Philosopher

τὰ νοσήματα συμβαίνει τοῖς ἰατροῖς ἁμαρτάνειν τῶν θερα-
πευτικῶν σκοπῶν, Ἱπποκράτει μὲν εἴρηται προτρέποντι τὴν
λογικὴν ἡμᾶς ἐξασκεῖν θεωρίαν· οἱ δὲ νῦν ἰατροὶ τοσοῦτον
ἀποδέουσιν ἠσκῆσθαι κατ' αὐτήν, ὥστε καὶ τοῖς ἀσκοῦσιν ὡς
ἄχρηστα μεταχειριζομένοις ἐγκαλοῦσιν.

ἁμαρτάνω: to miss, miss the mark
ἀποδέω: to be in want of, lack
ἀσκέω: to practice, train
ἄχρηστος, -ον: useless, unprofitable
ἐγκαλέω: to accuse (+ dat.)
ἐξασκέω: to practice, train
θεραπευτικός, -ή, -όν: therapeutic
θεωρία, ἡ: science, theory

λογικός, -ή, -όν: logical
μεταχειρίζω: to handle, manage
νόσημα, -ατος, τό: a sickness, disease
προτρέπω: to urge forwards
σκοπός, ὁ: purpose, aim
συμβαίνω: to occur
τοσοῦτος, -αύτη, -οῦτο: so large, so tall
ὡς: + part., expressing alleged grounds of action

συμβαίνει: "it happens to" + dat. + inf.
τῶν ... σκοπῶν: gen. pl. after ἁμαρτάνειν, "that they miss *their aims*"
Ἱπποκράτει μὲν: dat. of agent, "it was said *by Hippocrates*"
εἴρηται: perf. pas. of λέγω, "it was said"
προτρέποντι: pr. circum. part. dat., "*as he was urging us to*" + inf.
ἐξασκεῖν: pr. inf. complementing προτρέποντι, "urging us *to practice*"
οἱ δὲ νῦν ἰατροὶ: "but present day doctors"
τοσοῦτον ... ὥστε: correlatives, "so much .. with the result that"
ἠσκῆσθαι: perf. inf. of ἀσκέω complementing ἀποδέουσιν, "they fail *to have practiced*"
ὥστε ... ἐγκαλοῦσιν: res. cl., "with the result that they accuse" + dat.
τοῖς ἀσκοῦσιν: pr. part. dat., "those who do practice"
ὡς ἄχρηστα μεταχειριζομένοις: pr. part. dat. agreeing with τοῖς ἀσκοῦσιν, "on the (alleged) grounds that they manage useless things"

Result Clauses

ὥστε introduces result clauses either (a.) with an infinitive or (b.) with a finite verb.

a. ὥστε + infinitive indicates a possible or intended result, without emphasizing its actual occurrence. The infinitive does not express time, but only aspect.

b. ὥστε + indicative emphasizes the actual occurrence of the result. Both time and aspect are indicated by the form of the verb. Any form of the verb that can be used in a main clause (e.g., potential optative) can be used with ὥστε.

> μηδὲν δὲ πράττειν, ὡς τούτου τυχεῖν, ἐπιτηδεύοντες "endeavoring to do nothing *so that they achieve this*"

> οἱ δ' οὕτω καὶ περὶ τοῦτο σπουδάζουσιν, ὥστ'... οὐδὲ τὴν θέσιν ἐπίστανται. "They are so eager about this *that they do not know the position*."

> οἱ δὲ νῦν ἰατροὶ τοσοῦτον ἀποδέουσιν ἠσκῆσθαι ὥστε καὶ τοῖς ἀσκοῦσιν ὡς ἄχρηστα μεταχειριζομένοις ἐγκαλοῦσιν. "Present day doctors lack practice so much *that they accuse those who do practice of managing things badly*."

οὕτω δὲ καὶ τοῦ προγιγνώσκειν τά τε παρόντα καὶ τὰ προγεγονότα καὶ τὰ μέλλοντα γενήσεσθαι τῷ κάμνοντι πολλὴν χρῆναι πεποιῆσθαι πρόνοιαν Ἱπποκράτης φησίν· οἱ δὲ καὶ περὶ τοῦτο τὸ μέρος τῆς τέχνης ἐπὶ τοσοῦτον ἐσπουδάκασιν, ὥστ᾽, εἴ τις αἱμορραγίαν ἢ ἱδρῶτα προείποι, γόητά τε καὶ παραδοξολόγον ἀποκαλοῦσι. σχολῇ γ᾽ ἂν οὗτοι τἆλλα προλέγοντός τινος ἀνάσχοιντο· σχολῇ δ᾽ ἄν ποτε τῆς

αἱμορραγία, ἡ: hemorrhage
ἀνέχω: to hold up, endure
ἀποκαλέω: to disparage
γόης, -ητος, ὁ: a wizard
ἱδρώς, -ῶτος, ὁ: sweat
κάμνω: to be sick
μέλλω: to be about to (+ *inf.*)
μέρος, -εος, τό: a part, share
παραδοξολόγος, ὁ: telling of marvels.
πάρειμι: to be present

προγιγνώσκω: to know beforehand, to make a prognosis about
προγίγνομαι: to happen before
προεῖπον: to predict
προλέγω: to predict
πρόνοια, ἡ: foresight, foreknowledge
σπουδάζω: to be eager to, endeavor
σχολῇ: (*adv.*) scarcely
τέχνη, ἡ: art, skill
τοσοῦτος, -αύτη, -οῦτο: of such a kind
χρή: it is necessary

τοῦ προγιγνώσκειν: art. inf. gen. of specification, "just so also *for making a prognosis about*" + acc.
τὰ παρόντα: pr. part., "the present"
τὰ προγεγονότα: perf. part., "the past"
γενήσεσθαι: fut. inf. of γίγνομαι after τὰ μέλλοντα, "the things about to *happen to*" + dat.
χρῆναι (=χρή + εἶναι): pr. inf. in ind. st. after φησίν: H. says *that it is necessary*" + inf.
πεποιῆσθαι: perf. inf. pas. of ποιέω complementing χρῆναι, "necessary for much foresight *to have been been made*"
οἱ δὲ: "but these (doctors)"
ἐσπουδάκασιν: perf., "they have endeavored in such a way"
ὥστε ... ἀποκαλοῦσιν: res. cl., "*so that they disparage* him"
εἴ τις ... προείποι: ao. opt. in present gen. cond. (where ἐάν + subj. would be expected), "if ever someone predicts"
γόητα: acc. pred., "they disparage him as *a wizard*"
ταῦτα προλέγοντος: pr. part. gen. s. after ἀνέχονται, "when they do not endure someone *speaking such things*"
ἂν ... ἀνάσχοιντο: ao. opt. pot. of ἀνα-έχω, "scarcely *would these endure*" + gen.

διαίτης τὸ σχῆμα πρὸς τὴν μέλλουσαν ἔσεσθαι τοῦ νοσήματος ἀκμὴν καταστήσαιντο, καὶ μὴν Ἱπποκράτης οὕτως γε διαιτᾶν κελεύει. τί δὴ οὖν ὑπόλοιπόν, ὃ ζηλοῦσι τἀνδρός; οὐ γὰρ δὴ τήν γε τῆς ἑρμηνείας δεινότητα· τῷ μὲν γὰρ καὶ τοῦτο κατώρθωται, τοῖς δ' οὕτω τοὐναντίον, ὥστε πολλοὺς αὐτῶν ἰδεῖν ἔστι καθ' ἓν ὄνομα δὶς ἁμαρτάνοντας ὃ μηδ' ἐπινοῆσαι ῥᾴδιον.

ἀκμή, ἡ: a point, peak
ἀνήρ, ὁ: a man
ἁμαρτάνω: to miss, miss the mark
δεινότης, -τητος, η: skill
δίαιτα, ἡ: a way of living, regime
δίς: twice, doubly
εἶδον: to see
ἐναντίον, τό: opposite
ἐπινοέω: to think of, imagine
ἑρμηνεία, ἡ: interpretation, explanation
ζηλέω: to be zealous for

καθίστημι: to set down, establish
κατορθόω: to set upright, erect
κελεύω: to exhort, order
μέλλω: to be about to (+ *inf*.)
μηδέ: but not or and not, nor
ὄνομα, τό: a name
ῥᾴδιος, -α, -ον: easy
σχῆμα, -ατος, τό: form
ὑπόλοιπος, -ον: left behind

ἄν ... καταστήσαιντο: ao. opt. pot. of κατα-ἵστημι, "scarcely *would they base* the form of a diet"

πρὸς τὴν ... ἀκμὴν: "base it *on the peak*"

ἔσεσθαι: fut. inf. complementing μέλλουσαν, "the *about to be* peak"

ὃ: acc. resp., "*with respect to which* they are zealous"

τἀνδρός (= τοῦ ἀνδρός): gen. after ζηλοῦσι, "they are zealous *for the man* (i.e. Hippocrates)

οὐ γὰρ δὴ τήν γε: "*surely not with respect to* his skill"

τῷ μὲν: dat. of agent, "by him" i.e. Hippocrates

κατώρθωται: perf. of κατα-ὀρθόω, "this too *was accomplished*"

τοῖς δέ: "but by them"

ὥστε ... ἔστι: res. cl., "so that it is possible" + inf.

πολλοὺς ... ἁμαρτάνοντας: pr. part. in obj. cl. after ἰδεῖν: "to see *many making two mistakes*"

καθ' ἓν ὄνομα: "in one word"

ἐπινοῆσαι: ao. inf. of ἐπι-νοέω epex. after ῥᾴδιον (ἐστι), "which is not easy *to imagine*"

II. Διόπερ ἔδοξέ μοι ζητῆσαι τὴν αἰτίαν ἥτις ποτ' ἐστί, δι' ἣν καίτοι θαυμάζοντες ἅπαντες τὸν ἄνδρα μήτ' ἀναγιγνώσκουσιν αὐτοῦ τὰ συγγράμματα μήτ', εἰ καί τῳ τοῦτο παρασταίη, συνίησι τῶν λεγομένων ἤ, εἰ καὶ τοῦτ' εὐτυχήσειεν, ἀσκήσει τὴν θεωρίαν ἐπεξέρχεται βεβαιώσασθαί τε καὶ εἰς ἕξιν ἀγαγεῖν βουλόμενος. εὑρίσκω δὴ καὶ σύμπαντα κατορθούμενα βουλήσει τε καὶ δυνάμει τοῖς ἀνθρώποις παραγιγνόμενα· θατέρου δ' αὐτῶν

ἄγω: to lead, bring
αἰτία, ἡ: a cause
ἀναγιγνώσκω: to read
ἄσκησις, -εως, ἡ: practice, training
βεβαιόω: to confirm
βούλησις, -εως, ἡ: a willing, wish
βούλομαι: to will, wish
διόπερ: therefore
δύναμις, -εως, ἡ: power, faculty
ἕξις, -εως, ἡ: habit of mind, practice
ἐπεξέρχομαι: to go thoroughly through
εὑρίσκω: to find

εὐτυχέω: to succeed
ζητέω: to seek
θαυμάζω: to wonder
κατορθόω: to set upright, erect
μήτε: and not
παραγίγνομαι: to be in addition, to accompany (+ *dat.*)
παρίστημι: to happen to be for (+ *dat.*)
συνίημι: to bring together, understand
σύγγραμμα, -ατος, τό: a writing
σύμπας: all together, all at once, all in a body

ζητῆσαι: ao. inf. of ζητέω complementing ἔδοξέ, "it seemed good *to seek*"
ἥτις ποτ' ἐστί: "whatever it is"
δι' ἣν: "on account of which" i.e., "why?" introducing ind. quest. with the verbs συνίησι and ἐπεξέρχεται below, which are also apodoses of pr. gen. conditions
καίτοι θαυμάζοντες: concessive, "even though admiring"
εἰ ... παρασταίη: ao. opt. in pr. gen. cond., "even if this is the case for someone" (i.e. if he actually reads)
τῳ: (= τινι) " to someone"
μήτε ... συνίησι: pr. of συν-ίημι, "why *he does not understand*"
εἰ ... εὐτυχήσειαν: ao. opt. of εὐτυχέω in pr. gen. cond., "or even if he succeeds"
(μήτε) ἐπεξέρχεται: pr. of ἐπι-ἐξ-ἔρχομαι, continuation of ind. quest., "or why *he does (not) thoroughly pursue* theory by practice"
βεβαιώσασθαί: ao. inf. of βεβαιόω complementing βουλόμενος, "by seeking *to confirm for himself* theory"
ἀγαγεῖν: ao. inf. of ἄγω also with βουλόμενος, "and *to bring* theory into his practice"
βουλόμενος: pr. part. used instrumentally, "by seeking"
κατορθούμενα: pr. part. pas. n. pl. of κατα-ὀρθόω in ind. st. after εὑρίσκω, "I find that everything *is successful* for men"
παραγιγνόμενα: pr. part., "*provided that they are accompanied* by will and ability"
θατέρου: (= τοῦ ἑτέρου) gen. after ἀτυχήσαντι, "lacks *either* of these"

ἀτυχήσαντι τὸ καὶ τοῦ τέλους ἀναγκαῖον ἀποτυχεῖν. αὐτίκα γέ τοι τοὺς ἀθλητὰς ἢ διὰ τὴν τοῦ σώματος ἀφυΐαν ἢ διὰ τὴν τῆς ἀσκήσεως ἀμέλειαν ὁρῶμεν ἀποτυγχάνοντας τοῦ τέλους· ὅτῳ δ' ἂν καὶ ἡ τοῦ σώματος φύσις ἀξιόνικος ᾖ καὶ τὰ τῆς ἀσκήσεως ἄμεμπτα, τίς μηχανὴ μὴ οὐ πολλοὺς ἀνελέσθαι τόνδε στεφανίτας ἀγῶνας; ἆρ' οὖν ἐν ἀμφοτέροις οἱ νῦν ἰατροὶ δυστυχοῦσιν οὔτε δύναμιν οὔτε βούλησιν ἀξιόλογον ἐπιφερόμενοι περὶ τὴν τῆς τέχνης ἄσκησιν

ἀγών, -ῶνος, ὁ: a contest
ἀθλητής, ὁ: a prizefighter
ἀμέλεια, ἡ: carelessness, neglect
ἄμεμπτος, -ον: blameless
ἀμφότερος, -α, -ον: each or both of two
ἀναγκαῖος, -α, -ον: necessary
ἀναιρέω: to take up, win
ἀξιόλογος, -ον: worthy of mention, sufficient
ἀξιόνικος, -ον: worthy of victory
ἀποτυγχάνω: to fail in hitting, to fall short (+ gen.)
ἆρα: *particle introducing a question*
ἄσκησις, -εως, ἡ: exercise, practice, training
ἀτυχέω: to be unlucky, fail, lack

αὐτίκα: straightway, at once
ἀφυΐα, ἡ: lack of natural power
βούλησις, -εως, ἡ: a willingness
δυστυχέω: to be unlucky, unhappy
δύναμις, -εως, ἡ: power, ability
ἐπιφέρω: to bring along
μηχανή, ἡ: an instrument, machine
ὁράω: to see
στεφανίτης, ὁ: consisting of a crown
σῶμα, σώματος, τό: body
τέλος, -εος, τό: fulfilment, completion
τοι: let me tell you, surely
φύσις, ἡ: nature, natural condition

ἀτυχήσαντι: ao. part. dat. s. m. of ἀτυχέω, "to whoever lacks" + gen.

τὸ ... ἀποτυχεῖν: ao. inf. art. of ἀπο-τυγχάνω, "*the falling short of* (+ gen) is necessary.

ἀποτυγχάνοντας: pr. part. in ind. st. after ὁρῶμεν, "we see *that they (athletes) fall short of*" + gen.

ὅτῳ δ' ἂν ... ᾖ: pr. subj. in gen. rel. clause, "to whomever the nature is"

τὰ τῆς ἀσκήσεως: "the (matters) of exercise"

τίς μηχανὴ: "*what device* is there"

μὴ οὐ ... ἀνελέσθαι: ao. inf. of ἀνα-αἱρέομαι after the idea of *hindering* contained in the word μηχανή, "what device would prevent this one *from winning*"

τόνδε: "this one" the subj. of ἀνελέσθαι

ἐν ἀμφοτέροις: "in both aspects," which are explained in the next clause

ἐπιφερόμενοι: pr. part., "*bringing with them* for the practice"

ἢ τὸ μὲν ἕτερον αὐτοῖς ὑπάρχει, θατέρου δ' ἀπολείπονται;
τὸ μὲν δὴ μηδένα φύεσθαι δύναμιν ἔχοντα ψυχικὴν ἱκανὴν
καταδέξασθαι τέχνην οὕτω φιλάνθρωπον οὔ μοι δοκεῖ λόγον
ἔχειν ὁμοίου γε δὴ τοῦ κόσμου καὶ τότ' ὄντος καὶ νῦν καὶ
μήτε τῶν ὡρῶν τῆς τάξεως ὑπηλλαγμένης μήτε τῆς ἡλι-
ακῆς περιόδου μετακεκοσμημένης μήτ' ἄλλου τινὸς ἀστέρος
ἢ ἀπλανοῦς ἢ πλανωμένου μεταβολήν τιν' ἐσχηκότος·

ἀπλανής, -ές: not wandering, fixed
ἀπολείπω: to leave behind
ἀστήρ, -έρος, ὁ: star
δύναμις, -εως, ἡ: power, faculty
εὔλογος, -ον: reasonable, sensible
ἡλιακός, -ή, -όν: of the sun, solar
ἱκανός, -ή, όν: sufficient to (+ *inf.*)
καταδείκνυμι: to invent and make known
κόσμος, ὁ: order
λόγος, ὁ: reason
μεταβολή, ἡ: a change, changing
μετακοσμέω: to redesign

μήτε: and not
ὅμοιος, -α, -ον: like, same
περίοδος, ἡ: a circular course, orbit
πλανάομαι: to wander
τάξις, -εως, ἡ: an arranging
τότε: at that time, then
ὑπαλλάττω: to change
ὑπάρχω: to begin, be present
φιλάνθρωπος, -ον: benevolent, kindly
φύω: to bring forth, produce
ψυχικός, -ή, -όν: spiritual
ὥρα, ἡ: season

ἢ τὸ μὲν ἕτερον ... θατέρου δέ: "*or is one* present ... *but they leave behind the other?*"
θατέρου (= τοῦ ἑτέρου): gen. after ἀπολείπονται
τὸ μὲν δὴ φύεσθαι: pr. mid. articular inf., the subj. of δοκεῖ below, "the being naturally born"
μηδένα ... ἔχοντα: acc. s. subj. of φύεσθαι, "(the fact that) *no one having* power is born naturally"
καταδέξασθαι: ao. inf. epex. of κατα-δείκνυμι explaining ἱκανὴν, "power sufficient *to invent and teach*"
φιλάνθρωπον: pred. acc., "a skill so *humane*"
οὔ μοι δοκεῖ λόγον: "does not seem to be reasonable," the subject is the articular inf. τὸ φύεσθαι
τοῦ κόσμου ... ὄντος: gen. abs., "*the world being* the same"
καὶ τότε ... καὶ νῦν: "both then and now"
τῆς τάξεως ὑπηλλαγμένης: pr. part. of ὑπο-ἀλλάττω in gen. abs., "the order not having changed"
περιόδου μετακεκοσμημένης: perf. part. pas. of μετα-κοσμέω in gen. abs., "nor the orbit having been redesigned"
ἄλλου τινὸς ... ἐσχηκότος: perf. part. act. of ἔχω in gen abs., "*nor any other* (star) *having had* any change"
ἀστέρος πλανωμένου: a "wandering star" is a planet

εὔλογον δὲ διὰ μοχθηρὰν τροφήν, ἣν οἱ νῦν ἄνθρωποι τρέφονται, καὶ διὰ τὸ πλοῦτον ἀρετῆς εἶναι τιμιώτερον οὔθ᾽ οἷος Φειδίας ἐν πλάσταις οὔθ᾽ οἷος Ἀπελλῆς ἐν γραφεῦσιν οὔθ᾽ οἷος Ἱπποκράτης ἐν ἰατροῖς ἔτι γίγνεσθαί τινα. καίτοι τό γ᾽ ὑστέροις τῶν παλαιῶν ἡμῖν γεγονέναι καὶ τὰς τέχνας

ἀρετή, ἡ: goodness, excellence
γραφεύς, -έως, ὁ: a painter
μοχθηρός, -ά, -όν: wretched
παλαιός, -ά, -όν: old in years
πλάστης, -ου, ὁ: a sculptor

πλοῦτος, ὁ: wealth
τίμιος, -ον: valued
τρέφω: to nourish, provide nourishment
τροφή, ἡ: upbringing, nourishment
ὕστερος, -α, -ον: latter, last

εὔλογον δὲ (sc. ἐστὶ): "but rather it is sensible (to say that)" contrasting with τὸ μὲν ... οὔ λόγον above.

ἣν: rel. pron., internal acc. with τρέφονται, "the nourishment *which* men today provide"

τὸ ... εἶναι: art. inf. acc. after διὰ, "because of the wealth *being* more valued"

ἀρετῆς: gen. of comp. after τιμιώτερον, "more valued *than virtue*"

οὔθ᾽ οἷος ... οὔθ᾽ οἷος: "neither like ... nor like"

Φειδίας: Pheidias (480-30 BCE), a famous sculptor

Ἀπελλῆς: Apelles (fl. 320 BCE), a famous painter

γίγνεσθαί τινα: pr. inf. in ind. st. after εὔλογον δ᾽ ἐστὶ, "it is sensible (to say) *that someone is being born*"

τό ... γεγονέναι: art. perf. inf., "*the having been born* later" the subj. of ἦν

τῶν παλαιῶν: gen. of comp. after ὑστέροις, "later *than the ancients*"

Genitive Absolutes

Genitive absolutes combine a participle with a noun or pronoun that is not the subject or object of the main clause in order to set forth some circumstance under which an action takes place. Like other circumstantial participles, they can indicate time, manner, means, cause, purpose, concession, condition or attendant circumstance. Sometimes the noun or pronoun is suppressed and must be supplied by the context:

μήτε τῶν ὡρῶν τῆς τάξεως ὑπηλλαγμένης μήτε τῆς ἡλιακῆς περιόδου μετακεκοσμημένης: "since neither the order of the seasons *having changed*, nor the orbit of the sun *having been redesigned*"

φιλοχρηματίας ἀναπειθούσης ἢ γοητευούσης ἡδονῆς πράττουσιν: "with love of money *persuading* them or pleasure *beguiling* them, they do these things"

A genitive absolute can also substitute for an accusative participle in indirect statement:

τοῦ μὲν Πέλοπος, ὡς μὴ δυναμένης τῆς ἰατρικῆς δι᾽ ἐμπειρίας μόνης συστῆναι ... ἐπιδεικνύντος: "With Pelops demonstrating *that medicine is not able* to be composed through experience alone"

Galen

ὑπ' ἐκείνων ἐπὶ πλεῖστον προηγμένας παραλαμβάνειν οὐ σμικρὸν ἦν πλεονέκτημα. τὰ γοῦν ὑφ' Ἱπποκράτους εὑρημένα χρόνῳ παμπόλλῳ ῥᾷστον ἦν ἐν ὀλιγίστοις ἔτεσιν ἐκμαθόντα τῷ λοιπῷ χρόνῳ τοῦ βίου πρὸς τὴν τῶν λειπόντων εὕρεσιν καταχρήσασθαι. ἀλλ' οὐκ ἐνδέχεται πλοῦτον ἀρετῆς τιμιώτερον ὑποθέμενον καὶ τὴν τέχνην, οὐκ εὐεργεσίας ἀνθρώπων ἕνεκεν ἀλλὰ χρηματισμοῦ, μαθόντα τοῦ τέλους τοῦ κατ'

ἀρετή, ἡ: goodness, excellence
βίος ὁ: life
γοῦν: at least then, at any rate, any way
εὐεργεσία, ἡ: well-doing
ἐκμανθάνω: to learn thoroughly
ἐνδέχομαι: to admit, to be possible to (+ *inf.*)
ἕνεκα: for the sake of (+ *gen.*)
ἔτος, -εος, τό: a year
εὕρεσις, -εως, ἡ: a finding, discovery
εὑρίσκω: to find
καταχράομαι: to use fully (+ *dat.*)
λείπω: to leave behind, remain
λοιπός, -ή, -όν: remaining, the rest

παραλαμβάνω: to take in addition
πάμπολυς, -πόλλη, -πολυ: very much
πλεῖστος, -η, -ον: most, largest
πλεονέκτημα, -ατος, τό: an advantage
πλοῦτος, ὁ: wealth
προάγω: to lead forward, advance
ῥᾴδιος, -α, -ον: easy
σμικρός, -ά, -όν: small, little
τέλος, -εος, τό: fulfilment, end
τίμιος, -ον: valued
ὑποτίθημι: to suppose (+ *inf.*)
χρηματισμός, ὁ: personal gain, money-making

ὑπ' ἐκείνων: "advanced *by them*," i.e. the ancients
προηγμένας: perf. part. pas. acc. pl. f. of προ-ἄγω, "arts *which have been advanced*"
(τὸ) παραλαμβάνειν: art. inf. also the subj. of ἦν, "the having in addition"
τὰ εὑρημένα: acc. pl. perf. part. of εὑρίσκω, "the things that have been discovered"
χρόνῳ παμπόλλῳ: dat. of time within which, "in the course of a very long time"
ἦν ῥᾷστον: "it would be very easy" + acc. + inf.
ἐκμαθόντα: ao. part. acc. s. m. of ἐκ-μανθάνω agreeing with the subject of καταχρήσασθαι, "having learned thoroughly"
τῶν λειπόντων: pr. part. gen., "the discovery *of the remaining things*"
καταχρήσασθαι: ao. inf. epex. explaining ῥᾷστον, "very easy *to make full use of*" + dat.
οὐκ ἐνδέχεται: "it is not possible" + acc. + inf.
ἀρετῆς: gen. of comp. after τιμιώτερον, "more honorable *than virtue*"
τιμιώτερον: acc. pred. of πλοῦτον, "supposes wealth to be *more honorable*"
ὑποθέμενον: ao. part. mid. acc. s. of ὑπο-τίθημι agreeing with subj. of ἐφίεσθαι, "for the man *who supposes* wealth"
οὐκ εὐεργεσίας ... ἀλλὰ χρηματισμοῦ: both genitives are governed by ἕνεκεν, "not for the sake *of well-doing*, but for the sake *of personal gain*"
μαθόντα: ao. part. of μανθάνω also agreeing with subj. of ἐφίεσθαι, "for the man *who has learned* the skill"
τοῦ κατ' αὐτὴν (sc. τέχνην): attributive phrase after τοῦ τέλους, "the goal *according to the art itself*"

That the Best Physician is also a Philosopher

αὐτὴν ἐφίεσθαι· οὐ γὰρ δὴ δυνατὸν ἅμα χρηματίζεσθαί τε καὶ οὕτω μεγάλην ἐπασκεῖν τέχνην ἀλλ' ἀνάγκη καταφρονῆσαι θατέρου τὸν ἐπὶ θάτερον ὁρμήσαντα σφοδρότερον. ἆρ' οὖν ἔχομέν τινα τῶν νῦν ἀνθρώπων εἰπεῖν εἰς τοσοῦτον μόνον ἐφιέμενον χρημάτων κτήσεως, εἰς ὅσον ὑπηρετεῖν ἐξ αὐτῆς ταῖς ἀναγκαίαις χρείαις τοῦ σώματος; ἔστι τις ὁ δυνάμενος οὐ μόνον λόγῳ πλάσασθαι ἀλλ' ἔργῳ διδάξασθαι τοῦ

ἅμα: at the same time
ἀναγκαῖος, -α, -ον: necessary
ἀνάγκη, ἡ: necessity
ἆρα: *particle introducing a question*
δυνατός, -ή, -όν: possible, able to (+ *inf.*)
ἐπασκέω: to labour or toil at
ἕτερος, -α, -ον: one of two
ἐφίημι: (*mid.*) to aim at (+ *gen.*)
θάτερον (=τὸ ἕτερον): one of two
καταφρονέω: to despise

κτῆσις, -εως, ἡ: acquisition
ὁρμάω: to pursue
πλάττω: to form, shape, fashion
σφοδρός, -ά, -όν: zealous
τοσοῦτος, -αύτη, -οῦτο: so much
ὑπηρετέω: to serve
χρεία, ἡ: use, advantage, service
χρηματίζω: to make money
χρῆμα, -ατος, τό: wealth

ἐφίεσθαι: pr. inf. mid. of ἐπι-ίημι complementing ἐνδέχεται, "impossible *to aim at*" + gen.

οὐ δυνατὸν: "it is not possible to" + inf.

καταφρονῆσαι: ao. inf. of κατα-φρονέω after ἀνάγκη (sc. ἐστι), "but it is necessary for him *to despise*" + gen.

θατέρου (= τοῦ ἑτέρου): gen. after καταφρονῆσαι, "to despise *one of the two*"

τὸν ἐπὶ θάτερον ὁρμήσαντα: ao. part. act. acc. s. the subj. of καταφρονῆσαι, "*the one pursuing one of the two* to despise"

τινα: acc. dir. obj. of εἰπεῖν, "to say *that there is someone*"

εἰπεῖν: ao. inf. of λέγω complementing ἔχομέν, "are we able *to say*?"

εἰς τοσοῦτον μόνον: "only to such an extent"

ἐφιέμενον: pr. part. of ἐπι-ίημι agreeing with τινα, "someone *aiming at*" + gen.

εἰς ὅσον ὑπηρετεῖν: correlative with τοσοῦτον above, "to whatever (is necessary) to serve" + dat.

ἐξ αὐτῆς: "from it" i.e. κτήσεως

ἔστι τις: "is there someone?"

πλάσασθαι: ao. inf. mid. of πλάττω after δυνάμενος, "able *to fashion*"

διαδείξασθαι: ao. inf. mid. of δια-δείκνυμι after δυνάμενος, "able *to show plainly* in deed"

κατὰ φύσιν πλούτου τὸν ὅρον ἄχρι τοῦ μὴ πεινῆν, μὴ διψῆν μὴ ῥιγοῦν προιόντα;

III. Καὶ μὴν εἴ τίς γ' ἐστὶ τοιοῦτος, ὑπερόψεται μὲν Ἀρταξέρξου τε καὶ Περδίκκου καὶ τοῦ μὲν οὐδ' ἂν εἰς ὄψιν ἀφίκοιτό ποτε, τὸν δ' ἰάσεται μὲν νοσοῦντα νόσημα τῆς Ἱπποκράτους τέχνης δεόμενον, οὐ μὴν ἀξιώσει γε διὰ παντὸς συνεῖναι, θεραπεύσει δὲ τοὺς ἐν Κρανῶνι καὶ Θάσῳ καὶ ταῖς ἄλλαις πολίχναις πένητας. ἀπολείψει δὲ Κῴοις μὲν

ἀξιόω: to think or deem worthy of
ἀπολείπω: to leave behind
ἀφικνέομαι: to come to
ἄχρι: up to (+ *gen.*)
δέω: to require
διψάω: to thirst
θεραπεύω: to do service to (+ *dat.*)
ἰάομαι: to heal, cure
Κῷος, -α, -ον: from the island Cos, Coan
νοσέω: to be sick

ὅρος, ὁ: a boundary, landmark
ὄψις, ἡ: look, appearance, aspect
πεινάω: to be hungry
πένης, -ητος, ὁ: a poor man
πλοῦτος, ὁ: wealth
πολίχνη, ἡ: a small town
προέρχομαι: to approach, to go up to
ῥιγόω: to be cold, shiver from cold
σύνειμι: go associate with
ὑπεροράω: to look over, look down upon

κατὰ φύσιν: "according to nature"

τὸν ὅρον ... προιόντα: acc. part. in ind. st. after διαδείξασθαι, "to show *that the the limit approaches*"

τοῦ μὴ πεινῆν: art. inf. gen. obj. of ἄχρι, "up to the point of *not being hungry*, nor thirsting, nor being cold"

ὑπερόψεται: fut. of ὑπερ-οράω, "he will despise" + gen.

Ἀρταξέρξου: Artaxerxes I, Persian King from 465-424, whose request to Hippocrates for help with a plague was famously turned down because Artaxerxes was the enemy of Greece.

Περδίκκου: Perdiccas, King of Macedon from 454 to 413, whose request for help with a plague was granted, but Hippocrates refused to abide there.

τοῦ μὲν ... τὸν δὲ: i.e., "the former ... the latter"

οὐδ' ἂν ἀφίκοιτό: ao. opt. pot. of ἀφικνέομαι, "he would not like to come"

ἰάσεται μὲν: fut., "while he will cure him"

νοσοῦντα: pr. part. acc. s. with internal acc. νόσημα, "him *being ill with a illness*" i.e., "having a disease"

δεόμενον: agreeing with νόσημα, "a disease *requiring*" + gen.

οὐ μὴν ἀξιώσει γε: "still he will certainly not deign" + inf.

συνεῖναι: pr. inf. of συν-ειμι complementing ἀξιώσει, "deem *to associate with*"

Κρανῶνι καὶ Θάσῳ: Kranon and Thasos, relatively poor islands of Greece

ἀπολείψει: fut. of ἀπο-λείπω, "he will leave behind X (acc.) for Y (dat.)"

Κῴοις: dat. of adv., "for the inhabitants of Cos," the birthplace of Hippocrates

That the Best Physician is also a Philosopher

τοῖς πολίταις Πόλυβόν τε καὶ τοὺς ἄλλους μαθητάς, αὐτὸς δὲ πᾶσαν ἀλώμενος ἐφεξῆς διδάξει τὴν Ἑλλάδα ἵν' οὖν κρίνῃ τῇ πείρᾳ τὰ ἐκ λόγου διδαχθέντα, χρὴ πάντως αὐτόπτην γενέσθαι πόλεων, τῆς πρὸς μεσημβρίαν ἐστραμμένης καὶ τῆς πρὸς ἄρκτον καὶ τῆς πρὸς ἥλιον ἀνίσχοντα καὶ τῆς πρὸς δυσμάς, ἰδεῖν δὲ καὶ τὴν ἐν κοίλῳ κειμένην καὶ τὴν ἐφ' ὑψηλοῦ καὶ τὴν ἐπακτοῖς ὕδασι χρωμένην καὶ τὴν πηγαίοις καὶ τὴν ὀμβρίοις καὶ τὴν ἐκ λιμνῶν καὶ ποταμῶν,

---

ἀλάομαι: to wander
ἀνίσχω: to rise
ἄρκτος, ἡ: a bear (the north star)
αὐτόπτης, -ου, ὁ: an eyewitness
ἀφικνέομαι: to visit
δυσμή, ἡ: setting (of the sun)
Ἑλλάς, -δος, ἡ: Greece
ἐπακτός, -ή, -όν: brought in, imported
ἥλιος, ὁ: the sun
κεῖμαι: to lie, be situated
κοῖλον, τό: a valley
κρίνω: to pick out, choose
λίμνη, ἡ: a pool of standing water
λόγος: rational account

μαθητής, -οῦ, ὁ: a learner, pupil
μεσήμβριος, -α, -ον: southern
ὄμβριος, -ον: rainy, of rain
πάντως: altogether
πεῖρα, -ας, ἡ: a trial, experiment
πηγαῖος, -α, -ον: of or from a well
πολίτης, -ου, ὁ: a citizen
ποταμός, ὁ: a river, stream
πόλις, -εως, ἡ: a city
στρέφω: to turn
ὕδωρ, -ατος, τό: water
ὑψηλός, -ή, -όν: high, lofty, high-raised
χράομαι: to use (+ *dat.*)
χρή: it is necessary

Πόλυβόν: a famous student of Hippocrates
αὐτὸς δὲ: "but he himself"
ἀλώμενος: pr. part. of ἀλάομαι, "by wandering"
πᾶσαν ... τὴν Ἑλλάδα: acc. of extent, "the whole of Greece"
ἀφίξεται: fut. of ἀφικνέομαι, "he will visit," here referring to the kind of observations gathered in the Hippocratic text *Airs, Waters, Places*, about which Galen wrote a commentary
ἵν' οὖν κρίνῃ: ao. subj. of κρίνω in purpose clause, "in order to judge"
τῇ πείρᾳ: dat. of means, "by experiment"
τὰ...διδαχθέντα: ao. part. pas. of διδάσκω, "the things having been taught"
γενέσθαι: ao. inf. of γίγνομαι after χρή, "necessary *to become* an eyewitness"
τῆς...ἐστραμμένης: perf. part. of στρέφω, "of (the city) turned toward the south:" the participle and noun πόλις is understood with the three other directions that follow
ἥλιον ἀνίσχοντα: "the rising sun"
ἰδεῖν: ao. inf. of εἶδον after χρή, "and necessary *to see*"
κειμένην: pr. part. with πόλιν understood, "the city *lying* in a valley"
χρωμένην: pr. part., "and (the city) *using*" + dat.
τὴν ἐκ λιμνῶν (sc. πόλιν ὕδασι): "the (city using water) *from pools*"

ἀμελῆσαι δὲ καὶ μηδ' εἴ τις ψυχροῖς ἄγαν ὕδασι μηδ' εἴ τις θερμοῖς χρῆται μηδ' εἰ νιτρώδεσι μηδ' εἰ στυπτηριώδεσιν ἤ τισιν ἑτέροις τοιούτοις, ἰδεῖν δὲ καὶ ποταμῷ μεγάλῳ πρόσοικον πόλιν καὶ λίμνῃ καὶ ὄρει καὶ θαλάττῃ καὶ τἄλλα πάντα νοῆσαι, περὶ ὧν αὐτὸς ἡμᾶς ἐδίδαξεν. ὥστ' οὐ μόνον ἀνάγκη χρημάτων καταφρονεῖν τὸν τοιοῦτον ἐσόμενον ἀλλὰ καὶ φιλόπονον ἐσχάτως ὑπάρχειν. καὶ μὴν οὐκ ἐνδέχεται φιλόπονον εἶναί τινα μεθυσκόμενον ἢ ἐμπιπλάμενον ἢ ἀφροδισίοις

ἄγαν: very, much
ἀμελέω: to disregard
ἀνάγκη, ἡ: necessity
ἀφροδίσιος, -α, -ον: of Aphrodite, sexual
ἐμπίπλημι: to fill
ἐνδέχομαι: to be possible
ἔσχατος, -η, -ον: extreme
ἕτερος, -η, -ον: other
θάλαττα, ἡ: sea
θερμός, -ή, -όν: hot, warm
καταφρονέω: to despise (+ gen.)
μεθύσκω: to make drunk, intoxicate
μηδέ: but not or and not, nor

νιτρώδης, -ες: like alkaline
νοέω: to observe, notice
ὄρος, -εος, τό: a mountain, hill
ποταμός, ὁ: a river, stream
πόλις, -εως, ἡ: a city
πρόσοικος, -ον: neighboring to (+ *dat.*)
στυπτηριώδης, -ες: like an astringent
ὑπάρχω: to begin, become
ὕδωρ, -ατος, τό: water
φιλόπονος, -ον: industrious, diligent
χράομαι: to use (+ *dat.*)
χρῆμα, -ατος, τό: wealth
ψυχρός, -ά, -όν: cold

ἀμελῆσαι: ao. inf. after χρὴ, "and it is necessary *to disregard*"
μηδ' εἴ τις ... μηδ' εἴ ... χρῆται: a series of ind. questions after ἀμελῆσαι, "to disregard *neither whether* someone uses cold... *nor whether* someone uses hot..., etc."
ἰδεῖν: ao. inf. of εἶδον also complementing χρὴ, "and it is necessary *to see*"
πρόσοικον πόλιν: "to see *a city neighboring to*" + dat.
νοῆσαι: ao. inf. of νοέω also after χρή, "necessary *to observe* all other such things"
αὐτὸς ἐδίδαξεν, "which he himself (i.e. Hippocrates) taught.
ὥστε ... ἀνάγκη (sc. εἶναι or ἐστι): so that it is necessary" + inf.
τὸν τοιοῦτον ἐσόμενον: fut. part. acc. s. m. the subj. of καταφρονεῖν and ὑπάρχειν, "that the one intending to become such a one"
ὑπάρχειν: inf. after ἀνάγκη, "necessary *that he become*"
οὐκ ἐνδέχεται: "it is not possible" + inf.
μεθυσκόμενον: pr. part. circumstantial, agreeing with τινα, the subj. of εἶναι, "while being drunk"
ἐμπιπλάμενον: pr. part. acc. s. m. of ἐμπίμπλημι also agreeing with the acc. subj. of εἶναί, "someone *who is filling himself* (with food)"

That the Best Physician is also a Philosopher

προσκείμενον ἢ συλλήβδην εἰπεῖν αἰδοίοις καὶ γαστρὶ δου-
λεύοντα. σωφροσύνης οὖν φίλος ὥσπερ γε καὶ ἀληθείας
ἑταῖρος ὅ γ' ἀληθὴς ἰατρὸς ἐξεύρηται. καὶ μὲν δὴ καὶ τὴν
λογικὴν μέθοδον ἀσκεῖν χρὴ χάριν τοῦ γνῶναι, πόσα τὰ
πάντα κατ' εἴδη τε καὶ γένη νοσήμαθ' ὑπάρχει καὶ πῶς ἐφ'
ἑκάστου ληπτέον ἔνδειξίν τιν' ἰαμάτων. ἡ δ' αὐτὴ μέθοδος
ἥδε καὶ τὴν τοῦ σώματος αὐτὴν διδάσκει σύνθεσιν, τήν τ' ἐκ
τῶν πρώτων στοιχείων, ἃ δι' ἀλλήλων ὅλα κέκραται, καὶ
τὴν ἐκ τῶν δευτέρων, τῶν αἰσθητῶν, ἃ δὴ καὶ ὁμοιομερῆ

αἰδοῖον, τό: genitals
αἰσθητός, -ή, -όν: perceptible by the senses
ἀλήθεια, ἡ: truth
ἀληθής, -ές: unconcealed, true
ἀλλήλων: of one another
ἀσκέω: to practice, train
γαστήρ, -έρος, ἡ: a stomach, belly
γένος, -ους, τό: family, genus
δουλεύω: to be a slave to (+ dat.)
εἶδος, -ους, τό: species
ἔνδειξις, -εως, ἡ: an indication
ἐξευρίσκω: to find out, discover
ἑταῖρος, ὁ: a comrade, companion, mate
ἴαμα, -ατος, τό: remedy, medicine
κεράννυμι: to mix, mingle

ληπτέος, -α, -ον: to be taken or accepted
μέθοδος, ἡ: a method
ὅλος, -η, -ον: whole, entire
ὁμοιομερής, -ές: having parts like each other
πόσος, -η, -ον: how many?
πρόσκειμαι: to be situated or oriented toward (+ dat.)
στοιχεῖον, τό: element
συλλήβδην: adv. in sum, shortly
σύνθεσις, -εως, ἡ: composition
σωφροσύνη, ἡ: moderation, discretion
σῶμα, σώματος, τό: body
χάριν: for the sake of (+ gen.)
χρή: it is necessary (+ inf.)

συλλήβδην εἰπεῖν: a parenthetical phrase, "to speak in sum"
σωφροσύνης: obj. gen. with φίλος, "a friend *of moderation*"
ἐξεύρηται: perf. ind. of ἐξ-ευρίσκω, "the true doctor is found to be"
καὶ μὲν δὴ καί: indicating a climax, "furthermore"
τοῦ γνῶναι: ao. inf. art. of γιγνώσκω gen. after χάριν, "for the sake of knowing" + ind. quest.
πόσα ... ὑπάρχει: ind. quest., "knowing *how many diseases there are*"
πῶς ... ληπτέον: verbal adj. from λαμβάνω, "*how it is necessary to take* an indication"
ἐφ' ἑκάστου: "in each case"
τήν τ' ἐκ τῶν ... καὶ τὴν ἐκ τῶν: attributive phrases modifying σύνθεσιν: "both from the first elements ... and from the second (level of elements)"
κέκραται: perf. pas. of κεράννυμι, "which are mixed completely"
τῶν αἰσθητῶν: "the perceptible (elements)"
ὁμοιομερῆ: nom. pred., "are called *having like parts*" i.e., "homogeneous"

προσαγορεύεται, καὶ τρίτην ἐπὶ ταύταις τὴν ἐκ τῶν ὀργανικῶν μορίων. ἀλλὰ καὶ τίς ἡ χρεία τῷ ζῴῳ τῶν εἰρημένων ἑκάστου καὶ τίς ἡ ἐνέργεια — δέον ἀπολαβεῖν καὶ ταῦτα μὴ ἀβασανίστως ἀλλὰ μετ' ἀποδείξεως πεπιστεῦσθαι — πρὸς τῆς λογικῆς δήπου διδάσκεται μεθόδου. τί δὴ οὖν ἔτι λείπεται πρὸς τὸ μὴ οὐκ εἶναι φιλόσοφον τὸν ἰατρόν, ὃς ἂν Ἱπποκράτους ἀξίως ἀσκήσῃ τὴν τέχνην; εἰ γάρ, ἵνα μὲν ἐξεύρῃ φύσιν σώματος καὶ νοσημάτων διαφορὰς καὶ ἰαμάτων ἐνδείξεις, ἐν τῇ λογικῇ θεωρίᾳ γεγυμνάσθαι προσήκει, ἵνα δὲ φιλοπόνως

ἀβασάνιστος, -ον: not examined, uncritical
ἄξιος, -ία, -ον: worthy
ἀπολαμβάνω: to receive from another
ἀπόδειξις, -εως, ἡ: logical demonstration
ἀσκέω: to practice, train
γυμνάζω: to train, exercise
δήπου: doubtless
διαφορά, ἡ: difference, distinction
ἔνδειξις, -εως, ἡ: an indication
ἐνέργεια, ἡ: action, operation, energy
ἐξευρίσκω: to find out, discover

ζῷον, τό: a living being, animal
ἴαμα, -ατος, τό: remedy, medicine
λείπω: to leave, quit
μόριον, τό: a part, portion
ὀργανικός, -ή, -όν: serving as instruments, organic
πιστεύω: to trust, believe in
προσαγορεύω: to name
προσήκω: to be fitting (+ *inf.*)
φιλόπονος, -ον: industrious, diligent
φύσις, ἡ: nature, natural condition
χρεία, ἡ: use, advantage, service

καὶ τρίτην (sc. σύνθεσιν): "and the third (level of composition)"
τὴν ἐκ τῶν ὀργανικῶν μορίων: attrib. phrase with σύνθεσιν understood, "the composition *from organic parts*"
τίς ἡ χρεία ... τίς ἡ ἐνέργεια: these vivid ind. questions are the subj. of διδάσκεται, "what the use is ... what the function is"
τῶν εἰρημένων: perf. part. of λέγω, "of each *of the things mentioned*"
δέον: pr. part. n. acc. in an acc. abs., "it being necessary" + inf.
ἀπολαβεῖν ... πιστώσασθαι: ao. inf. of ἀπο-λαμβάνω and πιστεύω after δέον, these phrases being a parenthetical remark, "necessary *to receive and to have believed*"
μὴ ἀβασανίστως: "not untortured" i.e., "not untested"
διδάσκεται: "these questions *are taught*" i.e. are to be learned
τὸ μὴ οὐκ εἶναι: art. inf., "towards *the not being*," the subject of the inf. is τὸν ἰατρόν and φιλόσοφον is the predicate
ὃς ἂν ... ἀσκήσῃ: ao. subj. of ἀσκέω in gen. rel. clause, "whoever would practice"
εἰ γάρ ... προσήκει: simple cond., "for if it is fitting" + inf.
ἵνα μὲν ἐξεύρῃ: ao. subj. of ἐξ-ευρίσκω in purpose clause, "in order to discover"
γεγυμνάσθαι: perf. inf. of γυμνάζω after προσήκει, "it is fitting *to train*"
ἵνα δὲ ... παραμένῃ: pr. subj. also in a purpose clause, "*in order to remain* hardworking"

That the Best Physician is also a Philosopher

τῇ τούτων ἀσκήσει παραμένῃ, χρημάτων τε καταφρονεῖν καὶ σωφροσύνην ἀσκεῖν, πάντ' ἂν ἤδη τῆς φιλοσοφίας ἔχοι τὰ μέρη, τό τε λογικὸν καὶ τὸ φυσικὸν καὶ τὸ ἠθικόν. οὐ γὰρ δὴ δέος γε, μὴ χρημάτων καταφρονῶν καὶ σωφροσύνην ἀσκῶν ἄδικόν τι πράξῃ· πάντα γάρ, ἃ τολμῶσιν ἀδίκως ἄνθρωποι, φιλοχρηματίας ἀναπειθούσης ἢ γοητευούσης ἡδονῆς πράττουσιν. οὕτω δὲ καὶ τὰς ἄλλας ἀρετὰς ἀναγκαῖον ἔχειν αὐτόν· σύμπασαι γὰρ ἀλλήλαις ἕπονται καὶ οὐχ οἷόν τε μίαν ἡντινοῦν λαβόντι μὴ οὐχὶ καὶ τὰς ἄλλας ἁπάσας εὐθὺς

ἄδικος, -ον: unrighteous, unjust
ἀλλήλαις: to one another
ἀναγκαῖος, -α, -ον: necessary
ἀναπείθω: to bring over, convince
ἀρετή, ἡ: excellence, virtue
ἀσκέω: to practice, train
ἄσκησις, -εως, ἡ: practice, training
γοητεύω: to bewitch, beguile
δέος, τό: fear
ἕπομαι: to follow (+ dat.)
ἡδονή, ἡ: pleasure
ἠθικός, -ή, -όν: ethical, moral

καταφρονέω: to think down on, despise (+ gen.)
οἷόν τε ἐστι: it is possible (+ inf.)
παραμένω: to remain
πράττω: to do
σύμπας: all together
σωφροσύνη, ἡ: moderation, discretion
τολμάω: to undertake, take heart
φιλοχρηματία, ἡ: love of money
φυσικός, -ή, -όν: physical
χρῆμα, -ατος, τό: wealth

καταφρονεῖν καὶ ἀσκεῖν (sc. προσήκει): "it is fitting *to despise and to practice*"
ἂν ... ἔχοι: pr. opt. in fut. less vivid apodosis, "*then he would have* all the parts"
οὐ γὰρ δὴ δέος γε: "there will certainly be no fear"
μὴ ... πράξῃ: ao. subj. of πράττω in clause of fearing, "fear *that he will do* something wrong"
καταφρονῶν, ἀσκῶν: pr. part. with conditional force, "*if despising, practicing*"
ἀναπειθούσης ἢ γοητευούσης: pr. part. in gen. abs., "love of money *persuading* or pleasure *beguiling*"
ἔχειν: pr. inf. after ἀναγκαῖον (sc. ἐστι), "it is necessaary *that he have*"
σύμπασαι (sc. ἀρεταί): "all virtues"
οὐχ οἷόν τε (sc. ἐστι): "it is not possible" + inf.
ἡντινοῦν: ἥν-τινα-οῦν, "anyone (virtue) whatever"
λαβόντι: ao. part. dat. s. with οἷόν τε ἐστι, "impossible *for the man having*"
μὴ οὐχὶ ... ἔχειν: inf. after οὐχ οἷόν τε, "impossible *not to not have*"

ἀκολουθούσας ἔχειν ὥσπερ ἐκ μιᾶς μηρίνθου δεδεμένας. καὶ μὴν εἴ γε πρὸς τὴν ἐξ ἀρχῆς μάθησιν καὶ πρὸς τὴν ἐφεξῆς ἄσκησιν ἀναγκαία τοῖς ἰατροῖς ἐστιν ἡ φιλοσοφία, δῆλον ὡς, ὅστις ἂν ἄριστος ἰατρὸς ᾖ, πάντως οὗτός ἐστι καὶ φιλόσοφος. οὐδὲ γὰρ οὐδ' ὅτι πρὸς τὸ χρῆσθαι καλῶς τῇ τέχνῃ φιλοσοφίας δεῖ τοῖς ἰατροῖς, ἀποδείξεως ἡγοῦμαί τινος χρῄζειν ἑωρακότας γεπολλάκις ὡς φαρμακεῖς εἰσιν, οὐκ ἰατροὶ καὶ χρῶνται τῇ τέχνῃ πρὸς τοὐναντίον ἢ πέφυκεν οἱ φιλοχρήματοι.

ἀκολουθέω: to follow
ἀναγκαῖος, -α, -ον: necessary
ἀρχή, ἡ: a beginning
ἄσκησις, -εως, ἡ: practice, training
δεῖ: it is necessary
δέω: to bind, tie
δῆλος, -ον: obvious
ἐναντίον, τό: the opposite
ἐφεξῆς: one after another
ἡγέομαι: to consider, think

μάθησις, -εως, ἡ: learning
μήρινθος, -ου, ἡ: a cord, line, string
ὁράω: to see
πάντως: altogether
πολλάκις: many times, often, oft
φαρμακεύς, -έως, ὁ: a poisoner, druggist
φιλοχρήματος, -ον: loving money
φύω: to produce naturally
χράομαι: to use (+ *dat*.), practice
χρῄζω: to lack, have need of (+ *gen*.)

ἀκολουθούσας: pr. part. acc. pl. f., "the others *following*"
δεδεμένας: perf. part. of δέω, "since all are tied together"
καὶ μὴν εἴ γε: "and indeed if it is the case"
ἐξ ἀρχῆς ... ἐφεξῆς: attributive phrases, "from the start ... subsequent"
δῆλον ὡς ... ἐστι: "it is clear that this one is"
ὅστις ἂν ᾖ: pr. subj. of εἰμι in gen. rel. clause, "*whoever is* the best doctor"
οὐδὲ γὰρ οὐδὲ ... ἡγοῦμαι: "nor do I think" + inf.
ὅτι ... δεῖ: "that there is need of X (gen.) for Y (dat.)"
πρὸς τὸ χρῆσθαι: art. inf., "for the practicing" + dat.
χρῄζειν: inf. after ἡγοῦμαι with the preceding ὅτι clause as its subj., "think *that this (statement) needs*" + gen.
ἑωρακότας: perf. part. acc. pl. m. of ὁράω, causal, , "*since having seen* many times"; although not agreeing with any word in the sentence
τοὐναντίον (=τὸ ἐναντίον) ἤ: "the opposite from"
πέφυκεν: perf. of φύω, "from *what it was naturally fitted*"

IV. Πότερον οὖν ὑπὲρ ὀνομάτων ἔτι διενεχθήσῃ καὶ ληρήσεις ἐρίζων, ἐγκρατῆ μὲν καὶ σώφρονα καὶ χρημάτων κρείττονα καὶ δίκαιον ἀξιῶν εἶναι τὸν ἰατρόν, οὐ μὴν φιλόσοφόν γε, καὶ φύσιν μὲν γιγνώσκειν σωμάτων καὶ ἐνεργείας ὀργάνων καὶ χρείας μορίων καὶ διαφορὰς νοσημάτων καὶ θεραπειῶν ἐνδείξεις, οὐ μὴν ἠσκῆσθαί γε κατὰ τὴν λογικὴν θεωρίαν; ἢ τὰ πράγματα συγχωρήσας ὑπὲρ ὀνομάτων αἰδεσθήσῃ διαφέρεσθαι; καὶ μὴν ὀψὲ μέν· ἄμεινον δὲ νῦν

αἰδέομαι: to be ashamed to (+ *inf.*)
ἀμείνων, -ον: better
ἄξιος, -ον: weighing as much
ἀσκέω: to practice, train
διαφέρω: to differ, quarrel
διαφορά, ἡ: difference, distinction
δίκαιος: well-ordered, civilised
ἐγκρατής, -ές: possessing self-control
ἔνδειξις, -εως, ἡ: an indication
ἐνέργεια, ἡ: action, operation
ἐρίζω: to wrangle, quarrel
ἦ: a conjunction indicating disapproval
θεραπεία, ἡ: a service, therapy
κρείττων, -ον: better than (+ *gen.*)

ληρέω: to speak foolishly
μόριον, τό: a piece, part
ὄνομα, -ματα, τό: name, word (opposed to πρᾶγμα)
ὄργανον, τό: an organ
ὀψέ: late
πότερος, -α, -η, -ον: whether of the two?
πρᾶγμα, -ατος, τό: an actual fact or deed
συγχωρέω: to come together, agree
σώφρων, -ον: of sound mind
σῶμα, -ατος, τό; body
φύσις, ἡ: nature, natural condition
χρεία, ἡ: use, advantage, service
χρῆμα, -ατος, τό: wealth

πότερον ... ἦ: each particles precedes one of two alternative propositions
διενεχθήσῃ: fut. pas. 2 s. of δια-φέρω addressing Syrus again. , "will you either quarrel?"
ληρήσεις: fut. of ληρέω, "and you will speak nonsense"
ἐγκρατῆ: acc. pred., "the doctor is *self-possessed*"
ἀξιῶν: pr. part., "(you) *deeming it worthy* that the doctor is"
οὐ μὴν φιλόσοφόν γε: acc. pred., "but not that he be a philosopher"
γιγνώσκειν: pr. inf. also complementing ἀξιῶν, "worthy *that he know*"
οὐ μὴν ἠσκῆσθαί γε: perf. inf. mid. of ἀσκέω, also complementing ἀξιῶν, "but that he not train himself"
συγχωρήσας: ao. part. nom. s. m. of συν-χωρέω, "*while having agreed* with respect to the substance"
αἰδεσθήσῃ: fut. pas. 2 s., "*will you be shameful enough* to disagree?"
καὶ μὴν ὀψὲ μέν: "surely it is too late for that!"
ἄμεινον (sc. ἐστι): "it is better that you" + inf.

γοῦν σωφρονήσαντά σε μὴ καθάπερ κολοιὸν ἢ κόρακα περὶ φωνῶν ζυγομαχεῖν ἀλλ' αὐτῶν τῶν πραγμάτων σπουδάζειν τὴν ἀλήθειαν. οὐ γὰρ δὴ τοῦτό γ' ἂν ἔχοις εἰπεῖν, ὡς ὑφάντης μέν τις ἢ σκυτοτόμος ἀγαθὸς ἄνευ μαθήσεώς τε καὶ ἀσκήσεως οὐκ ἄν ποτε γένοιτο, δίκαιος δέ τις ἢ σώφρων ἢ ἀποδεικτικὸς ἢ δεινὸς περὶ φύσιν ἐξαιφνίδιον ἀναφανήσεται μήτε διδασκάλοις χρησάμενος μήτ' αὐτὸς ἐπασκήσας ἑαυτόν. εἰ τοίνυν καὶ τοῦτ' ἀναίσχυντον καὶ θάτερον οὐ περὶ πραγμάτων

ἀγαθός, -ή, -όν: good
ἀναίσχυντος, -ον: shameless, impudent
ἀναφαίνομαι: to appear
ἄνευ: without (+ gen.)
ἀποδεικτικός, -ή, -όν: affording proof, logical
ἄσκησις, -εως, ἡ: practice, training
γοῦν: at least then, at any rate, any way
δεινός, -ή, -όν: awesome
διδάσκαλος, ὁ: a teacher, master
δίκαιος, -ον: well-ordered, just
ἐξαιφνίδιον: adv. suddenly
ἐπασκέω: to labour, practice
ζυγομαχέω: to struggle, quarrel
θάτερον (= τὸ ἕτερον): the other (of two)
καθάπερ: just like
κολοιός, ὁ: a jackdaw (a bird)

κόραξ, -ακος, ὁ: crow
μάθησις, -εως, ἡ: learning
μήτε: and not
πρᾶγμα, -ατος, τό: a deed (as opposed to mere words)
σκυτοτόμος, ὁ: a cobbler
σπουδάζω: to be eager for, to strive for
σωφρονέω: to be sound of mind
σώφρων, -ον: of sound mind, sane
τοίνυν: therefore, accordingly
ὑφάντης, -ου, ὁ: a weaver
φύσις, ἡ: nature, natural condition
φωνή, ἡ: sound (of a word, as opposed to its meaning)
χράομαι: to make use of (+ dat.)

σωφρονήσαντα: ao. part. agreeing with σε: "once you have become sensible"
μὴ ... ζυγομαχεῖν: pr. inf. after ἄμεινον, "not to quarrel"
ἀλλὰ ... σπουδάζειν: also after ἄμεινον, "but to strive for" + acc.
ἂν ἔχοις: pot. opt., "you wouldn't be able to" + inf.
ὡς ... οὐκ ἄν ποτε γένοιτο: ao. opt. pot. of γίγνομαι in noun cl. in apposition to τοῦτο, "to say this, *namely, that* a weaver *would ever be* good"
ἀναφανήσεται: fut. mid. of ἀνα-φαίνω, "but that some doctor *will appear* who is just"
μήτε χρησάμενος: ao. part. conditional, "if he has not made use of" + dat.
ἐπασκήσας: ao. part. conditional, "if not having practiced"
εἰ ... τοῦτ' ἀναίσχυντον: "if this (argument) is shameful"
καὶ θάτερον ... ἐρίζοντος: pr. part. gen., "and if the other (argument) is of someone quibbling"

ἐστὶν ἀλλ' ὑπὲρ ὀνομάτων ἐρίζοντος, φιλοσοφητέον ἡμῖν ἐστιν, εἴπερ Ἱπποκράτους ἀληθῶς ἐσμεν ζηλωταί, κἂν τοῦτο ποιῶμεν, οὐδὲν κωλύει μὴ παραπλησίους ἀλλὰ καὶ βελτίους αὐτοῦ γενέσθαι μανθάνοντας μὲν, ὅσα καλῶς ἐκείνῳ γέγραπται, τὰ λείποντα δ' αὐτοὺς ἐξευρίσκοντας.

ἀληθῶς: truly
βελτίων, -ον: better
γράφω: to write
εἴπερ: if indeed
ἐξευρίσκω: to find out, discover
ἐρίζω: to strive, quibble, quarrel

ζηλωτής, -οῦ, ὁ: an emulator, zealous admirer
κωλύω: to prevent from (+ *inf.*)
λείπω: to leave, quit
ὄνομα, τό: a name
παραπλήσιος, -α, -ον: nearly resembling

φιλοσοφητέον: verbal adj. in impersonal construction, "it is necessary for us to follow philosophy"
κἂν (=καὶ ἂν) τοῦτο ποιῶμεν: pr. subj. in pr. gen. cond., "if we do this"
μὴ ... γενέσθαι: ao. inf. after κωλύει, "nothing prevents us *from becoming* as great"
αὐτοῦ: gen. of comp. after βελτίους, "but even better *than him*"
μανθάνοντας: pr. part. acc. pl. instr., "by learning"
ἐκείνῳ: dat. of agent, "has been written *by that one* (i.e. Hippocrates)
τὰ λείποντα: pr. part. n. pl. acc., "but the rest"
αὐτοὺς (sc. ἡμᾶς): "*ourselves* discovering"
ἐξευρίσκοντας: pr. part. acc. pl. instr., "*by discovering*"

List of Verbs

List of Verbs

The following is a list of verbs that have some irregularity in their conjugation. Contract verbs and other verbs that are completely predictable (-ίζω, -εύω, etc.) are generally not included. The principal parts of the Greek verb in order are 1. Present 2. Future 3. Aorist 4. Perfect Active 5. Perfect Middle 6. Aorist Passive, 7. Future Passive. We have not included the future passive below, since it is very rare in Galen. For many verbs not all forms are attested or are only poetic. Verbs are alphabetized under their main stem, followed by various compounds that occur in the three Galenic treatises, with a brief definition. A dash (-) before a form means that it occurs only or chiefly with a prefix. The list is based on the list of verbs in H. Smythe, *A Greek Grammar*.

ἀγγέλλω: to announce, ἀγγελῶ, ἤγγειλα, ἤγγελκα, ἤγγελμαι,, ἠγγέλθην
    ἐπαγγέλλω: to tell, proclaim, announce

ἄγω: to lead ἄξω, 2 ao. ἤγαγον, ἦχα, ἦγμαι, ἤχθην
    ἀπάγω: to lead away, divert
    εἰσάγω: to introduce
    προάγω: to lead forth, advance, produce
    προεισάγω: to introduce before

αἱρέω: to take, *mid.* choose: αἱρήσω, 2 ao. εἷλον, ᾕρηκα, ᾕρημαι, ᾑρέθην
    ἀφαιρέω: to take from, take away from
    διαιρέω: to divide, separate, distinguish

αἴρω: to lift ἀρῶ, ἦρα, ἦρκα, ἦρμαι, ἤρθην
    καθαίρω: to purge

αἰσθάνομαι: to perceive αἰσθήσομαι, 2 ao. ᾐσθόμην, ᾔσθημαι

ἀκούω: to hear ἀκούσομαι, ἤκουσα, 2 perf. ἀκήκοα, 2 plupf. ἠκηκόη or ἀκηκόη, ἠκούσθην

ἀλλάττω: to change, ἀλλάξω, ἤλλαξα, -ήλαχα, ἤλλαγμαι, ἠλλάχθην
    ὑπαλλάττω: to alter, change
    ἀπαλλάττω: to set free, release
    ἁμαρτάνω: to fail, go wrong ἁμαρτήσομαι, 2 ao. ἥμαρτον, ἡμάρτηκα, ἡμάρτημαι, ἡμαρτήθην

Galen

ἄρχω: to be first, begin ἄρξω, ἦρξα, ἦργμαι, ἤρχθην

ὑπάρχω: to begin, to be from the beginning

αὐξάνω: to increase αὔξω, ηὔξησα, ηὔξηκα, ηὔξημαι, ηὐξήθην

ἀφικνέομαι: to arrive at ἀφ-ίξομαι, 2 ao. ἀφ-ικόμην, ἀφ-ῖγμαι

βαίνω: to step, go βήσομαι, 2 ao. ἔβην, βέβηκα
    ἐπιβαίνω: to go upon, trample
    μεταβαίνω: to pass from one place to another
    συμβαίνω: to come together, come to pass

βάλλω: to throw βαλῶ, 2 ao. ἔβαλον, βέβληκα, βέβλημαι, ἐβλήθην
    ἀναβάλλω: to throw up, defer
    διαβάλλω: to attack, slander

προβάλλω: to set before, challenge

συμβάλλω: to throw together, contribute

ὑπερβάλλω: to throw beyond, surpass

βλάπτω: to hurt, injure: βλάψω, ἔβλαψα, βέβλαφα, βέβλαμμαι, ἐβλάφθην and 2 ao. ἐβλάβην

βλέπω: to look at βλέψομαι, ἔβλεψα
    ἀποβλέπω: to look upon, regard, attend

βούλομαι: to wish βουλήσομαι, βεβούλημαι, ἐβουλήθην

γελάω: to laugh γελάσομαι, ἐγέλασα, ἐγελάσθην

γίγνομαι: to become γενήσομαι, 2 ao. ἐγενόμην, 2 perf. γέγονα, γεγένημαι, ἐγενήθην
    παραγίγνομαι: to be near, attend upon

γιγνώσκω: to know γνώσομαι, ἔγνων, ἔγνωκα, ἔγνωσμαι, ἐγνώσθην
    ἀναγιγνώσκω: to read, to circulate (by reading)
    καταγιγνώσκω: to judge
    προγιγνώσκω: to know beforehand, to make a prognosis about

γράφω: to write γράψω, ἔγραψα, γέγραφα, γέγραμμαι, ἐγράφην
    ἐπιγράφω: to write upon, inscribe, dedicate, entitle

προσγράφω: to add in writing
συγγράφω: to write, compose
ὑπογράφω: to entitle, write below

δείκνυμι: to show δείξω, ἔδειξα, δέδειχα, δέδειγμαι, ἐδείχθην
    ἐνδείκνυμι: to mark, point out, demonstrate
    ἐπιδείκνυμι: to show, exhibit

δέομαι: to want, ask: δεήσομαι, δεδέημαι, ἐδεήθην. (from δέω 2)

δέχομαι: to receive δέξομαι, ἐδεξάμην, δέδεγμαι, -εδέχθην
    ἐνδέχομαι: to receive, accept

δέω (1): to bind δήσω, ἔδησα, δέδεκα, δέδεμαι, ἐδέθην

δέω (2): to need, lack, ask (*mid.*), δεήσω, ἔδεησα, δεδέηκα, δεδέημαι, ἐδεήθην, *impers.* δεῖ it is necessary

διδάσκω: to teach, (*mid.*) learn διδάξω, ἐδίδαξα, δεδίδαχα, δεδίδαγμαι, ἐδιδάχθην
    ἐκδιδάσκω: to teach thoroughly
    ἐπεκδιδάσκω: to teach in addition

δίδωμι: to give δώσω, *1 ao.* ἔδωκα in *s.*, *2 ao. in pl.* ἔδομεν, δέδωκα, δέδομαι, ἐδόθην
    διαδίδωμι: to distribute
    ἐκδίδωμι: to circulate, publish

δοκέω: to think, seem δόξω, ἔδοξα, δέδογμαι

δράω: to do δράσω, ἔδρασα, δέδρακα, δέδραμαι, ἐδράσθην

ἐθέλω: to wish ἐθελήσω, ἠθέλησα, ἠθέληκα

εἶδον I saw: see ὁράω

εἰμί: to be, *fut.* ἔσομαι, *imperf./ao.* ἦν
    πάρειμι: to be present, stand by

εἶμι: I will go: see ἔρχομαι

ἐλαύνω: to drive, ἐλῶ, ἤλασα, -ἐλήλακα, ἐλήλαμαι, ἠλάθην

ἐξελαύνω: to drive out from

ἐλέγχω: to refute ἐλέγξω, ἤλεγξα, ἐλήλεγμαι, ἠλέγχθην

ἐξελέγχω: to test, refute

ἕπομαι: to follow ἕψομαι, 2 ao. ἑσπόμην

ἔρχομαι: to come or go to: *fut.* εἶμι, 2 *ao.* ἦλθον, 2 *perf.* ἐλήλυθα
    διέρχομαι: to go through, pass through
    ἐξέρχομαι: to go or come out of
    μετέρχομαι: to go after, seek, pursue
    προέρχομαι: to go forward, advance

ἐρωτάω: to ask ἐρήσομαι, 2 *ao.* ἠρόμην

εὑρίσκω: to find εὑρήσω, 2 *ao.* ηὗρον or εὗρον, ηὕρηκα or εὕρηκα, εὕρημαι, εὑρέθην

ἐξευρίσκω: to find out, discover
    προσεξευρίσκω: to discover in addition, find out besides

ἔχω: to have ἕξω, 2 *ao.* ἔσχον, ἔσχηκα, *imperf.* εἶχον.
    ἀνέχω: to hold back
    ἀπέχω: to keep off, hold back
    κατέχω: to hold fast, possess
    παρέχω: to furnish, provide, supply
    περιέχω: to encompass, embrace, surround
    προσέχω: to hold to

ζάω: to live ζήσω, ἔζησα, ἔζηκα

ἡγέομαι: to go before, lead the way ἡγήσομαι, ἡγησάμην, ἥγημαι

ἐξηγέομαι: to explain
    προηγέομαι: to be the leader, precede

θαυμάζω: to wonder, admire, *fut.* θαυμάσομαι

θνήσκω: to die, θανοῦμαι, 2 *ao.* -έθανον, τέθνηκα
    ἀποθνήσκω: to die

ἵημι: to let go, relax, to send forth ἥσω, ἧκα, εἷκα, εἷμαι, εἵθην

ἐφίημι: to send to, permit; (mid) to aim at + *gen.*

ἵστημι: to make to stand, set στήσω shall set, ἔστησα set, caused to stand, 2 ao. ἔστην stood, 1 perf. ἔστηκα stand, plup. εἱστήκη stood, ἐστάθην
    καθίστημι: to set down, place
    συνίστημι: to set together, combine, unite

καίω: to burn καύσω, ἔκαυσα, -κέκαυκα, κέκαυμαι, ἐκαύθην

καλέω: to call καλῶ, ἐκάλεσα, κέκληκα, κέκλημαι, ἐκλήθην
    ἀποκαλέω: to call back, recall, disparage
    ἐγκαλέω: to call in, accuse
    μετακαλέω: to summon
    παρακαλέω: to call to, summon, invite
    προσεγκαλέω: accuse besides + *dat.*

κάμνω: to labor, be weary or sick: καμοῦμαι, 2 ao. ἔκαμον, κέκμηκα, κεράννυμι: to mix, ἐκέρασα, κέκραμαι, ἐκραάθην

κλέπτω: to steal: κλέψω, ἔκλεψα, κέκλοφα, κέκλεμμαι, ἐκλέφθην or ἐκλάπηνκομίζω: to take care of κομιῶ, ἐκόμισα, κεκόμικα, κεκόμισμαι, ἐκομίσθην

κρίνω: to decide κρινῶ, ἔκρινα, κέκρικα, κέκριμαι, ἐκρίθην
    ἀποκρίνομαι: to answer
    διακρίνω: to separate, distinguish

κτάομαι: to acquire κτήσομαι, ἐκτησάμην, κέκτημαι possess

λαμβάνω: to take λήψομαι, ἔλαβον, εἴληφα, εἴλημμαι, ἐλήφθην
    παραλαμβάνω: to take in addition
    ὑπολαμβάνω: to undertake, to understand

λανθάνω: to escape notice λήσω, ἔλαθον, λέληθα

λέγω: to speak ἐρέω, εἶπον, εἴρηκα, λέλεγμαι, ἐλέχθην and ἐρρήθην
    ἀναλέγω: to read through
    διαλέγομαι: to converse, discourse with
    ἐκλέγω: to pick or choose
    προλέγω: to pick out, choose, prefer
    συλλέγω: to collect, gather

λείπω: to leave λείψω, ἔλιπον, λέλοιπα, λέλειμμαι, ἐλείφθην
    ἀπολείπω: to leave behind

καταλείπω: to leave behind
παραλείπω: to leave behind

μανθάνω: to learn μαθήσομαι, ἔμαθον, μεμάθηκα

ἐκμανθάνω: to learn thoroughly

μεθύσκω: to make drunk ἐμέθυσα, ἐμεθύσθην

μέμφομαι: to blame μέμψομαι, ἐμεμψάμην, ἐμέμφθην

μένω: to stay μενῶ, ἔμεινα, μεμένηκα

καταμένω: to stay
    παραμένω: to remain
    περιμένω: to wait for, await

μιμνῄσκω: to remind, *mid.* to remember, -μνήσω, -έμνησα, μέμνημαι, ἐμνήσθην

νοέω: to think, perceive, νοοῦμαι, ἔνωσα, νένωκα, νένωμαι
    ἀγνοέω: not to know
    ἐπινοέω: to think of, imagine
    ὑπονοέω: to suspect

οἴομαι: to suppose ᾠήθην *imperf.* ᾤμην

[ὄλλυμι: to destroy ὀλῶ, -ώλεσα, -ολώλεκα, -όλωλα]
    ἀπόλλυμι: to destroy utterly, kill

ὁράω: to see ὄψομαι, 2 *ao.* εἶδον, ἑόρακα and ἑώρακα, ὤφθην, *imperf.* ἑώρων
    ὑπεροράω: to look down upon, despise

ὀρέγω: to reach ὀρέξω, ὤρεξα, ὠρέχθην

πάσχω: to experience πείσομαι, 2 *ao.* ἔπαθον, 2 *perf.* πέπονθα

πείθω: to persuade πείσω, ἔπεισα, 2 *perf.* πέποιθα, πέπεισμαι, ἐπείσθην
    ἀναπείθω: to bring over, convince

πίπτω: to fall πεσοῦμαι, 2 *ao.* ἔπεσον, πέπτωκα
    ἐκπίπτω: to fall out, happen
    ἐμπίπτω: to fall upon or into

πεινάω: to hunger, πεινήσω, ἐπείνησα, πεπαίνηκα

πέμπω: to convey, send, πέμψω, ἔπεμψα, 2 perf. πέπομφα, πέπεμμαι, ἐπέμφθην

πιπράσκω: to sell, πέπρακα, πέπραμαι, ἐπράθην. πωλέω and ἀποδίδομαι are used for future and aorist

πλάττω: to form, ἔπλασα, πέπλασμαι, ἐπλάσθην

πράττω: to do, πράξω, ἔπραξα, 2 perf. πέπραχα, πέπραγμαι, ἐπράχθην

πυνθάνομαι: to learn, πεύσομαι, 2 ao. ἐπυθόμην, πέπυσμαι

σημαίνω: to indicate, σημανῶ, ἐσήμηνα, σεσήμασμαι, ἐσημάνθην
    ἐπισημαίνω: to indicate in addition

σκώπτω: to mock, σκώψομαι, ἔσκωψα, ἐσκώφθην

σπουδάζω: to be eager, σπουδάσομαι, ἐσπούδασα, ἐσπούδακα

στέλλω: to send, στελῶ, ἔστειλα, -ἔσταλκα, ἔσταλμαι, ἐστάλην
    συστέλλω: to draw together, compress

στρέφω: to turn στρέψω, ἔστρεψα, ἔστραμμαι, ἐστρέφθην

σφάλλω: to trip up, σφαλῶ, ἔσφηλα, ἔσφαλμαι, ἐσφάλην

σῴζω: to save σώσω, ἔσωσα, σέσωκα, ἐσώθην
    διασῴζω: to preserve

τάττω: to arrange, τάξω, ἔταξα, 2 perf. τέταχα, τέταγμαι, ἐτάχθην

τείνω: to stretch τενῶ, -έτεινα, -τέτακα, τέταμαι, -ετάθην
    ἐκτείνω: to stretch out, extend

τέμνω: to cut τεμῶ, 2 ao. ἔτεμον, -τέτμηκα, τέτμημαι, ἐτμήθην
    ἀνατέμνω: to cut open, dissect

τεύχω: to prepare, make: τεύξω, ἔτευξα, 2 perf. τέτευχα, , τέτυγμαι, ἐτύχθην

τίθημι: to place θήσω, ἔθηκα, τέθηκα, τέθειμαι (but usu. κεῖμαι), ἐτέθην
    ἀνατίθημι: to set up, set in place
    προστίθημι: to put to, put forth, impose

τρέπω: to turn τρέψω, ἔτρεψα, τέτροφα, ἐτράπην
    ἀποτρέπω: to turn away from, oppose

ἐκτρέπω: to turn aside
περιτρέπω: to reverse, contradict
προτρέπω: to urge forwards

τρέφω: to nourish θρέψω, ἔθρεψα, *2 perf.* τέτροφα, τέθραμμαι, ἐτράφην
ἀνατρέφω: to educate

τρίβω: to rub *τρίψω, ἔτριψα, 2 perf.* τέτριφα, τέτριμμαι, ἐτρίβην
διατρίβω: to spend time
κατατρίβω: to spend time
ὑποδιατρίβω: to delay a little

τυγχάνω: to happen *τεύξομαι, ἔτυχον, τετύχηκα, τέτυγμαι, ἐτύχθην*

φαίνω: to show, appear (*mid.*), *φανῶ, ἔφηνα, πέφηνα, πέφασμαι, ἐφάνην*
ἀποφαίνω: to show forth, display, assert, declare

φέρω: to bear, carry, *οἴσω, 1 ao. ἤνεγκα, 2 ao. ἤνεγκον, 2 perf. ἐνήνοχα, perf. mid. ἐνήνεγμαι, ao. pass. ἠνέχθην*
διαφέρω: to differ, carry across
ἐπιφέρω: to bring along

φεύγω: to flee, *φεύξομαι, ἔφυγον, πέφευγα*

φθάνω: to anticipate, *φθήσομαι, ἔφθασα, ἔφθην*

φθείρω: to corrupt, *φθερῶ, ἔφθειρα, ἔφθαρκα, 2 perf. -έφθορα, ἔφθαρμαι, ἐφθάρην*
διαφθείρω: to destroy utterly

φυλάττω: to guard, *φυλάξω, ἐφύλαξα, πεφύλαχα, πεφύλαγμαι, ἐφυλάχθην*

φύω: to bring forth, *φύσω, ἔφυσα, 2 ao. ἔφυν, πέφυκα*
ἐκφύω: to generate from

χέω: to pour, *fut.* χέω, *ao.* ἔχεα, κέχυκα, κέχυμαι, ἐχύθην

χράομαι: to use, χρήσομαι, ἐχρησάμην, κέχρημαι, ἐχρήσθην

ψεύδω: to lie, ψεύσω, ἔψευσα, ἔψευσμαι, ἐψεύσθην

Proper Names

Proper Names

The following is a list of the proper names occurring in these three Galenic treatises, and pages on which they occur in our text.

Adrastus of Aphrodisias (Ἄδραστος): (2nd C CE), a Peripatetic philosopher; p. 70.

Aeficianus (Αἰφικιανὸς): a pupil of the anatomist Quintus; p. 101.

Aristophanes (Ἀριστοφάνης): (466-386 BCE) only poet of old comedy whose works have survived; p. 79.

Aspasius (Ἀσπασίος): (80-150 CE) a Peripatetic philosopher, whose commentary on the Nicomachean Ethics is the earliest surviving commentary on Aristotle; p. 70.

Bassus (Βάσσος): the addressee of *On my Own Books*, otherwise unknown, p. 3.

Boethus (Βόηθος): an important patron of Galen mentioned many times as a true intellectual; pp. 13, 19, 29.

Celsus (Κέλσος): (2nd C CE) an Epicurean philosopher; p. 78.

Chrysippus of Soli (Χρυσίππος): (3rd C BCE) a famous Stoic philosopher; pp. 70, 77.

Clitomachus of Carthage (Κλειτόμαχος): (187-110 BCE) a member of the skeptic school; p. 72.

Cratinus (Κρατίνος): (519-422 BCE), a famous poet of Old Comedy

Epictetus (Ἐπίκτητος): (55-135 CE) a famous Stoic philosopher; p. 72.

Epicurus (Ἐπίκουρος): (341-270 BCE) founder of his eponymous school of philosophy; p. 78.

Erasistratus (Ἐρασίστρατος): (304 – 250 BCE) a famous anatomist at Alexandria

Eudemus of Rhodes (Εὔδημος): (370-300 BCE) a student of Aristotle and editor of his works; p. 69.

Eugenaios (Εὐγενιανός): the addressee of *On the Order of my Own Books*, otherwise unknown; p. 83.

Eupolis (Εὔπολις): (446-411 BCE) a famous poet of "old comedy," which was famous for its political criticism; p. 79.

Favorinus of Arelate (Φαβωρῖνος): a sophist and philosopher contemporary of Galen; p. 72.

Herophilus (Ἡρόφιλος): (335–280 BCE) a famous anatomist at Alexandria, p. 47.

Hippocrates of Cos (Ἱπποκράτης): (460-370 BCE) the most famous doctor of antiquity

Julian the Methodist (Ἰουλιανός): a teacher of galen at Alexandria; pp. 60, 62.

Lycus (Λύκος): a student of Quintus and author of an anatomical work that Galen summarizes critically; p. 101.

Marinus (Μαρῖνος): (fl. 110 CE) a physician and teacher in Alexandria whom Galen credits with the revival of anatomy; p. 40.

Martialius (Μαρτιάλιος): a contemporary known only from a few passages in Galen's works; pp. 14-16.

Menodotus Severus of Nicomedia (Μηνοδότος): (2nd C CE) a leader of the empirical school; p. 61.

Metrodorus of Lampsacus (Μητροδώρος): (331-287 BCE), a major proponent of Epicureanism; p. 78.

Numisianus of Corinth (Νουμισιανός): a student of Quintus whose lectures Galen attended; p. 100.

Pelops of Smyrna (Πέλοψ): (2nd C. CE) one of the teachers of Galen; pp. 20-23 100-101.

Praxagoras (Πραξαγόρας): (4th C BCE) a physician; p. 15.

Quintus (Κόϊντος): a Roman doctor who instructed Galen's own teacher Satyrus and many others; pp. 34, 100-101.

Rufus of Ephesus (Ῥοῦφος): (late 1st C CE) an anatomist; p. 100.

Sabinus (Σαβίνος): a Hippocratic doctor who taught Galen's own teacher, Stratonicus; p. 100.

Satyrus of Pergamum (Σάτυρος): a teacher of Galen; p. 101.

Theodas of Laodicea: (2nd C. CE) doctor of the Empiric sect

Theophrastus of Eresos (Θεοφράστος): (371-287 BCE) a student of Aristotle and his successor as head of the Peripatetic School; p. 69.

Glossary

Glossary

A α

ἀγαθός, -ή, -όν: good
ἄγαν: very, much, very much
ἀγγεῖον, τό: vessel
ἀγμός, ὁ: a fracture
ἀγνοέω: not to know
ἄγω: to lead or carry, to convey, bring
ἀδήν, -ένος, ἡ: a gland
ἄδικος, -ον: unrighteous, unjust
ἀδύνατος, -ον: unable, impossible
ἀεί: always
ἀήρ, ἀέρος, ὁ: air
ἀθλητής, ὁ: an athlete, prizefighter
ἀθροίζω: to gather together, to muster
αἰδοῖον, τό: the genitals
αἷμα, -ατος, τό: blood
αἵρεσις, -εως, ἡ: a sect, a school of philosophy
αἴρω: to take up, lift up
αἰσθάνομαι: to perceive, understand
αἰτία, ἡ: a cause, reason, charge
ἀκολουθέω: to follow
ἀκούω: to hear
ἄκρα, ἡ: a tip
ἀκριβής, -ές: exact, accurate
ἀλάομαι: to wander, stray
ἀληθής, -ές: unconcealed, true
ἀληθῶς: truly
ἀλλά: otherwise, but
ἀλλήλων: one another
ἄλλος, -η, -ον: another, other
ἄλλως: in another way
ἄλογος, -ον: irrational
ἅμα: at the same time, together with (+ dat.)
ἁμαρτάνω: to miss, miss the mark
ἁμάρτημα, -ατος, τό: a failure

ἀμείνων, -ον: better
ἀμφισβητέω: to stand apart, argue, dispute
ἀμφότερος, -α, -ον: each or both of two
ἄν: (indefinite particle; generalizes dependent clauses with subjunctive; indicates contrary-to-fact with independent clauses in the indicative; potentiality with the optative)
ἀναγιγνώσκω: to read
ἀναγκάζω: to force, compel
ἀναγκαῖον, τό: necessity
ἀναγκαῖος, -α, -ον: necessary, essential
ἀνάγκη, ἡ: necessity
ἀναγορεύω: to proclaim publicly
ἀναίσθητος, -ον: imperceptible
ἀναλυτικός, -ή, -όν: analytical
ἀναπείθω: to bring over, convince
ἀναπνέω: to breathe again, take breath
ἀναπνοή, ἡ: breathing
ἀνατέμνω: to cut open, dissect
ἀνατίθημι: to set up, set in place
ἀνατομή, ἡ: dissection
ἀνατομικός, -ή, -όν: anatomical, relating to anatomy
ἄνευ: without (+ gen.)
ἀνήρ, ἀνδρός, ὁ: a man
ἄνθρωπος, ὁ: a person
ἀντερῶ: to speak against
ἀντιάς, -άδος, ἡ: tonsil
ἀντίγραφον, τό: copy, transcript
ἄνω: upwards
ἀξιόλογος, -ον: noteworthy
ἄξιος, -ία, -ον: worthy
ἀξιόω: to ask
ἅπας, ἅπασα, ἅπαν: all, the whole
ἀπέχω: to keep off or away from, desist
ἁπλόος, -η, -ον: simple
ἁπλῶς: singly, in one way
ἀπό: from, away from (+ gen.)

ἀποδεικτικός, -ή, -όν: affording proof, demonstrative
ἀπόδειξις, -εως, ἡ: a demonstration, proof
ἀποδημία, ἡ: a trip abroad
ἀποθνήσκω: to die
ἀποκαλέω: to call back, recall, disparage
ἀποκρίνομαι: to answer
ἀπολείπω: to leave behind
ἀπόλλυμι: to destroy utterly, kill
ἀποτυγχάνω: to fail in hitting, to fall short of + gen.
ἀποφαίνω: to show, declare
ἀπόφασις, -εως, ἡ: a denial
ἆρα: particle introducing a question
ἀρέσκω: to please
ἀρετή, ἡ: goodness, excellence, virtue
ἄρθρον, τό: a joint
ἀριθμός, ὁ: number
ἄριστος, -η, -ον: best
ἄρσην, ἄρρενος, ὁ: male
ἀρτηρία, ἡ: an artery
ἀρχή, ἡ: a beginning, origin, rule
ἄρχω: to be first, begin, rule
ἀσκέω: to practice, train
ἄσκησις, -εως, ἡ: exercise, practice, training
Ἀττικός, -ή, -όν: Attic, Athenian
αὖθις: back, again
αὐξάνω: to increase, augment
αὐτίκα: straightway, at once
αὐτοκράτωρ, ὁ: emperor
αὐτός, -ή, -ό: he, she, it; self, same
ἀφαιρέω: to take from, take away from
ἀφικνέομαι: to come to, arrive
ἀφορισμός, ὁ: aphorism
ἄχρηστος, -ον: useless, unprofitable
ἄχρι: up to (+ gen.)
ἀχώριστος, -ον: indivisible

Β β

βαρβαρίζω: to be like a barbarian
βάσκανος, ὁ: an envious person
βελτίων, -ον: better
βιβλίδιον, τό: a small book
βιβλίον, τό: a paper, scroll, book
βίος, ὁ: life
βούλησις, -εως, ἡ: a willingness
βούλομαι: to will, wish
βραχίων, ὁ: arm
βρόγχος, ὁ: trachea, windpipe

Γ γ

γάρ: for
γαστήρ, -έρος, ἡ: a stomach, belly
γε: at least, at any rate (*postpositive*)
γένος, -ους, τό: family, kind, category
γεωμετρία, ἡ: geometry
γεωμετρικός, -ή, -όν: geometrical
γίγνομαι: to become, happen, occur
γιγνώσκω: to know
γλῶσσα, -ης, ἡ: a tongue
γνάθος, ἡ: a jaw
γνήσιος, -α, -ον: genuine, authentic
γνώμη, ἡ: knowledge
γόνυ, τό: a knee
γοῦν: at any rate, any way
γράμμα, -ατος, τό: a letter, writing
γραμματικός, -ή, -όν: grammatical
γραμματικός, ὁ: a grammarian
γράφω: to write
γυμνάζω: to train, practice, exercise

Δ δ

δάκτυλος, ὁ: a finger
δέ: and, but, on the other hand (*preceded by* μέν)
δεῖ: it is necessary
δείκνυμι: to display, exhibit, point out

δέκα: ten
δέκατος, -η, -ον: tenth
δέομαι: to ask, lack, need
δεύτερος, -α, -ον: second, posterior
δέω: to bind, tie; need
δή: certainly, now (postpositive)
δῆλος, -ον: obvious
δηλόω: to show, make clear
δημοσίᾳ: publicly
δήπου: doubtless
διά: through (+ *gen.*); with, by means of (+ *acc.*)
διάγνωσις, -εως, ἡ: a diagnosis
διαδίδωμι: to distribute
δίαιτα, ἡ: a regimen, a diet, way of living
διακρίνω: to separate, distinguish
διαλέγομαι: to converse, discourse with
διαλεκτικός, -ή, -όν: dialectical, skilled in logical argument
διάλογος, ὁ: a conversation, dialogue
διάπλασις, -εως, ἡ: construction, formation
διασῴζω: to preserve
διατρίβω: to spend time
διαφέρω: to differ
διαφορά, ἡ: difference, distinction
διάφραγμα, -ατος, τό: a partition, diaphragm
διαφωνέω: to be dissonant, disagree
διαφωνία, ἡ: discord, disagreement
διδασκαλία, ἡ: teaching, instruction, education
διδάσκαλος, ὁ: a teacher, master
διδάσκω: to teach
δίδωμι: to give
διέρχομαι: to go through, pass through
δίκαιος, -α, -ον: well-ordered, civilised
διότι: for the reason that, because, since
δίς: twice, doubly
διψάω: to thirst

δόγμα, -ατος, τό: an opinion, dogma
δογματικός, -ή, -όν: dogmatic
δοκέω: to seem
δόξα, ἡ: a notion, opinion, reputation
δύναμαι: to be able
δύναμις, -εως, ἡ: power, ability
δυνατός, -ή, -όν: able, possible
δύο: two
δύσπνοια, ἡ: difficulty of breathing
δωδέκατος, -η, -ον: twelfth

Ε ε

ἐάν: = εἰ + ἄν
ἕβδομος, -η, -ον: seventh
ἐγκαλέω: to call in, accuse
ἐγκέφαλος, ὁ: brain
ἐγχείρησις, -εως, ἡ: an undertaking, procedure
ἐγώ, μου: I, my
ἐθέλω: to will, wish, purpose
ἔθος, -εος, τό: custom, habit
εἰ: if
εἶδον: to see (*ao.*)
εἶδος, -εος, τό: species
εἰμί: to be
εἶπον: to say (*ao.*)
Εἰρήνη, ἡ: Peace
εἷς, μία, ἕν: one
εἰς: into, to (+ *acc.*)
εἰσάγω: to introduce
εἰσαγωγή, ἡ: an introduction
εἰσαῦθις: hereafter, afterwards
εἰσπνοή, ἡ: inhalation
εἶτα: next, then
εἴτε... εἴτε: whether... or
ἐκ, ἐξ: from, out of, after (+ *gen.*)
ἕκαστος, -η, -ον: each, every
ἑκάτερος: each of two
ἐκδίδωμι: to circulate, publish

Glossary

ἔκδοσις, -εως, ἡ: an official edition, publication
ἐκεῖνος, -η, -ον: that, that one
ἑκκαίδεκα: sixteen
ἑκκαιδέκατος, -η, -ον: sixteenth
ἐκμανθάνω: to learn thoroughly
ἐκπίπτω: to fall out, happen
ἐκτείνω: to stretch out, extend
ἕκτος, -η, -ον: sixth
ἐλέγχω: to question, refute, prove
ἕλκος, -εος, τό: a wound
ἐλλιπής, -ές: wanting, lacking, defective
ἐλπίζω: to hope for, expect
ἐμαυτοῦ: of me, of myself
ἐμός, -ή, -όν: mine
ἐμπειρία, ἡ: experience
ἐμπειρικός, -ή, -όν: experienced, empirical
ἔμπροσθεν: before
ἐν: in, at, among (+ *dat.*)
ἐναντίος, -α, -ον: opposite
ἐναργής, -ές: visible, palpable
ἔνατος, -η, -ον: ninth
ἐνδείκνυμι: to mark, point out, demonstrate
ἔνδειξις, -εως, ἡ: an indication
ἕνδεκα: eleven
ἑνδέκατος, -η, -ον: eleventh
ἐνδέχομαι: to receive, accept
ἔνδοξος, -ον: of high repute
ἕνεκα, ἕνεκεν: for the sake of (+ *gen.*)
ἐνέργεια, ἡ: action, operation, energy
ἔνιοι, -α,: some
ἐννέα: nine
ἔννοια, ἡ: intuition
ἔντερον, τό: an intestine
ἕξ: six
ἐξελέγχω: to test, refute
ἐξεργάζομαι: to work out completely
ἐξέρχομαι: to go or come out of
ἐξευρίσκω: to find out, discover
ἐξηγέομαι: to explain
ἐξήγησις, -εως, ἡ: an explanation
ἑξῆς: one after another, in order
ἕξις, -εως, ἡ: a possession, habit
ἐπαγγελία, ἡ: a public notice, subject matter
ἐπαγγέλλω: to tell, proclaim, announce
ἐπαγωγή, ἡ: induction
ἐπαινέω: to approve, applaud
ἐπάνοδος, ἡ: a return trip
ἐπασκέω: to labour, practice
ἐπεί: since
ἐπειδή: since
ἔπειτα: thereupon, then
ἐπί: at (+ *gen.*); on, upon (+ *dat.*); on to, against (+ *acc.*)
ἐπιγάστριος, -ον: over the belly
ἐπιγραφή, ἡ: an inscription, title
ἐπιγράφω: to engrave, entitle
ἐπιδείκνυμι: to demonstrate
ἐπίδειξις, -εως, ἡ: a display, demonstration
ἐπιδημία, ἡ: a visit, residing
ἐπιδήμιος, -ον: epidemic
Ἐπικούρειος, -ον: Epicurean
ἐπινοέω: to think of, imagine
ἐπισημαίνω: to make a note, signal
ἐπίσταμαι: to know
ἐπιστήμη, ἡ: understanding, knowledge
ἐπιστήμων, -ον: knowing, wise, prudent
ἐπιτιμάω: to criticize, rebuke
ἐπιτομή, ἡ: a summary, epitome
ἕπομαι: to follow
ἑπτά: seven
ἑπτακαιδέκατος, -η, -ον: seventeenth
ἔργον, τό: a deed, work
ἐρίζω: to wrangle, quarrel
ἑρμηνεία, ἡ: interpretation, explanation
ἔρχομαι: to come or go

Glossary

ἐρῶ: I will say or speak
ἐρωτάω: to ask, enquire
ἑταῖρος, ὁ: a comrade, companion, mate
ἕτερος, -η, -ον: other
ἔτι: still
ἔτος, -εος, τό: a year
εὐγνώμων, -ον: reasonable, indulgent
εὐδαίμων, -ον: happy
εὐδοκιμέω: to be held in esteem
εὐθέως: immediately
εὔλογος, -ον: reasonable, sensible
εὕρεσις, -εως, ἡ: a finding, discovery
εὑρίσκω: to find
εὐτυχέω: to be successful, have good fortune
εὐτυχία, ἡ: good luck, success, prosperity
ἐφεξῆς: in order
ἐφίημι: to send to, permit; (*mid.*) to aim at (+ *gen.*)
ἔχω: to have; to be able (+ *inf.*)

Z ζ

ζάω: to live
ζητέω: to seek
ζήτησις, -εως, ἡ: a seeking, inquiry
ζῷον, τό: a living being, animal

H η

ἤ: or; than
ἡγέομαι: to consider, suppose
ἤδη: already, now
ἡδονή, ἡ: pleasure
ἠθικός, -ή, -όν: ethical, moral
ἥκω: to have come, be present, be here
ἡμέρα, ἡ: day
ἡμέτερος, -α, -ον: our
ἡνίκα: at which time, when
ἧπαρ, -ατος, τό: a liver
ἤτοι ... ἤ: either ... or

Θ θ

θάτερον (= τό ἕτερον): the other (of two)
θαυμάζω: to wonder, marvel, be astonished
θεάομαι: to look on, see, observe
θεραπεία, ἡ: a service, therapy
θεραπευτικός, -ή, -όν: therapeutic
θεραπεύω: to do service, heal
θερμός, -ή, -όν: hot, warm
θέσις, -εως, ἡ: a placing, position
θεώρημα, -ατος, τό: a speculation, theory
θεωρητός, -ή, -όν: that may be seen
θεωρία, ἡ: a science, theory, investigation
θώραξ, -ακος, ὁ: a chest

I ι

ἴαμα, -ατος, τό: remedy, medicine
ἰατρική, ἡ: medical art
ἰατρικός, -ή, -όν: of medicine, medical
ἰατρός, ὁ: a doctor, physician or surgeon
ἴδιος, -α, -ον: one's own, pertaining to oneself, specific
ἰητρεῖον, τό: surgery
ἱκανός, -ή, -όν: sufficient, ready to (+ *inf.*)
ἱκανῶς: sufficiently
ἵνα: in order to + *subjunctive or optative*
ἴσος, -η, -ον: equal to, the same as

K κ

καθάπερ: as, just as
καθίστημι: to set down, establish
καί: and, also, even
καιρός, ὁ: critical moment
καίτοι: and indeed

Glossary

καίω: to light, kindle, burn
κακός, -ή, -όν: bad
καλέω: to call, summon
καλός, -ή, όν: good
κάμνω: to be sick
κἀν: (=καὶ ἄν)
καρδία, ἡ: a heart
κατά, καθ': down, along, according to (+ *acc.*)
καταλείπω: to leave behind
κατασκευή, ἡ: predisposition, preparation
κατάφασις, -εως, ἡ: affirmation
καταφρονέω: to think down upon, despise
κατηγορία, ἡ: a category
κατορθόω: to set upright, succeed
κάτω: down, downwards, lower
κελεύω: to command, order
κεράννυμι: to mix, mingle
κεφάλαιος, -α, ον: main, principal
κεφαλή, ἡ: a head
κίβδηλος, -ον: spurious, base
κινέω: to set in motion, move
κίνησις, -εως, ἡ: movement, motion
κλείς, -ιδος, ἡ: a collar bone, clavicle
κοινός, -ή, -όν: common
κοινωνέω: to share in, to receive
κοινωνία, ἡ: an association, relationship
κομίζω: to bring, take care of, provide for
κρᾶσις, -εως, ἡ: a mixture
κράτιστος, -η, -ον: strongest, most excellent, best
κρείττων, -ον: better than (+ *gen.*)
κρίνω: to pick out, judge
κρίσιμος, -η, -ον: decisive, critical
κρίσις, -εως, ἡ: a critique, power of distinguishing, a turning point (in a disease)
κτάομαι: to get, gain, acquire

κύστις, -εως, ἡ: a bladder
κῶλον, τό: a limb
κωμικός, -ή, -όν: comic

Λ λ

λαμβάνω: to take
λανθάνω: to escape notice
λέγω: to speak, say, tell
λείπω: to leave, leave behind, remain
λέξις, -εως, ἡ: a speaking, speech, style
λίμνη, ἡ: a pool of standing water
λογικός, -ή, -όν: logical, rational
λογισμός, ὁ: a counting, reasoning
λόγος, ὁ: a word, reason, account
λοιμός, ὁ: a plague, pestilence
λοιπός, -ή, -όν: remaining, the rest
λύσις, -ιος, ἡ: a loosing, solution
λύω: to loose
λωβάομαι: to outrage, maltreat

Μ μ

μάθησις, -εως, ἡ: learning
μαθητής, -οῦ, ὁ: a learner, pupil
μανθάνω: to learn
μεγάλως: (*adv.*) "greatly"
μέγας, μέγαλα, μέγα: great, large
μέγεθος, -εος, τό: magnitude, size
μεθοδικός, -ή, -όν: methodical, systematic, belonging to the methodic school
μέθοδος, ἡ: a following after, pursuit, method
μειράκιον, τό: a boy, lad
μέλλω: to intend to, to be about to (+ *inf.*)
μέμφομαι: to blame, censure + dat.
μέν: on the one hand (*followed by* δέ)
μέντοι: indeed, to be sure, however
μένω: to remain, stay
μέρος, -εος, τό: a part, share

μέσος, -η, -ον: middle, in the middle
μετά: with (+ *gen.*); after (+ *acc.*)
μεταβαίνω: to pass from one place to another
μεταξύ: between
μεταχειρίζω: to handle, manage, practice, study
μετέρχομαι: to go after, seek, pursue
μέχρι: up to (+ *gen.*)
μή: not; lest; don't (+ *ao. subj. or imper.*)
μηδέ: but not or and not, nor
μήτε ... μήτε: neither ... nor
μηδείς, μηδεμία, μηδέν: no one, nothing
μὴν: indeed, truly
μήτρα, ἡ: womb
μικρός, -ά, -όν: small, little
μικτός, -ή, -όν: mixed, blended, compound
μνημονεύω: to call to mind, remember, note
μόνος, -η, -ον: alone, only
μόριον, τό: a piece, part, portion
μοχθηρός, -ά, -όν: miserable, wretched, hateful
μυκτήρ, -ῆρος, ὁ: a nose, nostril
μῦς, μυός, ὁ: a muscle

N ν

νεάνισκος, ὁ: youth, young man
νέος, -α, -ον: young
νεῦρον, τό: a sinew, nerve, tendon
νεφρός, ὁ: a kidney
νοσέω: to be sick
νόσημα, -ατος, τό: a sickness, disease, plague
νῦν, νυνί: now, at this moment
νωτιαῖος, -α, -ον: of the back or spine

O ο

ὁ, ἡ, τό: the (*definite article*); who, which (*relative pronoun*)
ὄγδοος, -η, -ον: eighth
ὁδός, ἡ: a way, method
ὀδούς, -όντος, ὁ: tooth
οἶδα: to know (*pf.*)
οἴκαδε: homeward
οἰκέτης, -ου, ὁ: a house-slave, menial
οἴομαι: to suppose, think, deem, imagine
οἷος, -α, -ον: such as, what sort (οἷόν τε ἐστι: it is possible + *inf.*)
ὀκνηρός, -ά, -όν: shrinking, anxious
ὀκτώ: eight
ὀλίγος, -η, -ον: few, little, small
ὅλος, -η, -ον: whole, entire
ὅλως; completely
ὅμοιος, -α, -ον: like, same
ὄνομα, -ατος, τό: a name
ὀνομάζω: to name, call
ὀξύς, -εῖα, -ύ: sharp, acute, keen
ὁπότε: when, whenever
ὅπως: as, in such manner as, how
ὁράω: to see
ὄργανον, τό: an organ
ὀρθός, -ή, -όν: straight, correct, reliable
ὀρθότης, -ητος, ἡ: correctness, properness, right use
ὅσος, -η, -ον: how many, whatever, whoever
ὀστέον, τό: a bone
ὅστις, ὅτι: anyone who, anything which
ὅτε: when
ὅτι: that, because
οὐ, οὐκ: not
οὐδέ: but not
οὐδείς, οὐδεμία, οὐδέν: no one
οὐδέτερος, -α, -ον: neither of the two
οὖν: so, therefore

Glossary

οὐραχός, ὁ: urachus (a canal from the bladder to the umbilical cord)
οὐρητήρ, -ῆρος, ὁ: (*pl.*) the ducts that convey the urine to the bladder
οὐρητικός, -ή, -όν: urinary, pertaining to urine
οὐσία, ἡ: substance, property
οὔτε: and not
οὗτος, αὕτη, τοῦτο: this
ὀφθαλμός, ὁ: an eye

Π π

πάθος, -εως, τό: an affection, condition, disease
παιδεία, ἡ: education
παιδεύω: to bring up, educate
παιδίον, τό: small child
παῖς, παιδός, ὁ: a child
παλαιός, -ά, -όν: old, ancient
πάλιν: again, in turn, on the other hand
παλμός, ὁ: quivering motion
πάμπολυς, -πόλλη, -πολυ: very much
πάντως: altogether
πάνυ: altogether, entirely, very
παρά: from (+ *gen.*); beside (+ *dat.*); to (+ *acc.*)
παραγίγνομαι: to be near, accompany
παράδειγμα, -ατος, τό: an example
παρακαλέω: to call to, exhort, request
παράκειμαι: to lie beside or before
παραλείπω: to leave behind, omit
πάρειμι: to be present
παρίσθμιον, τό: tonsil
πᾶς, πᾶσα, πᾶν: all, every, whole
πάσχω: to experience, suffer
πατήρ, ὁ: a father
πάτριος, -α, -ον: of or belonging to one's father
πατρίς, -ίδος, ἡ: fatherland
παύω: to make to cease

πείθω: to prevail upon, win over, persuade
πειράω: to attempt, endeavor, try
πέμπτος, -η, -ον: fifth
πέμπω: to send, dispatch
πέντε: five
πεντεκαίδεκα: fifteen
πεντεκαιδέκατος, -η, -ον: fifteenth
περί: concerning, about (+ *gen.*); about, around (+ *acc.*)
περιέχω: to encompass, embrace, surround, contain
περιπατητικός, -ή, -όν: Peripatetic, Aristotelian
πῆχυς, ὁ: a forearm
πιστεύω: to trust, believe in
πλεῖστος, -η, -ον: most, largest
πλείων, πλέον: more
πλῆθος, -εος, τό: a crowd, multitude, mass
πληρόω: to make full, complete
πλοκή, ἡ: a formation, structure
πλοῦτος, ὁ: wealth
πνεύμων, -ονος, ὁ: a lung
πόθεν: whence?
ποιέω: to make, do
πόλις, -εως, ἡ: a city
πολιτικός, -ή, -όν: political
πολύς, πολλή, πολύ: many, much
πορεύω: to make one's way, go
πόρος, ὁ: a duct, pore
πόσος, -η, -ον: how many? how much?
ποταμός, ὁ: a river, stream
ποτε: ever, at any time
πότερος, -α, -ον: whether of the two?
ποῦ: where?
πρᾶγμα, τό: a deed, matter
πραγματεία, ἡ: a major work, treatment, written study
πρᾶξις, -εως, ἡ: a doing, transaction, action

Glossary

πράττω: to do, act
πρίν: before (+ *inf.*)
πρό: before
προβάλλω: to challenge, demand
πρόβλημα, -ατος, τό: a problem, set question
προγνωστικός, -ή, -όν: prognostic
προγυμνάζω: to exercise or train beforehand
πρόδηλος, -ον: clear beforehand
προέρχομαι: to approach, to go up to, advance
προηγέομαι: to be the leader, precede
προλέγω: pick out, choose, prefer; to say beforehand
προοίμιον, τό: an introduction
πρός: to, near (+ *dat.*), from (+ *gen.*), towards (+ *acc.*)
προσεξευρίσκω: to discover in addition, find out besides
προσέτι: in addition
προσέχω: to hold to
προσήκω: to be fitting, be proper, related to
πρόσκειμαι: to be placed by, be oriented toward
προσποιέω: to make over to, attribute; to pretend to (+ *inf.*)
προστίθημι: to add to
προσφωνέω: to address
πρόσωπον, τό: a face
πρότασις, -εως, ἡ: a proposition, premiss
πρότερον: before, previously
προτρέπω: to urge forwards
πρῶτος, -η, -ον: first
πυνθάνομαι: to learn (by inquiry)
πυρετός, ὁ: a burning fever
πυρκαια, ἡ: a conflagration
πῶς: how? in what way?
πως: in any way, at all, somewhat

P ρ

ῥᾴδιος, -α, -ον: easy
ῥαφή, ἡ: a seam, suture
ῥάχις, -ιος, ὁ: the lower part of the back, spine
ῥήτωρ, -ορος, ὁ: a public speaker

Σ σ

σάρξ, σαρκός, ἡ: flesh
σημαίνω: to indicate, make known, point out, signify
σημεῖον, τό: a sign, a mark, token
σκέλος, -εος, τό: a leg
σκοπός, ὁ: a goal, purpose, aim
σμικρός, -ά, -όν: small, little
σολοικίζω: to commit a solecism
σπλήν, ὁ: a spleen
σπουδάζω: to be eager for, endeavor, be serious
στοιχεῖον, τό: an element
στόμαχος, ὁ: an opening, stomach
σύγγραμμα, -ατος, τό: a writing
συγγραφεύς, -έως, ὁ: a writer
συγγράφω: to write, compose
σύγκειμαι: to be composed
συλλογισμός, ὁ: syllogism
συλλογιστικός, -ή, -όν: syllogistic
συμβαίνω: to come together, happen, occur
σύμπας, σύμπασα, σύμπαν: all together
σύμπτωμα, -ατος, τό: a chance, casualty, symptom
σύν: with (+ *dat.*)
σύνδεσμος, ὁ: a bond, ligament
συνεχής, -ές: holding together, connecting
συνήθης, -ες: customary
σύνθεσις, -εως, ἡ: a composition
συνίστημι: to set together, establish, compose

Glossary

συνουσία, ἡ: social intercourse, relationship, attendance
σύνοψις, -εως, ἡ: a general view, synopsis
σύντομος, -ον: short
συστολή, ἡ: a contraction
σφυγμός, ὁ: a pulse
σχεδόν: close, nearly
σῶμα, -ατος, τό: a body
σωφροσύνη, ἡ: moderation, discretion
σώφρων, -ονος: of sound mind, sane

Τ τ

τάξις, -εως, ἡ: an arranging, order
τάττω: to arrange, put in order
τάχος, τό: swiftness, speed
τε: and (*postpositive*)
τέλειος, -α, -ον: finished, complete
τελέως: completely
τέλος, -εος, τό: fulfilment, completion, purpose, end
τέμενος, -εος, τό: a sacred space, temple
τεσσαράκοντα: forty
τεσσαρεσκαίδεκα, οἱ: fourteen
τεσσαρεσκαιδέκατος, -η, -ον: fourteenth
τέταρτος, -η, -ον: fourth
τέτταρες, -α: four
τέχνη, ἡ: art, skill, craft
τίθημι: to set, put, place
τιμή, ἡ: honor
τίμιος, -ον: valued
τις, τι: someone, something (*indefinite*)
τίς, τί: who? which? (*interrogative*)
τοίνυν: therefore, accordingly
τοιοῦτος, -αύτη, -οῦτο: such as this
τόπος, ὁ: a place
τοσοῦτος, -αύτη, -οῦτο: of such a kind, so large, so great
τότε: at that time, then
τραῦμα, -ατος, τό: a wound, hurt
τράχηλος, ὁ: a neck, throat
τρεῖς, τρία: three
τρέφω: to care for, nourish, raise
τρῆμα, -ατος, τό: a hole, orifice, perforation
τρίτος, -η, -ον: third
τρόμος, ὁ: a trembling, quivering
τρόπος, ὁ: a course, way, manner
τροφή, ἡ: nourishment, food
τυγχάνω: to hit upon, happen

Υ υ

ὑγρός, -ά, -όν: wet, moist, running, fluid
ὕδωρ, ὕδατος, τό: water
ὕλη, ἡ: matter, subject matter
ὑμενώδης, -ες: membranous
ὑμήν, -ένος, ὁ: thin skin, membrane
ὑπαγορεύω: to dictate
ὑπαλλάττω: to alter, change
ὑπάρχω: to begin, become
ὑπέρ: over, above (+ *gen.*); over, beyond (+ *acc.*)
ὑπό, ὑφ᾽: from under, by (+ *gen.*); under (+ *dat.*); toward (+ *acc.*)
ὑπογράφω: to entitle, write below
ὑπόθεσις, -εως, ἡ: hypothesis, supposition
ὑπολαμβάνω: to take up, understand
ὑπόμνημα, -ατος, τό: a commentary, note, treatise
ὑποτύπωσις, -εως, ἡ: an outline, pattern
ὕστερον: later, after
ὕστερος, -α, -ον: latter, last

Φ φ

φαίνομαι: to appear, be visible, bring to light
φανερός, -ά, -όν: manifest, evident
φάρμακον, τό: a drug, medicine

Glossary

φάσκω: to say, affirm, assert
φέρω: to bear, carry, bring
φημί: to declare, say
φθάνω: to come or do first or before
φιλόπονος, -ον: industrious, diligent
φίλος, ὁ: a friend
φιλοσοφία, ἡ: philosophy
φιλόσοφος, ὁ: a lover of wisdom, philosopher
φιλότιμος, -ον: ambitious, competitive, combative
φλεβοτομία, ἡ: blood-letting
φλέψ, ἡ: a vein
φροντίζω: to think, consider
φυλάττω: to guard, preserve
φυσικός, -ή, -όν: natural, native, physical
φύσις, -εως, ἡ: nature, natural quality, natural condition
φύω: to bring forth, produce, put forth
φωνή, ἡ: a sound, expression, speech, voice
φωράω: to detect, search after

Χ χ

χάρις, ἡ: grace, favor
χεῖλος, -εος, τό: a lip
χειμάζω: to pass the winter
χειμών, -ῶνος, ὁ: winter
χείρ, χειρός, ἡ: a hand
χράομαι: to make use of (+ *dat.*)
χρεία, ἡ: use, advantage, service
χρή: it is necessary
χρῆμα, -ατος, τό: a thing that one uses, wealth
χρήσιμος, -η, -ον: useful, serviceable
χρόνος, ὁ: time
χυμός, ὁ: juice
χωρίς: separately, apart from (+ *gen.*)

Ψ ψ

ψευδής, -ές: lying, false
ψεύδω: to cheat, falsify
ψυχή, ἡ: soul
ψυχικός, -ή, -όν: spiritual

Ω ω

ὠδίς, -ῖνος, ἡ: pain
ὠμοπλάτη, ἡ: a shoulder blade
ὥρα, ἡ: a season
ὡς + part., expressing alleged grounds of action
ὡς: *adv.* as, so, how; *conj.* that, in order that, since; *prep.* to (+ *acc.*); as if, as (+ *part.*); as ____ as possible (+ *superlative*)
ὡσαύτως: in like manner, just so
ὥσπερ: just as if, even as
ὥστε: with the result that, and so

NOTES

NOTES

NOTES

NOTES

NOTES

NOTES

NOTES

Galen: Three Treatises
Common Vocabulary

Nouns

αἵρεσις, -εως, ἡ: a sect, a school of philosophy
αἰτία, ἡ: a cause, reason
ἀνατομή, ἡ: dissection, anatomy
ἀπόδειξις, -εως, ἡ: a demonstration, proof
βιβλίον, τό: a paper, scroll, book
δόγμα, -ατος, τό: an opinion, dogma
δύναμις, -εως, ἡ: power, faculty
ἐπιγραφή, ἡ: an inscription, title
θεώρημα, -ατος, τό: a speculation, theory
θεωρία, ἡ: a science, theory, investigation
ἰατρική, ἡ: medicine, medical art
ἰατρός, ὁ: a doctor, physician or surgeon
μέθοδος, ἡ: a following after, pursuit, method
μέρος, -εος, τό: a part, share
μόριον, τό: a piece, part, portion
μῦς, μυός, ὁ: a muscle
νόσημα, -ατος, τό: a sickness, disease, plague
ὀστέον, τό: a bone
πραγματεία, ἡ: a major work, treatment, written study
τέχνη, ἡ: art, skill, craft
ὑπόμνημα, -ατος, τό: a commentary, note, treatise

Adjectives

ἀνατομικός, -ή, -όν: anatomical, relating to anatomy
θεραπευτικός, -ή, -όν: therapeutic
ἰατρικός, -ή, -όν: of medicine, medical
λογικός, -ή, -όν: logical, rational

Verbs

ἀναγιγνώσκω: to read
γράφω: to write

Galen: Three Treatises
Common Numbers

1. εἷς, μία, ἕν: one — πρότερος, -α, -ον: prior
2. δύο, δυοῖν: two — πρῶτος, -η, -ον: first
3. τρεῖς, τρία: three — δεύτερος, -α, -ον: second
4. τέτταρες, -α: four — τρίτος, -η, -ον: third
5. πέντε: five — τέταρτος, -η, -ον: fourth
6. ἕξ: six — πέμπτος, -η, -ον: fifth
7. ἑπτά: seven — ἕκτος, -η, -ον: sixth
8. ὀκτώ: eight — ἕβδομος, -η, -ον: seventh
9. ἐννέα: nine — ὄγδοος, -η, -ον: eighth
10. δέκα: ten — ἔνατος, -η, -ον: ninth
11. ἕνδεκα: eleven — δέκατος, -η, -ον: tenth
    ἑνδέκατος, -η, -ον: eleventh

www.ingramcontent.com/pod-product-compliance
Lightning Source LLC
LaVergne TN
LVHW051832080426
835512LV00018B/2837